Contabilidade & Finanças de A a Z

Guia prático de termos técnicos
inglês-português-inglês

Dados Internacionais de Catalogação na Publicação (CIP)

S165c   Salim, Jean Jacques.
         Contabilidade & finanças de A a Z : guia prático
         de termos técnicos inglês-português-inglês / Jean
         Jacques Salim. - São Paulo, SP : Cengage, 2017.
         288 p. ; 23 cm.

         Inclui bibliografia.
         ISBN 978-85-221-2782-5

         1. Contabilidade - Guias - Inglês - Português.
     2. Finanças - Guias - Inglês - Português. I. Título.

                                   CDU 657(036)=20=690
                                   CDD 657

Índice para catálogo sistemático:
1. Contabilidade : Guias : Inglês : Português 657(036)=20=690
2. Finanças : Guias : Inglês : Português 336(036)=20=690
(Bibliotecária responsável: Sabrina Leal Araujo - CRB 10/1507)

Jean Jacques Salim

Contabilidade & Finanças de A a Z

Guia prático de termos técnicos
inglês-português-inglês

Austrália • Brasil • México • Cingapura • Reino Unido • Estados Unidos

Contabilidade & Finanças de A a Z – Guia prático de termos técnicos inglês-português-inglês
Jean Jacques Salim

Gerente editorial:
Noelma Brocanelli

Editora de desenvolvimento:
Gisela Carnicelli

Supervisora de produção gráfica:
Fabiana Alencar Albuquerque

Editora de aquisições:
Guacira Simonelli

Especialista em direitos autorais:
Jenis Oh

Revisão: Fábio Gonçalves e Rosângela Ramos da Silva

Diagramação e projeto gráfico:
Gabriel Cernic

Capa: Gabriel Cernic

© 2018 Cengage Learning Edições Ltda.

Todos os direitos reservados. Nenhuma parte deste livro poderá ser reproduzida, sejam quais forem os meios empregados, sem a permissão, por escrito, da Editora. Aos infratores aplicam-se as sanções previstas nos artigos 102, 104, 106 e 107 da Lei nº 9.610, de 19 de fevereiro de 1998.

Esta editora empenhou-se em contatar os responsáveis pelos direitos autorais de todas as imagens e de outros materiais utilizados neste livro. Se porventura for constatada a omissão involuntária na identificação de algum deles, dispomo-nos a efetuar, futuramente, os possíveis acertos.

A Editora não se responsabiliza pelo funcionamento dos sites contidos neste livro que possam estar suspensos.

Para informações sobre nossos produtos, entre em contato pelo telefone
0800 11 19 39

Para permissão de uso de material desta obra, envie seu pedido para
direitosautorais@cengage.com

© 2018 Cengage Learning. Todos os direitos reservados.

ISBN-13 978-85-221-2782-5

ISBN-10 85-221-2782-4

Cengage Learning
Condomínio E-Business Park
Rua Werner Siemens, 111 – Prédio 11 – Torre A – cj. 12
Lapa de Baixo – CEP 05069-900 –
São Paulo – SP
Tel.: (11) 3665-9900 – Fax: (11) 3665-9901
SAC: 0800 11 19 39

Para suas soluções de curso e aprendizado, visite **www.cengage.com.br**

Impresso no Brasil
Printed in Brazil
1ª impressão – 2017

Sumário

Apresentação	VI
Demonstrações financeiras – exemplo	VIII
Índices econômico-financeiros	XI
Siglas e abreviaturas de uso frequente	XIV
Termos inglês-português	1
Termos português-inglês	199
Bibliografia	268

Apresentação

Meus mais de 20 anos atuando na área contábil e financeira como professor, consultor, tradutor, revisor técnico e pesquisador, frequentemente confirmo a percepção de estar envolvido em uma desafiadora área de conhecimento, em especial, a Contabilidade, que se originou há séculos, não cessa de ser aperfeiçoada e interessa a muitos profissionais das mais variadas especialidades e ocupações.

Seja você estudante de graduação ou de pós-graduação; docente ou pesquisador em administração e negócios; contabilista certificado; assistente, gerente ou diretor financeiro; auditor, advogado, economista, analista financeiro, tradutor especializado ou jornalista econômico; gerente geral, analista de TI ou analista de crédito; qualquer que seja o caso, mesmo que não se encaixe em "nenhuma das anteriores", asseguro que, cedo ou tarde, a contabilidade e as finanças irão cruzar o seu caminho, quando você se tornar um empreendedor, investidor ou herdeiro de um grande patrimônio (eu também prefiro esta!).

A *expertise* em ler e analisar números, entender lançamentos a crédito e a débito, interpretar balanços e balancetes etc. irá, sim, se revelar imprescindível, às vezes empolgante, outras vezes indecifrável como um código. Aliás, o primeiro codificador da Contabilidade foi Luca Pacioli, um frei franciscano que tinha Leonardo da Vinci entre seus amigos mais diletos.

Sabe-se que muitos autores se referem à Contabilidade como a linguagem dos negócios e o seu vocabulário é verdadeiramente rico. Outros dirão que é o método de Veneza. De fato, mediante uma elaborada metodologia e emprego de inúmeros conceitos, definições e procedimentos, essa ciência possibilita o registro sistemático de um sem-fim de transações empresariais. Como resultante mais significativa dessa atividade de escrituração, obtem-se relatórios e demonstrativos financeiros ricos em detalhes para apoiar a tomada de decisões por todos os interessados.

Muitas são as tecnicalidades, interpretações e conflitos presentes nesse campo. Daí a importância de se recorrer a todo e possível recurso de aprendizagem.

Pois bem, o objetivo deste texto é apresentar esta obra. Chame-a de dicionário, léxico, glossário, texto de referência ou manual de consulta, não há problema. Todas as designações são pertinentes. Mas o conteúdo é único. Veja por quê:

- Trata-se de uma longa e criteriosa coletânea de verbetes, expressões, termos e siglas empregados no dia a dia da área contábil-financeira. As fontes principais foram os melhores livros da área, documentos empresariais e diversos dicionários. O texto é composto de duas partes.

- Na **primeira parte**, as entradas são apresentadas em inglês, seguidas da tradução para as suas equivalentes em português.

Apresentação

- Ainda nesta parte, após a tradução, segue-se uma explicação do contexto, ou seja, onde, como e por que é utilizado tal verbete. Também são feitas remissões a termos correlatos ou opostos.

- A inclusão de muitos exemplos ajuda na compreensão plena dos verbetes, sejam estes uma expressão formal, um conceito técnico, um jargão de mercado.

- Na **segunda parte** é oferecida a mesma listagem de entradas, só que em português, seguidas dos vocábulos equivalentes em inglês. Aquele que desejar simplesmente encontrar a tradução, dirige-se a essa parte. Se lhe interessar detalhes, acessará a primeira parte.

- As fontes de dados e a decisão quanto à inclusão ou não de itens foi necessariamente subjetiva e baseada na minha experiência e de colegas professores.

- Muitas vezes, foi pensando em determinado público que se optou por incluir ou não este ou aquele termo, como é o caso dos estudantes. A estes é importante ir além da tradução e oferecer definições, conceitos, fórmulas, cálculos, sinônimos que de fato assegurem a plena compreensão.

- Enfim, trata-se de uma obra de caráter técnico, na qual se busca apresentar a linguagem contábil, financeira e de áreas correlatas, de forma rigorosa e didática, com o mínimo de ambiguidades.

Ficarei feliz e realizado à medida que este texto referencial venha a oferecer a muitos uma confiável fonte de consulta, ensinamentos práticos e literatura técnica especializada.

Como toda atividade humana e apesar de meus esforços, esta obra não está livre de equívocos ou erros, os quais são de minha exclusiva responsabilidade.

Para finalizar, cabe aqui prestar um merecido reconhecimento aos grandes profissionais da Contabilidade e Finanças, que constroem e reconstroem continuamente esse campo e nos presenteiam com suas lições maravilhosas. Muitos dos termos e expressões incluídos neste livro foram aprendidos com esses mestres e aqui estão para prosseguir com sua missão formativa.

Agradeço aos meus colegas professores que testaram as versões anteriores, ainda que estas fossem bastante preliminares.

Em especial, agradeço antecipadamente aos leitores a confiança nesta e as contribuições que desejarem fazer às edições posteriores.

Professor Jean Jacques Salim
FGV/Eaesp
jean.salim@fgv.br
11 98208 7811

Demonstrações financeiras – exemplo

Balance Sheet *Balanço Patrimonial*

Balance Sheet (31 Dec. 2020)	
Assets	**Liabilities and Stockholders' Equity**
Current assets	*Current liabilities*
Cash and cash-equivalents	Accounts payable
Marketable securities	Notes payable
Accounts receivables	Accruals
Inventories	Other
Total current assets	*Total current liabilities*
Noncurrent assets	*Noncurrent liabilities*
Gross fixed assets	Long-term debt
Land and buildings	Other
Machinery and equipments	*Total noncurrent liabilities*
Furniture and fixtures	
Vehicles	*Total liabilities*
Other	
Total gross fixed assets	*Stockholders' equity*
Less: Accumulated depreciation	Preferred stock
Net fixed assets	Common stock
Other	Retained earnings
Total noncurrent assets	*Total stockholders' equity*
Total Assets	**Total Liabilities and Stockholders' Equity**

Demonstrações financeiras – exemplo

Balanço Patrimonial (31 de dezembro de 2020)

Ativo

Ativo Circulante
   Caixa e equivalentes de caixa
   Títulos negociáveis
   Clientes a receber
   Estoques
     Ativo Circulante Total
Ativo não Circulante
   Imobilizado bruto
     Terrenos e edificações
     Máquinas e equipamentos
     Móveis e utensílios
     Veículos
     Outros
       Imobilizado bruto total
   Menos: Depreciação acumulada
   Imobilizado líquido total
   Outros
Ativo não Circulante Total

Ativo Total

Passivo e Patrimônio Líquido

Passivo Circulante
   Fornecedores
   Empréstimos a curto prazo
   Despesas a pagar
   Outros
     Passivo Circulante Total
Passivo não Circulante
   Empréstimo de longo prazo
   Outros
     Passivo não Circulante Total

Passivo Total

Patrimônio Líquido
   Ações preferenciais
   Ações ordinárias
   Lucros retidos
     Patrimônio Líquido Total

Passivo Total e Patrimônio Líquido

Income Statement *Demonstração do Resultado*

Income Statement (for the year ended, Dec. 31, 2020)	Demonstração do Resultado (1º-jan. a 31-dez.-2020)
Sales revenue	**Receita de vendas líquida**
Less: Cost of goods sold	Menos: Custo das mercadorias vendidas
Gross profit	**Lucro bruto**
Less: Operating expenses	Menos: Despesas operacionais
Selling expenses	Despesas com vendas
General and administrative expenses	Despesas gerais e administrativas
Depreciation expense	*Despesa com depreciação*
Total operating expenses	*Total das despesas operacionais*
Operating profits	**Lucro operacional**
Less: interest expense	Menos: Despesas financeiras
Net profit before taxes	Lucro líquido antes dos impostos
Less: taxes	Menos: impostos
Net profit after taxes	**Lucro líquido após impostos**
Less: Preferred stock dividends	Menos: Dividendos para as ações preferenciais
Earnings available for common stockholders	Lucro disponível aos acionistas ordinários
Earnings per share (EPS)	Lucro por ação (LPA)

Contabilidade & Finanças de A a Z

Statement of Cash Flows *Demonstração dos Fluxos de Caixa*

Statement of Cash Flows (for the year ended Dec. 31, 2020)	Demonstração dos Fluxos de Caixa (1º-jan. a 31-dez.-2020)
Cash Flow from Operating Activities	**Fluxo de Caixa das Atividades Operacionais**
Net profits after taxes	Lucro líquido após impostos
Depreciation	Depreciação
Increase in accounts receivable	Aumento em contas a receber de clientes
Decrease in inventories	Redução em estoques
Increase in accounts payable	Aumento em fornecedores
Increase in accruals	*Aumento em despesas a pagar*
Cash provided by operating activities	*Caixa gerado pelas atividades operacionais*
Cash Flow from Investment Activities	Fluxo de Caixa das Atividades de Investimento
Increase in gross fixed assets	Aumento no ativo imobilizado bruto
Change in equity investments in other firms	Variação no investimento em outras companhias
Cash provided by investment activities	*Caixa gerado pelas atividades de investimento*
Cash from Financing Activities	Caixa das Atividades de Financiamento
Decrease in notes payable	Redução em empréstimos a curto prazo
Increase in long-term debts	Aumento em empréstimos a longo prazo
Changes in stockholders' equity	Variações no patrimônio líquido
Dividends paid	Dividendos pagos
Cash provided by financing activities	*Caixa gerado pelas atividades de financiamento*
Net increase in cash and marketable securities	**Aumento líquido em caixa e títulos negociáveis**

Índices econômico-
- financeiros

DEFINITIONS OF KEY FINANCIAL RATIOS

Profitability Ratios

Return on equity, ROE
$$\frac{\text{Net income}}{\text{Shareholders'equity}}$$

Return on assets, ROA
$$\frac{\text{Net income}}{\text{Total assets}}$$

Return on invested capital, ROIC
$$\frac{\text{Ebit* } (1 - \text{tax rate})}{\text{Interest-bearing debt + Shs'equity}}$$

Gross profit margin
$$\frac{\text{Gross profits}}{\text{Sales revenue}}$$

Operating profit margin
$$\frac{\text{Ebit}}{\text{Sales revenue}}$$

Net profit margin
$$\frac{\text{Net profits}}{\text{Sales revenue}}$$

Turnover Ratios

Asset turnover
$$\frac{\text{Sales revenue}}{\text{Total Assets}}$$

Fixed-asset turnover
$$\frac{\text{Sales revenue}}{\text{Net property, plant and equipment}}$$

Inventory turnover
$$\frac{\text{Cost of goods sold}}{\text{Inventory}}$$

Leverage and Liquidity ratios

Financial leverage multiplier
$$\frac{\text{Total assets}}{\text{Shareholders's equity}}$$

Debt to assets
$$\frac{\text{Total liabilities}}{\text{Total Assets}}$$

Ebit: Earnings before interest and taxes. ▶

Contabilidade & Finanças de A a Z

DEFINITIONS OF KEY FINANCIAL RATIOS

Debt to equity, D/E
$$\frac{\text{Total liabilities}}{\text{Shareholders'equity}}$$

Times interest earned
$$\frac{\text{Ebit (Earnings before interest and taxes)}}{\text{Interest expense}}$$

Current ratio
$$\frac{\text{Current assets}}{\text{Current liabilities}}$$

Quick ratio
$$\frac{\text{Current asssets (-) inventory}}{\text{Current liabilities}}$$

Activity Ratios

Average age of inventory
$$\frac{\text{Inventory}}{\text{Average daily cost of sales}}$$

Average collection period
$$\frac{\text{Accounts receivable}}{\text{Average daily sales}}$$

Average payment period
$$\frac{\text{Accounts payable}}{\text{Average daily purchases}}$$

DEFINIÇÕES DOS PRINCIPAIS ÍNDICES FINANCEIROS

Índices de Rentabilidade (%)

Retorno sobre o patrimônio líquido
$$\frac{\text{Lucro líquido}}{\text{Patrimônio líquido}}$$

Retorno sobre o ativo total
$$\frac{\text{Lucro líquido}}{\text{Ativo total}}$$

Retorno sobre o capital investido
$$\frac{\text{Lajir* } (1 - \text{alíquota do IR})}{\text{Dívida onerosa + patrimônio líq.}}$$

Margem de lucro bruta
$$\frac{\text{Lucro bruto}}{\text{Receita de vendas líquida}}$$

Margem de lucro operacional
$$\frac{\text{Lajir*}}{\text{Receita de vendas líquida}}$$

Margem de lucro líquida
$$\frac{\text{Lucro líquido}}{\text{Receita de vendas líquida}}$$

*Lajir = Lucro antes dos juros e do IR

Índices econômico-financeiros

DEFINIÇÕES DOS PRINCIPAIS ÍNDICES FINANCEIROS

Índices de Rotatividade

Giro do ativo total

$$\frac{\text{Receita de vendas líquida}}{\text{Ativo total}}$$

Giro do ativo imobilizado

$$\frac{\text{Receita de vendas líquida}}{\text{Ativo imobilizado líquido}}$$

Giro do Estoque

$$\frac{\text{Custo das mercadorias vendidas}}{\text{Estoque}}$$

Alavancagem e Liquidez

Fator de lavancagem financeira

$$\frac{\text{Ativo total}}{\text{Patrimônio líquido}}$$

Grau de endividamento geral

$$\frac{\text{Passivo total}}{\text{Ativo total}}$$

Relação capital de 3os / capital próprio

$$\frac{\text{Passivo total}}{\text{Patrimônio líquido}}$$

Cobertura das despesas com juros

$$\frac{\text{Lajir*}}{\text{Despesas financeiras}}$$

Liquidez corrente

$$\frac{\text{Ativo circulante}}{\text{Passivo circulante}}$$

Liquidez seca

$$\frac{\text{Ativo circulante} - \text{estoque}}{\text{Passivo circulante}}$$

Índices de Atividade

Prazo médio de estocagem

$$\frac{\text{Estoque}}{\text{Custo das vendas médias diárias}}$$

Prazo médio de recebimento

$$\frac{\text{Contas a receber de clientes}}{\text{Receita de vendas médias diárias}}$$

Prazo médio de pagamento

$$\frac{\text{Contas a pagar a fornecedores}}{\text{Compras médias diárias}}$$

*Lajir = Lucro antes dos juros e do IR

Siglas e abreviaturas de uso frequente

ASSOCIAÇÕES, INSTITUTOS, COMISSÕES, CONSELHOS

AAA American Accounting Association

AICPA American Institute of Certified Public Accountants

APB Accounting Principles Board

ASB Accounting Standards Board

Cica Canadian Institute of Chartered Accountants

Cima Chartered Institute of Management Accountant's

Fasb Financial Accounting Standards Board

FEI Financial Executives Institute

Gasb Governmental Accounting Standards Board

Iasb International Accounting Standards Board

Iasc International Accounting Standards Committee

IRS Internal Revenue Service

Nasdaq National Association of Securities Dealers Automated Quotations

Nyse New York Stock Exchange

SEC Securities and Exchange Commission

SMAC Society of Management Accountants of Canada

TÍTULOS E CREDENCIAIS

CA Chartered Accountant

CEO Chief Executive Officer

CGA Certified General Accountant

CIA Certified Internal Auditor

CMA Certified Management Accountant

CFA Chartered Financial Analyst

CFO Chief Financial Officer

CPA Certified Public Accountant

PRINCÍPIOS E PADRÕES

ASR Accounting Series Release

Siglas e abreviaturas de uso frequente

Gaap Generally Accepted Accounting Principles

Gaas Generally Accepted Auditing Standards

IFRS International Financial Reporting Standard

MD&A Management's Discussion and Analysis

Sfac Statement of Financial Accounting Concepts

Sfas Statement of Financial Accounting Standards

SOX Sarbanes-Oxley

SSARS Statement on standards for accounting and review services

CONCEITOS, SISTEMAS E MÉTODOS

ABC Activity-based costing

ACRS Accelerated Cost Recovery System

ADR American Depositary Receipt

Beps Basic earnings per share

BSC Balanced scorecard

CAPM Capital Asset Pricing Model

CIF Cost, insurance, and freight

CPI Consumer price index

Cogs Cost of goods sold

Cr Credit

CVP Cost-volume-profit

DCF Discounted cash flow

DDB Double Declining-Balance

Dr Debit

Ebit Earnings before interest and tax

Ebitda Earnings before interest, tax, depreciation and amortization

Edgar Electronic Data Gathering, Analysis, and Retrieval System

EOQ Economic order quantity

EPS Earnings per share

EVA Economic value added

FCF Free cash flow

Fifo First-in, first-out

FOB Free on board

GAS Goods available for sale

GDP Gross domestic product

GNP Gross national product

GPI General price index

IOU "I owe you"

IRR Internal rate of return

JIT Just-in-time

LBO Leveraged buyout

Lifo Last-in, First-out

Contabilidade & Finanças de A a Z

Locom Lower off cost or market

MACRS Modified Accelerated Cost Recovery System

MBO Management by objectives

MIS Management Information System

MVA Marketing value added

Naars National Automated Accounting Research System

Nifo Next-in, first-out

NOW Negotiable Order of Withdrawal Account

OTC Over-the-Counter

P&L Profit-and-loss

PPE Property, plant, and equipment

R&D Research and Development

ROA Return on asset

ROCE Return on capital employed

ROE Return on equity

ROI Return on investment

ROIC Return on capital invested

RRR Required rate of return

SG&A Selling, general and administrative

SOYM Sum-of-the-years'-method

SYD Sum-of-the-years'-digits

WACC Weighted-average cost of capital

WIP Work-in-process

YTM Yeld to maturity

ZBB Zero-base Budgeting

PUBLICAÇÕES

Accounting Research Bulletins

Accounting Trends and Techniques

ED Exposure Draft

FRR Financial Reporting Release

Journal of Accounting Research

SAB Staff Accounting Bulletin

SAR Summary Annual Report

Inglês – Português

AAA. *Sigla de* **American Accounting Association.**

1. Organização norte-americana dedicada a promover amplamente a excelência no ensino, na pesquisa e na prática da Contabilidade. Representa a maior comunidade de contadores atuantes no meio acadêmico. Fundada em 1916, criou ao longo do tempo uma rica e respeitável história, baseada em pesquisas e publicações de ponta. A ampla diversidade do seu corpo de associados oferece um ambiente propício à colaboração e à inovação. 2. As três letras também indicam à avaliação atribuída por agências de classificação de riscos a empresas de primeira linha em relação ao risco de crédito, às vezes referidas como *triple-A*.

Abatement. Abatimento.

O mesmo que diminuição, desconto, anulação, de uma importância devida, geralmente a um órgão público. Por exemplo: cancelamento de um tributo, de uma multa, de juros.

ABC. *Sigla de* **activity-based costing.** Custeio baseado em atividades.

Custeio significa apropriação de custos. ABC é um sistema de custeio que identifica as várias atividades realizadas pela empresa e, com o auxílio de direcionadores de custo (chamados *cost drivers*), atribui custos indiretos (*overhead costs*) aos produtos. Seu mérito e objetivo maior é reduzir as distorções provocadas pelo rateio arbitrário dos custos indiretos. Outros métodos, ditos tradicionais, são o custeio por absorção (*absorption costing*) e o custeio variável (*variable costing*). Consulte esses verbetes.

ABC Inventory System. Sistema ABC de estoques.

Método de gestão de estoques segundo o qual os itens a serem controlados são classificados por ordem de importância em três categorias. Itens de maior valor monetário são designados como A e merecem maior atenção dos gestores. Itens intermediários formam a categoria B e os de menor valor, a categoria C.

Abnormal spoilage. Perda anormal, desperdício.

Tipo de perda ocorrida na produção de bens e serviços e que excede a taxa normal esperada. Ocorre de forma aleatória e não representa sacrifício premeditado. Por isso não se caracteriza como custo (*cost*) ou despesa (*expense*). Exemplos: perdas com incêndio; material deteriorado. Contrasta com a perda normal (*normal spoilage*), que é inerente ao processo de produção, é previsível e já faz parte da expectativa da empresa.

Above par. Acima do par.

Par é o valor nominal ou valor de face de um título. Por exemplo, uma obrigação (*bond*) vendida acima do par vale mais do que a quantia monetária pela qual foi emitida ou pela qual será resgatada no vencimento. Duas outras expressões relacionadas a essa são: ao par (*at par*) e abaixo do par (*below par*).

Above the line. Acima da linha.

A linha em questão é o valor do lucro líquido (*net profit*) na demonstração do resultado (*income statement*). Acima da linha estão computados os itens necessários à apuração do resultado das atividades ordinárias da empresa.

Absorbed overhead. Custos indiretos absorvidos.

São custos indiretos alocados a produtos, de acordo com uma taxa de aplicação. São também denominados custos indiretos aplicados (*applied overhead*).

Absorption costing. Custeio por absorção.

Custeio significa apropriação de custos. O custeio por absorção é um tradicional método segundo o qual parte significativa dos custos de produção (*manufacturing costs*) são distribuídos aos produtos ou serviços individuais. Em consequência, gastos com vendas e administração são atribuídos ao período. Além desse sistema existem outros, como, por exemplo, o custeio ABC (*ABC costing*) e o custeio variável (*variable costing*).

Accelerated Cost Recovery System (ACRS). Sistema de Recuperação Acelerada de Custo.

Modalidade de depreciação acelerada, para fins tributários, aprovada pelo Congresso norte-americano em 1981. Foi alterada em 1986 e o sistema passou a ser chamado de Sistema "Modificado" de Recuperação Acelerada de Custo (em inglês, MACRS). O sistema define o percentual do custo de aquisição de um ativo que a empresa pode lançar como despesa de depreciação em cada ano da sua vida útil para fins de cálculo do imposto de renda. Sua utilização resulta numa recuperação mais rápida do custo dos ativos fixos (*fixed assets*) e, dessa forma, propicia maiores benefícios fiscais nos períodos iniciais.

Accelerated depreciation. Depreciação acelerada.

Um dos métodos de cálculo da depreciação, segundo o qual a parcela do custo do ativo imobilizado (*fixed asset*) lançada como despesa (*expense*) é mais elevada nos primeiros períodos e decresce com o passar do tempo. Para maior clareza, consulte o verbete *depreciation*.

Acceptance. Aceite.

Ato de se comprometer formalmente, mediante assinatura. Indica a intenção de pagar.

Account. Conta.

Nome ou título que identifica cada elemento do balanço patrimonial (*balance sheet*) e da demonstração do resultado (*income statement*). Geralmente a conta identifica o item e o seu valor monetário. O dinheiro em mãos, por exemplo, é intitulado "caixa"; o dinheiro depositado em conta-corrente é chamado "bancos". Na prática, elementos com características semelhantes são agrupados em uma mesma conta. Por exemplo, a conta "móveis e utensílios" engloba cadeiras, mesas, armários, máquinas de calcular; a conta "estoques" engloba mercadorias para revenda, produtos acabados, produtos em elaboração, matérias-primas; "contas a pagar" compreende obrigações referentes

Account analysis method.

a energia elétrica, água, telefone, aluguéis. O mesmo ocorre com itens do resultado, por exemplo, a conta "despesas de vendas" engloba gastos com pessoal de vendas, comissões, propaganda e publicidade etc. Por fim, a ordenação e codificação de todas as contas constitui o "plano de contas" (*chart of accounts*) da empresa.

Account analysis method. Método de análise das contas.

Método que consiste em separar os custos fixos dos custos variáveis de acordo com o julgamento do analista. Por exemplo, considerando apenas o título da conta, o analista pode classificar mão de obra direta e material direto como custos variáveis e depreciação do prédio da fábrica como custo fixo.

Account form. Formato de conta.

Forma usual de apresentação do balanço patrimonial (*balance sheet*), no qual os itens do ativo (*asset*) aparecem no lado esquerdo e os do passivo (*liability*) e do patrimônio líquido (*stockholders' equity*), no lado direito. A alternativa é o formato vertical, que posiciona o ativo acima, seguido do passivo e patrimônio líquido.

Account heading. Título da conta; rubrica.

Conta é o elemento identificacor de cada item relevante do balanço patrimonial (*balance sheet*) e da demonstração do resultado (*income statement*). Eis alguns exemplos de contas: caixa, estoques, fornecedores, receita de vendas, despesas com pessoal.

Account payable. Conta a pagar.

Valor devido a um credor pela compra de bens e serviços a prazo.

Account receivable. Conta a receber.

Valor a receber de um devedor pela compra de bens e serviços a prazo.

Account statement. Extrato de conta.

Na atividade bancária, o extrato de conta exibe o registro de todas as movimentações realizadas em dado período, sejam depósitos efetuados, cheques pagos, débitos e créditos diversos e o saldo resultante.

Accountability. Responsabilidade.

Caracteriza a obrigação de prestar contas por parte de um indivíduo ou departamento encarregado de certa função. Tal obrigação poderá ser imposta ou decorrente de norma, regulamento ou acordo.

Accountable. Passível de prestação de contas; responsável.

Diz-se da pessoa responsável por determinada função e, por isso, sujeita à prestação de contas.

Accountancy. Contabilidade.

Termo britânico mais propriamente relacionado à "profissão" de contador, envolvendo diretrizes, princípios e procedimentos a serem observados no seu exercício. Já o termo *Accounting* diz respeito à teoria, ao ensino e às práticas, como, por exemplo, o registro de transações pelo sistema de partidas dobradas (*double entry bookkeeping*); a preparação, apresentação e interpretação das demonstrações financeiras (*financial statements*).

Accountancy profession. Profissão de contador.

A Contabilidade é uma ocupação antiga. As mais antigas entidades profissionais de contadores foram constituídas nos anos de 1850 em Edimburgo e Glasgow, Escócia. Não tardou para que atividades similares se espalhassem pelos países de língua inglesa e, depois, se estendessem a outras partes.

Accountant. Contabilista ou contador.

Profissional de atividades de Contabilidade, como, por exemplo, a escrituração das transações e a elaboração das demonstrações financeiras (*financial statements*). Podem

Accounting conventions.

trabalhar para sociedades privadas ou públicas; atuar como auditores independentes; como prestadores de serviços a diversas empresas; como especialistas em subáreas (tributação, planejamento e controle). A função básica do contador é produzir informações úteis aos usuários da Contabilidade para auxiliar a tomada de decisão. Os usuários podem ser internos à organização, como administradores e funcionários, ou externos, como acionistas, analistas financeiros, bancos, fornecedores, governo etc.

Accountant's opinion. Parecer de auditor.
Declaração emitida por um auditor independente atestando o escopo da inspeção dos livros contábeis e registros efetuados por uma organização. O parecer dos auditores confere maior segurança aos usuários das demonstrações financeiras (*financial statements*). O parecer pode ser irrestrito ou conter ressalvas.

Accountant's report. Relatório contábil.
Relatório elaborado por auditor independente.

Accounting. Contabilidade.
1. Ciência social aplicada que tem por finalidade avaliar e registrar o patrimônio das entidades, apurar o resultado de suas atividades e prestar informações às pessoas que tenham interesse nesses aspectos. 2. Sistema de informação destinado a suprir as partes interessadas com demonstrações e análises de natureza econômica e financeira de empresas. 3. Distinguem-se três grandes áreas de especialização da Contabilidade: Contabilidade Financeira (*Financial Accounting*), Contabilidade de Custos (*Cost Accounting*) e Contabilidade Gerencial (*Management Accounting*). Para detalhes, consulte os verbetes respectivos.

Accounting adjustments. Ajustes contábeis.
São acertos contábeis específicos realizados, quando da apuração de resultados de uma empresa, para adequar-se ao regime de competência de exercícios (*accrual accounting*). Esse regime determina que as receitas (*revenues*) de um exercício são aquelas ganhas nesse período e as despesas (*expenses*) são aquelas incorridas no período, não importa quando ocorre o recebimento ou o pagamento.

Accounting books. Livros ou registros contábeis.
Os livros contábeis mais populares são o livro diário (*journal*) e o livro-razão (*ledger*).

Accounting changes. Mudanças contábeis.
Mudanças dos seguintes tipos: (1) na aplicação de um princípio contábil (p. ex.: mudar o método de avaliação de estoques; mudar o método de depreciação); nas estimativas contábeis (p. ex.: na vida útil de um bem, na projeção de perdas com devedores incobráveis); na entidade que está publicando as demonstrações financeiras (*financial statements*). As mudanças contábeis devem ser informadas nas notas explicativas com as devidas justificativas e efeito financeiro.

Accounting conventions. Convenções contábeis.
1. Restrições, delimitações e condicionamentos na aplicação dos princípios contábeis em determinadas situações. 2. Em face da margem de liberdade permitida pelos princípios contábeis (*accounting principles*) no registro das operações, as convenções têm a finalidade de restringir, limitar e até modificar o conteúdo dos princípios. Exemplos de convenções: consistência, conservadorismo, materialidade e objetividade. A decisão pela convergência da Contabilidade brasileira às normas internacionais deu origem a um novo entendimento e tratamento dessas questões, tal como pode ser lido no documento emitido pelo Comitê de Pronunciamentos Contábeis (CPC), denominado "estrutura conceitual para a elaboração e apresentação das demonstrações contábeis".

Accounting cost. Custo contábil.
Valor contábil.

Accounting cycle. Ciclo contábil.
Série de passos observados na escrituração de eventos contábeis, desde o momento em que ocorre a transação até o seu reflexo nas demonstrações financeiras (*financial statements*) em um dado período. A sequência clássica dos passos no ciclo contábil é: registro no livro diário (*journal*), transcrição para o livro-razão (*ledger*), elaboração do balancete de verificação (*trial balance*) e levantamento das demonstrações financeiras.

Accounting entity. Entidade contábil.
Empresa ou outra unidade econômica para qual se está fazendo a Contabilidade.

Accounting entry. Lançamento contábil.
Registro de transação em livro contábil.

Accounting equation. Equação contábil.
Representação fundamental na Contabilidade, segundo a qual Ativo = Passivo + Patrimônio Líquido. Essa identidade decorre do fato de que o ativo representa a aplicação dos recursos; o passivo e o patrimônio líquido correspondem às origens dos recursos. Assim, um aumento (ou redução) no total do ativo é acompanhado por igual aumento (ou redução) no passivo e patrimônio líquido.

Accounting errors. Erros contábeis.
Erros aritméticos e aplicação errônea de princípios contábeis, em demonstrações financeiras (*financial statements*) anteriormente publicadas, sem intenção de fraude. Os erros são corrigidos retrospectivamente e tratados como "ajustes de períodos anteriores".

Accounting event. Evento contábil.
Transação qualquer lançada nos registros contábeis de uma empresa.

Accounting income. Lucro contábil.
Lucro medido de acordo com os princípios contábeis (*accounting principles*), isto é, de acordo com regras e procedimentos estabelecidos. Essa distinção é importante, pois o lucro não é uma grandeza exata, ao contrário, poderá variar para mais ou para menos, conforme sejam aplicados diferentes critérios de mensuração.

Accounting inventory. Estoque contábil.
Valor do estoque final apurado a partir do estoque inicial, mais as compras e menos as saídas do período, e não a partir da contagem dos itens. Por exemplo: se o estoque no início do período era $ 100, as compras realizadas $ 200 e as vendas do período $ 250, o estoque final contábil será $ 100 + $ 200 − $ 250 = $ 50.

Accounting methods. Métodos contábeis.
Princípios contábeis ou procedimentos para a aplicação dos princípios.

Accounting period. Período contábil. Exercício social.
Intervalo de tempo, que pode ser anual, semestral, trimestral ou mensal, escolhido para que a Contabilidade apresente a situação patrimonial e financeira da empresa, na forma de relatórios contábeis e complementos. Para fins internos, as informações costumam ser mensais. Para finalidades externas, o período dependerá das exigências legais, mas o tempo máximo é de 12 meses, correspondente ao exercício social. Na maioria das vezes coincide com o ano civil (de 1º de janeiro a 31 de dezembro). As companhias abertas (isto é, as que têm ações negociadas em bolsas de valores) devem apresentar demonstrações financeiras trimestrais.

Accounting policies. Políticas contábeis.
Métodos de divulgação, sistemas de mensuração e formas de evidenciação adotados por cada empresa. Refletem as escolhas

Accounting Series Releases (ASR).

feitas em relação às alternativas disponíveis, as características do setor, até aplicações incomuns dos princípios contábeis (*accounting principles*).

Accounting postulate. Postulado contábil.
Premissa básica acerca do ambiente econômico, político ou social no qual a Contabilidade é exercida. Por exemplo, o postulado da entidade contábil (*accounting entity*) estabelece que a Contabilidade é aplicada a entidades, as quais não se confundem com os sócios. Já o postulado da continuidade (*continuity*) estabelece que a entidade irá existir por um período longo e indeterminado.

Accounting practice. Prática contábil.
Modo pelo qual contadores e auditores realizam o seu trabalho cotidiano. Implementação das políticas contábeis (*accounting policies*) no dia a dia. Pode diferir da teoria contábil.

Accounting principles. Princípios contábeis.
1. Regras e diretrizes de Contabilidade aplicáveis a questões como mensuração de ativos, regime de reconhecimento de receitas e despesas etc. As regras basilares são chamadas de princípios contábeis geralmente aceitos (*Generally Accepted Accounting Principles – Gaap*). 2. Conjunto de regras que decorre da estrutura conceitual da Contabilidade e que orienta a prática contábil. São estabelecidas pelas entidades de classe, comitês, comissões especiais, órgãos reguladores. No Brasil, com o advento da Lei nº 11.638/2007 e a decisão pela convergência da Contabilidade às normas internacionais, o Comitê de Pronunciamentos Contábeis (CPC) adotou integralmente o documento emitido pelo International Accounting Standards Board (Iasb) e emitiu o Pronunciamento Conceitual Básico – Estrutura Conceitual para a Elaboração e Apresentação das Demonstrações Contábeis. Este documento não utiliza a expressão princípios contábeis, em troca de uma visão sistêmica. (veja CPC nº 00 R1, de dezembro de 2011.) Nos EUA, o Financial Accounting Standards Board (Fasb) é o organismo responsável pela formulação dos princípios contábeis geralmente aceitos nos EUA, os chamados U.S. Gaap.

Accounting Principles Board (APB).
Conselho norte-americano criado em 1959 pelo American Institute of Certified Public Accountants (AICPA) com a finalidade de emitir pronunciamentos sobre padrões e princípios contábeis. Das *31 Opinions e 4 Statements* publicadas, várias foram consideradas basilares para o aprimoramento da teoria e da prática em importantes áreas da Contabilidade. Criticado por não conseguir operar de forma independente do governo, o APB foi sucedido em 1973 pelo Financial Accounting Standards Board (Fasb).

Accounting procedures. Procedimentos contábeis.
Métodos e técnicas utilizados para evidenciar, registrar ou resumir dados financeiros quando da elaboração das demonstrações financeiras (*financial statements*).

Accounting rate of return. Taxa de retorno contábil.
Índice financeiro resultante da divisão do lucro do período pelo investimento médio realizado no mesmo período. Baseia-se no lucro contábil, por isso é uma base precária para orientar a tomada de decisões.

Accounting records. Registros contábeis. Escrituração.
Há vários diários (como livro-caixa, diário geral), livro-razão (razão geral, razão auxiliar) e as fontes de informação para subsidiar esses registros formais, tais como faturas, cheques, *vouchers* e contratos.

Accounting Series Releases (ASR).
Normas expedidas pelo órgão norte-americano Securities and Exchange Commission (SEC), com o caráter de pronunciamento

Accounting standard.

contábil oficial. Sob a forma de diretrizes e regras, contemplam exigências contábeis, determinações de *disclosure*, políticas de auditoria, atividades dos Contadores Certificados (Certified Public Accountant (CPA)) etc.

Accounting standard. Padrão contábil.
O mesmo que princípios contábeis (*accounting principles*). Conduta a ser seguida pelos contadores, tal como prescrito pelos órgãos competentes ou pela legislação.

Accounting system. Sistema contábil.
Métodos, procedimentos e padrões seguidos para acumular, classificar, registrar e relatar eventos e transações da empresa. O sistema contábil compreende os registros formais e os documentos que os embasam.

Accounting Trends and Techniques.
Título de importante publicação anual do American Institute of Certified Public Accountants (AICPA) com o objetivo de atualizar os contadores acerca das práticas correntes de divulgação contábil. A publicação existe desde 1946. Apresenta textos detalhados sobre exigências de novas normas contábeis. Inclui exemplos reais extraídos de empresas abertas para servir de guia aos profissionais.

Accounting valuation. Avaliação contábil.
De forma geral, refere-se à avaliação de ativos pela Contabilidade, em consonância com o que prescrevem os princípios contábeis geralmente aceitos (Generally Accepted Accounting Principles – Gaap).

Accounting year. Ano contábil.
Período de doze meses consecutivos, escolhido por uma empresa como período contábil, para a apresentação de relatórios anuais. Não necessariamente coincide com o ano civil ou com o ano natural dos negócios. É o mesmo que período contábil (*accounting period*) ou exercício social.

Accounts payable. Títulos e contas a pagar.
Item do passivo (*liability*) que identifica a quantia monetária que a empresa deve a terceiros, normalmente decorrente da compra a prazo de mercadorias, materiais e suprimentos diversos. Neste caso, melhor chamar de "fornecedores" (*suppliers*). Em geral, trata-se de uma obrigação a vencer no curto prazo e, portanto, classificada no grupo do passivo circulante (*current liability*).

Accounts payable turnover ratio.
Índice de giro ou rotação das contas a pagar.
Indicador obtido quando se divide o valor das compras do período pelo saldo médio devido a fornecedores no mesmo período. Informa o número de vezes com que as contas a pagar se renovam no período. Uma baixa rotatividade indica maior prazo médio para pagamento. Por exemplo, se o giro for igual a 6,0, significa que, em média, as contas são pagas a cada dois meses. Se igual a 4,0, dispõem-se, em média, de três meses para liquidação dos créditos obtidos. Para outros indicadores, consulte o verbete *financial statement ratios* (*índices financeiros*).

Accounts receivable. Títulos e contas a receber.
Item do ativo (*asset*) que identifica a importância que a empresa tem a receber de seus clientes, em virtude de vendas ou da prestação de serviços a prazo. Em geral representa um direito a receber no curto prazo e, portanto, classifica-se no grupo do ativo circulante (*current asset*).

Accounts receivable turnover ratio.
Índice de giro ou rotação das contas a receber.
Indicador obtido quando se divide o valor da receita de vendas a prazo (ou mesmo vendas totais) pelo saldo médio de contas a receber de clientes. Informa o número de vezes com que as contas a receber se renovam. Uma baixa rotatividade indica maior

Acquisition.

prazo médio de recebimento. Por exemplo, se o giro for igual a 6,0, significa que, em média, as contas são recebidas a cada dois meses. Se igual a 4,0, é preciso esperar, em média, três meses para recebimento dos créditos concedidos. Para outros indicadores, consulte o verbete *financial statement ratios* (índices financeiros).

Accretion. Acréscimo, aumento, valorização.

Ocorre quando um valor contábil cresce com a passagem do tempo, como acontece com o valor contábil de uma obrigação (*bond*) que é lançada com deságio, por exemplo. O termo também se aplica ao aumento de valor econômico associado às alterações físicas causadas pelo crescimento, como acontece com alguns recursos naturais, como o plantio de árvores.

Accrual accounting. Contabilidade pelo regime de competência de exercícios.

1. Princípio de Contabilidade amplamente adotado que determina que as receitas (*revenues*) e as despesas (*expenses*) sejam computadas no resultado do período em que ocorrer a sua geração, e não em função da movimentação de dinheiro. Assim, as receitas de um exercício são aquelas ganhas nesse período, tenham sido recebidas ou não. As despesas de um exercício são aquelas incorridas nesse período, tenham sido pagas ou não. Essa abordagem distingue-se do regime de caixa (*cash basis accounting*), de uso mais restrito, que, como o nome diz, reconhece as receitas e as despesas nos períodos em que a empresa recebe ou efetua pagamentos. Veja *accounting adjustments* (ajustes contábeis).

Accrue. Acumular, advir, provir.

Aplica-se a receitas (*accrued revenues*) e a despesas (*accrued expenses*) que se *acumulam* com o passar do tempo. Por exemplo, o direito ao aluguel de um imóvel acumula-se continuamente, mas, por praxe ou contrato, o reconhecimento contábil dá-se a cada mês. Juros ganhos ou devidos também acrescem na proporção do tempo decorrido.

Accrued payable. Conta a pagar.

Por exemplo, salários de empregados, aluguel de imóvel e juros de empréstimos *acumulam*-se e tornam-se devidos com o decorrer do tempo. A cada período contábil, um mês usualmente, o resultado é afetado pelo reconhecimento da despesa e o passivo (*liability*) pelo registro da conta a pagar.

Accrued receivable. Conta a receber resultante da passagem do tempo.

Por exemplo, aluguel de imóvel, juros etc. Para contraste, veja *accrued payable* (conta a pagar).

Accumulated depreciation. Depreciação acumulada.

Título de conta do balanço que mostra a soma dos encargos de depreciação de um bem, computada desde a data em que foi adquirido. Dessa forma, a depreciação *acumulada* é uma conta retificadora, subtrativa do ativo em questão. É a contrapartida da *despesa* de depreciação, conta esta de resultado. Na prática, a maioria das empresas prefere informar as movimentações do imobilizado (*fixed asset*) em item específico das notas explicativas. Veja o verbete *depreciation* (depreciação).

Acid test ratio. Quociente de liquidez seco.

Indicador rigoroso da liquidez de uma empresa. É obtido pela divisão dos ativos circulantes mais líquidos, como caixa, aplicações financeiras e contas a receber de clientes, pelo passivo circulante. Quanto maior o quociente, maior a liquidez. Compare com *current liquidity ratio* (índice de liquidez corrente).

Acquisition. Compra; aquisição, inclusive de empresa.

Por exemplo, uma sociedade adquire o controle do capital de uma outra.

Acquisition (historical) cost.

Acquisition (historical) cost. Custo (histórico) de aquisição.
1. Preço pago na compra de bens, serviços e ativos (*assets*). 2. Valor de compra de um ativo, formado pelo preço da fatura, mais os gastos necessários à colocação do ativo em condições de uso.

Act. Lei.
Exemplo: *In response to fraudulent disclosures and conflict of interest, the American Congress passed the Sarbanes-Oxley Act of 2002* (também chamada SOX).

Acting. Em exercício; interino.
Emprega-se o termo *acting* antes do título de um cargo para indicar que o ocupante está exercendo esse cargo apenas temporariamente. Por exemplo, a*cting manager,* gerente interino.

Activity accounting. Contabilidade por atividade ou contabilidade por responsabilidade (*responsability accounting*).
Modalidade de contabilização de um negócio que considera várias unidades como entidades separadas, os chamados centros de responsabilidade, sejam de lucro, de receita, de custo ou de investimento. O gestor de cada unidade é responsável pelas correspondentes receitas e despesas.

Activity basis. Atividade-base.
Os custos classificam-se em custos variáveis e custos fixos (e também em custos incrementais, custos não evitáveis etc.) em relação a certa atividade, tal como a produção de unidades ou a realização de um novo projeto. A base segundo a qual a atividade é medida é chamada atividade-base.

Activity center. Centro de atividade.
Unidade da organização que desempenha um conjunto de tarefas.

Activity variance. Variação da atividade.
Variação do volume de vendas. Na Contabilidade de Custos, o termo variação (*variance*) é utilizado para indicar a diferença entre custos que realmente ocorreram e custo-padrão, ou, ainda, entre gastos orçados e gastos reais. Veja também *variance investigation*. (investigação de variações).

Activity-based costing, ABC. Custeio baseado em atividades.
Custeio significa apropriação de custos. ABC é um sistema de custeio que identifica as várias atividades realizadas pela empresa e, com o auxílio de direcionadores de custo (*cost drivers*), atribui custos indiretos (*overhead costs*) aos produtos. Seu mérito e objetivo maior é reduzir as distorções provocadas pelo rateio arbitrário dos custos indiretos. Outros métodos, ditos tradicionais, são o custeio por absorção (*absorption costing*) e o custeio variável (*variable costing*).

Activity-based depreciation. Depreciação baseada em atividades.
Método de produção aplicado ao cálculo da depreciação. Veja o verbete *activity-based costing* (custeio baseado em atividades).

Activity-based management (ABM). Administração baseada em atividades.
Análise e gestão das atividades necessárias à fabricação de um produto ou à prestação de um serviço. A ABM privilegia as atividades que agregam valor para o cliente. Seu objetivo é satisfazer às necessidades dos clientes.

Actual cost. Custo real.
Gasto requerido para comprar ou produzir um item. O custo real de um item adquirido compreende o preço de tabela (líquido de descontos) mais gastos de expedição e armazenamento. O custo real para fabricar um produto é dado pelo custo dos materiais

Adjusted trial balance.

diretos (*direct material*), mão de obra direta (*direct labor*) e custos indiretos de fabricação (*factory overhead*).

Actual costing system. Sistema de custo real.
Método de alocação de custos aos produtos que utilizam os materiais diretos, a mão de obra direta e os custos indiretos de fabricação efetivamente utilizados.

Ad valorem. Ad valorem.
Termo latino que significa "de acordo com o valor". Refere-se a um modo de determinar a tributação de bens com base no valor estimado do item. Por exemplo, o imposto sobre imóveis pode ser estabelecido com base no valor da propriedade, configurando um imposto *ad valorem*.

Additional paid-in capital. Ágio na subscrição de ações.
Conta pertencente ao grupo do patrimônio líquido (*stockholders'equity*) no balanço patrimonial (*balance sheet*) que identifica o valor recebido pela emissora de ações, excedente ao valor nominal (*par value*) ou valor declarado (*stated value*). Por exemplo, se 1.000 ações ordinárias com valor nominal de $ 10 forem emitidas por $ 13 cada, o ágio na subscrição será de 1.000 × $ 3,00 = $ 3.000. É também chamado de *contributed capital in excess of par*.

Additional processing cost. Custo de processamento adicional.
Custo incorrido no processamento de produtos conjuntos (*joint products*) após o ponto de separação.

Adequate disclosure. Evidenciação adequada.
Evidenciação ampla e clara presente nas demonstrações financeiras (*financial statements*), notas explicativas e quadros suplementares, de modo que os interessados na situação financeira e nos resultados da empresa possam tomar decisões embasadas de investimento e de crédito.

Adjusted acquisition (historical) cost. Custo de aquisição (ou histórico) ajustado.
Expressão às vezes utilizada para indicar o valor contábil líquido de um ativo imobilizado, isto é, o seu custo de aquisição menos a depreciação acumulada. Também é utilizada com o sentido de um valor expresso em moeda constante, refletindo os efeitos da inflação.

Adjusted bank balance of cash. Saldo bancário ajustado.
Saldo de uma conta em um banco, conforme o extrato bancário, mais depósitos ainda não creditados e menos cheques ainda não descontados, de forma que concilia o saldo no banco com o saldo de caixa registrado na Contabilidade.

Adjusted basis. Base ajustada.
Para fins tributários, é a base utilizada para calcular ganhos ou perdas na venda de um ativo.

Adjusted book balance of cash. Saldo de caixa contábil ajustado.
Saldo de uma conta em um banco, conforme os registros contábeis da empresa, mais contas a receber cobradas pelo banco e menos tarifas bancárias lançadas pelo banco, por exemplo. O objetivo é reconciliar o saldo contábil com o saldo de caixa correto.

Adjusted historical cost. Custo histórico ajustado.
Custo histórico atualizado monetariamente, com base em algum índice de preços, de forma a minimizar o efeito da inflação.

Adjusted trial balance. Balancete de verificação ajustado.
Balancete levantado após os lançamentos de ajuste, mas antes dos lançamentos de encerramento das contas. Contraste com balancete de verificação não ajustado (*unadjusted trial balance*).

Adjusting entry.

Adjusting entry. Lançamento de ajuste.

Lançamento efetuado no final do *período contábil* para reconhecer uma receita (*revenue*) ainda não registrada ou uma despesa (*expense*) aplicável àquele período. Torna-se necessário quando uma transação ocorre em um período contábil e é concluída em outro período. Um lançamento de ajuste sempre envolve uma conta de resultado (receita ou despesa) e uma conta de balanço (ativo ou passivo). Os principais tipos de ajustes relacionam-se a aplicação do regime de competência, a despesas antecipadas e a receitas não auferidas. Veja ajustes contábeis (*accounting adjustments*) e regime de competência (*accrual accounting*).

Adjustment. Ajuste, retificação, correção.

1. Alteração no saldo de uma conta, gerado por um lançamento de ajuste (*adjusting entry*). Por exemplo, o acúmulo de salários no final do período irá causar um aumento na conta despesa de salários e na conta salários a pagar. 2. Às vezes o termo é utilizado para se referir ao processo de converter as quantias expressas nas demonstrações financeiras em valores em moeda constante.

Administrative accounting. Contabilidade administrativa ou gerencial.

Contabilidade voltada às necessidades de planejamento e controle gerencial. Baseia-se em sistema formal de acumulação e geração de informações visando subsidiar o processo decisório interno. Veja *management accounting* (contabilidade gerencial).

Administrative costs (expenses). Custos (despesas) administrativos.

Despesas incorridas em benefício de toda a empresa, tais como salários dos altos executivos, aluguel do escritório geral, honorários legais, honorários de auditores externos, e não de um setor específico, tal como produção ou vendas.

Advance. Adiantamento.

Recebimento antecipado por bens a serem entregues ou serviços a serem prestados. É registrado como um item de passivo (*liability*), pois configura uma obrigação da empresa que recebeu o adiantamento.

Advance payment. Pagamento adiantado.

No caso de empresas fornecedoras de bens, como equipamentos, é comum os clientes efetuarem pagamentos de parcelas em dinheiro antecipadamente à entrega dos bens. Essas antecipações devem ser registradas como um passivo (*liability*), na contabilidade do fornecedor, pois configura uma obrigação.

Advancement to employees. Adiantamento a empregados.

Pagamentos feitos a empregados antes do vencimento dos salários regulares.

Advances from (by) customers. Adiantamentos de clientes.

Item de passivo (*liability*) que identifica o dinheiro recebido de clientes antes da entrega dos bens ou a prestação dos serviços. Representa uma obrigação da empresa que recebeu o adiantamento. Após entregar os bens ou prestar os serviços, a obrigação se extinguirá e ela reconhecerá a respectiva receita (*revenue*).

Advances to affiliates. Adiantamentos a afiliadas.

Empréstimos concedidos por uma controladora a uma subsidiária. Frequentemente são combinados com "investimentos em subsidiárias" e tornam-se "investimentos e empréstimos a subsidiárias". Figuram no ativo não circulante do balanço patrimonial (*balance sheet*) da controladora.

Advances to suppliers. Adiantamentos a fornecedores.

Item de ativo (*asset*) em que se registram os pagamentos feitos a fornecedores, antes do

Agency theory.

recebimento dos bens ou dos serviços contratados. Constitui um direito da empresa que fez o adiantamento.

Adverse opinion. Parecer contrário.

Tipo de parecer no qual os auditores externos afirmam que as demonstrações financeiras (*financial statements*) não refletem adequadamente a situação financeira da empresa, os resultados das operações, as mudanças na posição financeira ou não estão em conformidade com os princípios contábeis geralmente aceitos (*generally accepted accounting principles*). O auditor deverá apontar as razões para esse parecer adverso. Esse tipo de parecer é raro, pois só ocorre quando o auditor não consegue convencer os dirigentes a fazer as devidas correções. Veja também outros tipos de pareceres, como *qualified opinion* (parecer com ressalva) e *unqualified opinion* (parecer sem ressalva).

Advertise. Anunciar em público.

Fazer propaganda. Publicar. Divulgar.

Advertiser. Anunciante.

Ação planejada e realizada por empresas no sentido de tornar o seu produto ou serviço mais conhecido e desejado por sua clientela. As verbas destinadas a esse esforço são chamadas de despesas de propaganda e publicidade.

Advertising. Publicidade.

Fazer propaganda, comercial, anúncio.

Advertising expense. Despesa com publicidade e propaganda.

Um dos subgrupos que integram o grupo mais amplo das despesas de vendas. Outros subgrupos seriam despesas com pessoal, comissão de vendas, ocupação, utilidades etc.

Affiliated company. Companhia afiliada.

Companhia que detém menos do que a maioria das ações votantes de outra companhia relacionada. Ou quando ambas são subsidiárias de uma terceira companhia. Uma companhia é subsidiária (*subsidiary*) quando mais de 50% de suas ações votantes pertencem a uma outra, chamada controladora (*parent company*).

After cost. Custo posterior.

Gastos a serem realizados após o reconhecimento da receita, como é o caso dos gastos com conserto de produtos vendidos com garantia. O reconhecimento desse tipo de gasto requer um débito em uma despesa e um crédito em um passivo estimado. Quando a empresa cumpre a garantia, debita o passivo estimado e credita o ativo consumido.

After tax. Após impostos, após tributação

Quantia apurada após a dedução do imposto de renda.

Age. Idade, vencimento.

Aplica-se a contas a receber ou a contas a pagar, por exemplo.

Agency. Agência, representação.

Relacionamento entre partes, no qual um lado é o *principal* e o outro é o *agente* que representa o principal em transações ou interesses diversos. Por exemplo, os administradores de uma empresa são agentes que representam e agem em nome dos acionistas. Veja também *agency cost* (custo de agência) e *agency theory* (teoria de agência).

Agency cost. Custo de agência.

Custo gerado para o *principal*, isto é, o proprietário da empresa, quando os *agentes* (os administradores) visam os seus próprios interesses em detrimento daquele. Veja *agency* e *agency theory*.

Agency theory. Teoria de agência.

Ramo da Economia que estuda o relacionamento entre o *principal* (o proprietário de uma empresa) e seus *agentes* (os administradores). O principal atribui responsabilidade e delega autoridade para os agentes cujos riscos e preferências são diferentes dos do

Agent.

principal. O principal, por sua vez, não tem como supervisionar todas as atividades dos agentes. Principal e agentes devem, portanto, considerar seus diferentes riscos e preferências, quando da definição do contrato de incentivos que regerá suas relações.

Agent. Agente, representante.
Pessoa autorizada a realizar transações, inclusive a execução de contratos, por conta ou em nome de outra. Veja *agency theory* (teoria de agência).

Aging. Idade
Demonstração ou lista de valores classificados por antiguidade. Ou seja, relação de valores classificados segundo os vencimentos. Veja *aging of accounts* (idade da contas).

Aging of accounts. Idade das contas.
Classificação de certas contas do balanço patrimonial (*balance sheet*) de acordo com os prazos. Exemplo: prazo de vencimento das contas a receber de clientes classificados entre 1 e 30 dias; entre 31 e 60 dias, entre 61 e 90 e acima de 90. Idem no caso de renovação de estoques e contas a pagar. Essa informação é relevante para os administradores, pois, quanto mais tempo se leva para recuperar o capital investido, maior o custo de oportunidade para a empresa.

Aging of accounts receivable. Cronograma das contas a receber.
Classificação de contas a receber de clientes conforme a data de vencimento com a finalidade de identificar os períodos de atraso e montantes respectivos. Revela padrões de atraso e indica onde concentrar esforços para o recebimento. Por exemplo: valor e percentual de contas vencidas entre 1 e 30 dias, entre 31 e 60 dias, acima de 60 dias. Veja também *aging of accounts* (idade das contas).

Aging schedule. Tabela de vencimento das contas.
Quadro de contas a receber ou da conta de estoques, por exemplo, classificadas de acordo com seus prazos. Veja *aging accounts receivable* (cronograma das contas a receber).

AICPA. Sigla de **American Institute of Certified Public Accountants.**
Importante organização profissional norte-americana que representa os contadores certificados (CPAs). É a entidade que supervisiona o chamado "exame para CPA". É a maior associação mundial representativa da profissão contábil com mais de 400 mil membros em 140 países. Estabelece padrões de prática a seus membros e oferece orientação técnica e aconselhamento à Securities and Exchange Commission (SEC). É responsável por várias publicações nas áreas de contabilidade, auditoria e tributação. Cada estado norte-americano estabelece suas próprias exigências para que uma pessoa possa exercer a atividade de contador em seu território. O instituto define o exercício da Contabilidade como uma profissão caracterizada por rigorosa exigência educacional, elevados padrões de atuação, estrito código de ética e compromisso de servir o interesse público.

All-inclusive income concept. Conceito de lucro abrangente.
Conceito que não faz distinção entre receitas e despesas operacionais e receitas e despesas não operacionais. De acordo com essa abordagem, a demonstração do resultado (*income statement*) contempla todos os itens de lucro e prejuízo ocorridos durante o período, mais itens extraordinários.

Allocate, allocation. Ratear. Rateio.
1. Distribuir um custo por dois ou mais períodos contábeis, geralmente com base no tempo. Por exemplo, alocar o custo de uma apólice de seguro de 2 anos, atribuindo-se metade para cada ano. 2. Atribuir um custo (ou uma receita) a certos departamentos, produtos, processos ou atividades, de acordo com algum critério. Por exemplo, alocar um custo às divisões de uma empresa com base nas vendas.

Allowance method.

Allocation base. Base de rateio.
Critério para distribuir custos conjuntos (*joint costs*) entre objetos de custo. Por exemplo, uma empresa pode distribuir o custo de um caminhão pelos períodos em que ele é utilizado com base na quilometragem percorrida em cada período. A base de rateio, nesse caso, são quilômetros rodados. Pode distribuir o custo de um supervisor de fábrica aos produtos fabricados, tomando por base as horas de mão de obra direta.

Allocation of costs. Apropriação de custos.
Veja *allocation*.

Allowances. Provisões.
Podem ser de dois tipos: provisão como conta redutora do ativo e provisão como conta de passivo. São necessárias para uma melhor apuração do resultado. Como exemplo de provisão no ativo, tem-se a "provisão para incobráveis" (*allowance for uncollectibles*), que figura como subtrativa de "contas a receber de clientes" (*accounts receivable*) para ajustá-la ao valor provável de recebimento. Como exemplo de contas de provisão no passivo, tem-se as obrigações, cujos valores ou datas de vencimento são incertos, mas estimáveis: provisão para férias; provisão para contingências; provisão para garantias. A constituição de uma provisão gera uma despesa (*expense*) e, portanto, afeta o resultado.

Allowance for bad debts. Provisão para devedores duvidosos.
O mesmo que *allowance for doubtful accounts* (provisão para contas duvidosas). Representa a parcela das vendas a prazo que a empresa estima não receber devido a existência de maus pagadores. Veja também *allowance for uncollectibles* (provisão para incobráveis).

Allowance for doubtful accounts. Provisão para contas duvidosas.
O mesmo que *allowance for bad debts* (provisão para devedores duvidosos). Representa a parcela das vendas a prazo que a empresa estima não receber em decorrência dos maus pagadores. Veja também *allowance for uncollectibles* (provisão para incobráveis).

Allowance for possible loan losses. Provisão para perdas com empréstimos.
Considerando que os empréstimos poderão não ser honrados pelo devedor, é recomendável que o credor estabeleça uma provisão para atender tais perdas.

Allowance for uncollectibles (accounts receivable). Provisão para incobráveis ou provisão para créditos de liquidação duvidosa.
Provisão para possíveis perdas relacionadas às "contas a receber de clientes". É uma conta redutora ou contraconta de ativo. Por exemplo: valor bruto de contas a receber, $ 100.000; menos provisão para créditos duvidosos, $ 10.000; igual a valor de contas a receber, líquido, $ 90.000. A constituição dessa provisão torna-se necessária, uma vez que as vendas a prazo quase sempre embutem algum risco de não recebimento. A perda deve ser atribuída ao período em que ocorreu a venda, e isto só é possível mediante uma estimativa, já que a perda efetiva será conhecida no futuro. O cálculo dessa estimativa pode ser feito de várias maneiras, sendo que as mais usuais são: a) aplicação de um percentual sobre vendas com base na experiência da empresa; e b) análise individual dos devedores. Veja *allowance method* (método da provisão).

Allowance method. Método da provisão.
Método usual para lidar com contas incobráveis nas vendas a prazo, mediante a constituição de provisão (*allowance*). A empresa estima as perdas prováveis e faz um lançamento no fim do período, que gera uma despesa no resultado e uma conta de provisão no ativo com sinal subtrativo das "contas a receber de clientes". No período seguinte, quando as perdas se confirmarem, são

American Accounting Association (AAA).

abatidas da provisão e das contas a receber. Veja *allowance for uncolletctibles* (provisão para incobráveis).

American Accounting Association (AAA).

Organização norte-americana dedicada a promover amplamente a excelência no ensino, na pesquisa e na prática da Contabilidade. Representa a maior comunidade de contadores atuantes no meio acadêmico. Fundada em 1916, criou ao longo do tempo uma rica e respeitável história, baseada em pesquisas e publicações de ponta. A ampla diversidade do seu corpo de associados propicia um ambiente voltado à colaboração e à inovação. Publica o renomado *The Accounting Review* e vários outros periódicos.

American depositary receipt (ADR). Recibo de depósito de ações.

Recibo de ações de companhias sediadas fora dos EUA, custodiado por um banco nos EUA. Em vez de comprar ações de companhias estrangeiras nos mercados externos, os norte-americanos podem comprá-las no seu próprio país, sob a forma de ADRs.

American Institute of Certified Public Accountants (AICPA).

Importante organização profissional norte-americana que representa os contadores certificados (CPAs). É a entidade que supervisiona o chamado "exame para CPA". É a maior associação mundial representativa da profissão contábil, com mais de 400 mil membros em 140 países. Estabelece padrões de prática a seus membros e oferece orientação técnica e aconselhamento à Securities and Exchange Commission (SEC). É responsável por várias publicações nas áreas de contabilidade, auditoria e tributação. Cada estado norte-americano estabelece suas próprias exigências para que uma pessoa possa exercer a atividade de contador em seu território. O instituto define o exercício da Contabilidade como uma profissão caracterizada por rigorosa exigência educacional, elevados padrões de atuação, estrito código de ética e compromisso de servir o interesse público.

American Stock Exchange (Amex).

Terceira maior bolsa de valores por volume de negócios nos EUA. Em 2008 ela foi adquirida pela Nyse Euronext e tornou-se Nyse Amex Equities em 2009. Está localizada na cidade de Nova York e responde por cerca de 10% de todos os títulos negociados nos EUA.

Amex. *Sigla de* American Stock Exchange.

Terceira maior bolsa de valores por volume de negócios nos EUA. Em 2008 ela foi adquirida pela Nyse Euronext e em 2009 tornou-se Nyse Amex Equities. Está localizada na cidade de Nova York e responde por cerca de 10% de todos os títulos negociados nos EUA.

Amortization. Amortização.

1. Em sentido amplo, expressa a redução gradual e periódica de um valor ao longo do tempo. 2. Em sentido restrito, é o processo de liquidação ou de extinção de uma dívida (amortizar = levar à morte), mediante uma série de pagamentos feitos ao respectivo credor. A "tabela de amortização" de uma hipoteca, por exemplo, é um quadro que mostra de que forma as prestações do financiamento desdobram-se em juros e principal. 3. A partir deste uso, o conceito foi estendido para contemplar também a "liquidação" do valor de ativos intangíveis de duração limitada. Neste caso, amortizar significa alocar o custo do ativo (*asset*) aos períodos que dele se beneficiam. Por fim, cabe diferenciar o nome particular de *depreciação* para o caso de ativos imobilizados (*fixed assets*), de *exaustão* (*depletion*) para recursos naturais exauríveis e *amortização* para ativos intangíveis (*intangible assets*).

Amortization schedule. Tabela de amortização.

Veja o verbete *amortization* (amortização).

Applied cost.

Annual general meeting. Assembleia geral anual (de acionistas).
Reunião periódica na qual os administradores de uma companhia apresentam os resultados do ano aos acionistas, comentam as perspectivas, esclarecem dúvidas, entre outros temas de interesse.

Annual report. Relatório anual.
Relatório elaborado por empresas, uma vez por ano, destinado aos acionistas e a outros interessados, para que possam avaliar sua condição e desempenho. Inclui as demonstrações financeiras (*financial statements*) auditadas, como o balanço patrimonial (*balance sheet*), a demonstração do resultado do exercício (*income statement*) etc., quadros suplementares, um resumo das principais práticas contábeis, notas explicativas, o parecer dos auditores independentes e comentários dos administradores a respeito dos eventos ocorridos durante o ano.

Annuity. Anuidade.
Uma série de pagamentos ou recebimentos de valores iguais, geralmente espaçados de maneira uniforme, mas não necessariamente anuais, como o nome sugere. Um exemplo são os juros semestrais oferecidos em aplicações em títulos de dívida (*bond*). As anuidades podem ser do tipo *ordinary annuity* ou *annuity in arrears* (anuidade convencional), na qual os pagamentos ou recebimentos ocorrem no final do período. Em contraste, há a *annuity due* (anuidade antecipada).

Annuity certain. Anuidade certa.
Tipo de anuidade em que há uma quantidade definida de pagamentos. Opõe-se à anuidade contingente.

Annuity due. Anuidade antecipada.
Tipo de anuidade na qual os pagamentos ou recebimentos são feitos no início do período. Ou seja, o vencimento é imediato (começa no instante zero da linha de tempo). Contrasta com *annuity in arrears* (anuidade postecipada).

Annuity in advance. Anuidade antecipada.
O mesmo que *annuity due*.

Annuity in arrears. Anuidade postecipada.
Anuidade convencional (*ordinary annuity*), isto é, aquela cujo pagamento ou recebimento ocorre no final do período. Contrasta com *annuity due* (anuidade antecipada).

APB. *Sigla de* **Accounting Principies Board.**
Conselho norte-americano criado em 1959 pelo American Institute of Certified Public Accountants (AICPA) com a finalidade de emitir pronunciamentos sobre padrões e princípios contábeis. Das *31 Opinions* e *4 Statements* publicadas, várias foram consideradas basilares para o aprimoramento da teoria e da prática em importantes áreas da Contabilidade. Criticado por não conseguir operar de forma independente do governo, o APB foi sucedido em 1973 pelo Financial Accounting Standards Board (Fasb).

APB Opinion. Pronunciamentos do APB.
Referem-se aos pronunciamentos contábeis emitidos pelo extinto conselho norte-americano Accounting Principles Board (APB).

APB Statement. Recomendações do APB.
O Accounting Principles Board emitiu quatro APB *Statements* entre 1962 e 1970, os quais foram aprovados por pelo menos dois terços dos participantes do Conselho e constituíam recomendações, não exigências.

Applied cost. Custo aplicado.
Custo que a empresa alocou a um produto, departamento ou atividade. Não se baseia necessariamente nos custos efetivamente incorridos.

Applied overhead.

Applied overhead. Custos indiretos aplicados.
Na Contabilidade de Custos, são custos indiretos que a empresa alocou a um produto, departamento ou atividade, de acordo com uma taxa. Também são denominados *absorbed overhead* (custos indiretos absorvidos).

Appraisal. Avaliação.
Estimativa do valor de um ativo qualquer, como um imóvel, um título recebível, um equipamento.

Appraisal report. Laudo de avaliação.
Documento que apresenta a estimativa do valor de um ativo qualquer.

Appreciation. Valorização.
Aumento no valor de um ativo, seja este um bem físico (imóvel) ou um título mobiliário (ações, obrigações).

Arbitrage. Arbitragem.
Compra de um título ou mercadoria em um mercado e venda simultânea em outro a fim de lucrar com as diferenças de preços nos dois mercados.

Arbitrary. Arbitrário.
Sem base causal. Os contadores muitas vezes afirmam que "algumas alocações de custo são arbitrárias". Quando dizem isso, não querem dizer que as alocações são ao acaso, mas que a teoria não fornece uma solução única para o problema em questão.

Arm's-length transaction. Transação livre de interesses.
Transação que se dá entre partes independentes, cada qual visando os seus próprios interesses. Supõem-se ser esta a condição necessária para que os preços de bens ou serviços em negociação correspondam ao valor de mercado justo (*fair market value*).

Arrears. Pagamentos devidos; contas em atraso; dívida vencida.
É o caso, por exemplo, de dividendos preferenciais declarados, mas ainda não pagos.

Arrears interest. Juros de mora.
Juros devidos por atraso no pagamento.

Articles of incorporation. Instrumento de constituição de sociedade.
Documentação que os indivíduos que desejam formar uma sociedade por ações nos Estados Unidos devem apresentar ao órgão competente no estado onde a sociedade terá sede. Após análise, uma cópia é devolvida e esta, junto com o *Certificate of Incorporation* (Certificado de Incorporação), torna-se o *Corporation's Charter*, reconhecendo formalmente a companhia como uma entidade habilitada a iniciar suas operações. As regras que governam a gestão interna da empresa são estabelecidas no seu regimento (*bylaws*).

Articulate. Articular.
Descrever inter-relacionamentos entre elementos de qualquer demonstração financeira operacional que tem uma base em comum. Por exemplo, a demonstração do resultado e os balanços patrimoniais.

ASB. *Sigla de* **Auditing Standards Board.**
Comitê operacional do American Institute of Certified Public Accountants (AICPA), encarregado da promulgação de regras de auditoria. Formula, revisa e interpreta os chamados Padrões de Auditoria Geralmente Aceitos (*Generally Accepted Auditing Standards* (*Gaas*)).

ASR. *Sigla de* **Accounting Series Releases.**
Normas expedidas pelo órgão norte-americano Securities and Exchange Commission (SEC) com o caráter de pronunciamento

At sight.

contábil oficial. Sob a forma de diretrizes e regras, contemplam exigências contábeis, determinações de *disclosure*, políticas de auditoria, Atividades dos Contadores Certificados (Certified Public Accountant (CPA)) etc.

Assessed value. Valor venal.
Quantia fixada pelas autoridades tributárias, como base de cálculo do imposto sobre imóveis ou outras propriedades, e que não necessariamente se vinculam ao valor de mercado.

Assessment. Avaliação.
Processo de avaliação oficial de uma propriedade para fins de tributação. Também significa estabelecer o valor do imposto incidente sobre a propriedade, em decorrência de benfeitorias realizadas, tais como a construção de calçadas ou de rede de esgotos. Esse tipo de avaliação é feita em geral pela autoridade tributária.

Asset. Ativo.
1. Algo valioso pertencente a uma pessoa e que constitui os seus bens ou que forma o seu patrimônio. Exemplo: dinheiro em mãos, depósito em bancos, aplicação financeira, imóvel, carro, terreno, sítio, jóias, obras de arte etc. 2. Aplicação de recurso ou investimento feito pela empresa. 3. Bens e direitos de uma entidade, expressos em valor monetário. 4. Para a Contabilidade, em sentido rigoroso, ativo é um recurso econômico controlado pela entidade como resultado de eventos passados e do qual se espera que resultem futuros benefícios econômicos para a entidade. Portanto, para satisfazer a definição de ativo, são essenciais três características: (a) incorpora um provável benefício futuro, porque tem a capacidade de gerar um fluxo de caixa positivo para a empresa; (b) uma entidade específica pode obter o citado benefício futuro e controla o acesso ao ativo; e (c) a transação ou outro evento do qual surgiu o direito ou o controle sobre o ativo já ocorreu. Em relação à sua natureza, um ativo pode ser tangível (*tangible*) ou intangível (*intangible*); em relação ao prazo, um ativo pode ser corrente (*current*) ou não corrente (*noncurrent*). 5. Por fim, ativo é o nome do grupo que integra diversos itens, tais como dinheiro, depósitos bancários, contas a receber de clientes, estoques, investimentos em outras empresas, imobilizado, os quais se acham indicados no lado esquerdo do balanço patrimonial (*balance sheet*) e classificados em ordem decrescente de liquidez (*liquidity*).

Asset turnover. Giro do ativo total.
Índice financeiro que revela a eficiência no uso dos ativos da empresa para gerar receitas. Quanto maior o índice, melhor. Um baixo giro pode ser indicativo de que a empresa deve repensar a forma como vem utilizando o ativo. O índice é obtido dividindo-se a receita líquida de um período pelo ativo total médio do mesmo período. Também pode ser calculado para certos subgrupos do ativo, para, por exemplo, obter o giro de estoques ou giro do imobilizado. Veja *financial statement ratios* (índices financeiros).

Assignment of accounts receivable. Cessão de contas a receber.
Transferência da propriedade legal de contas a receber, por meio de sua venda. Contrastar com caução de contas a receber, em que elas constituem *collateral* (garantia) de um empréstimo.

At par. Ao par.
Situação em que o título é negociado por um preço igual ao seu valor de face (*face value*) ou valor nominal. Por exemplo, obrigações (*bonds*) com valor de face de $ 1.000, quando compradas ou vendidas por esse mesmo valor, diz-se que são negociadas ao par. Quando o preço é maior, são negociadas com prêmio (*at a premium*). Quando o preço é menor, com desconto (*at a discount*).

At sight. À vista.
Qualquer transação, como uma compra ou venda, na qual o pagamento é efetuado de imediato.

Attainable standard cost.

Attainable standard cost. Custo-padrão atingível.
Custo-padrão normal.

Attest. Atestar.
Declaração formal emitida por um auditor, após exame completo e avaliação, indicando se as demonstrações financeiras (*financial statements*) espelham de forma justa a situação financeira e os resultados operacionais da empresa analisada.

Attestor. Atestador.
Auditor externo que audita as demonstrações financeiras (*financial statements*) elaboradas pelos administradores de uma empresa.

Attribute measured. Atributo medido.
Atributo específico, tal como o custo ou o valor justo, divulgado no balanço patrimonial (*balance sheet*). Quando realizamos medidas físicas, tais como a altura ou o peso de uma pessoa, precisamos decidir com qual unidade faremos a medição – se em polegadas ou centímetros, se em libras ou quilos. Escolhemos o atributo a ser medido – altura ou peso – independentemente da unidade de medida, se pelo sistema inglês ou pelo sistema métrico. A Contabilidade convencional vem utilizando há muitos anos o custo histórico como o atributo medido e a moeda nominal como a unidade de medida. Alguns teóricos defendem que a Contabilidade serviria melhor aos usuários das demonstrações financeiras (*financial statements*) se utilizasse moeda constante como unidade de medida. Outros entendem que a Contabilidade deveria mudar ambos, a unidade de medida e o atributo medido.

Audit. Auditoria.
Inspeção sistemática nos registros contábeis de uma entidade, envolvendo análises, testes e comprovações. Conforme a natureza, pode-se distinguir diferentes modalidades: (a) auditoria externa ou independente, que emite parecer específico, de acordo com padrões predefinidos; (b) auditoria interna, que verifica se os procedimentos e operações se conformam às políticas da empresa; (c) auditoria administrativa para avaliar a eficiência dos gestores; (d) auditoria de *compliance* para assegurar que a empresa está cumprindo com certas regras e regulamentos.

Audit committee. Comitê de auditoria.
Comitê do Conselho de Administração de uma sociedade por ações, formado geralmente por diretores externos, que seleciona auditores externos e discute com eles os correspondentes trabalhos.

Audit opinion. Parecer de auditoria.
Declaração emitida por auditor independente, ao concluir um trabalho. O auditor indica se, em sua opinião, as demonstrações financeiras (*financial statements*) refletem de forma adequada a situação financeira, os resultados das operações e as mudanças na situação financeira da empresa analisada. Há quatro tipos de parecer: a) parecer sem ressalvas (*unqualified opinion*); b) parecer com ressalva (*qualified opinion*); c) parecer contrário (*adverse opinion*); e d) parecer com recusa de opinião (*disclaimer*).

Audit report. Relatório de auditoria.
Declaração dos auditores independentes a respeito dos trabalhos executados e seu parecer (*audit opinion*) sobre as demonstrações financeiras (*financial statements*). Pode ser um parecer com ou sem ressalvas. Conforme a gravidade destas, os auditores podem até negar-se a dar parecer. No formato padrão, o relatório é bastante breve. Veja *auditor* e *audit opinion*.

Audit risk. Risco de auditoria.
A possibilidade de o auditor não detectar irregularidades nos registros financeiros resultantes de fraude, negligência ou outras razões. Por exemplo, as técnicas de amostragem empregadas nem sempre revelam se uma despesa está superestimada.

Authorized capital stock.

Audit trail. Referência de auditoria.
Referência explícita feita no histórico do lançamento contábil ao documento que deu base ao lançamento. É indispensável para a conferência da exatidão dos lançamentos efetuados.

Audited financial statement. Demonstração financeira auditada.
Demonstração financeira (*financial statement*) atestada por auditor externo ou independente.

Auditing. Relativo à auditoria.
O mesmo que *audit*. Inspeção sistemática nos registros contábeis de uma entidade, compreendendo análises, testes e comprovações.

Auditing procedure. Procedimento de auditoria.
Técnicas empregadas pelo auditor para coletar evidências que respaldem a confiabilidade dos registros contábeis. O auditor avalia se a informação apresentada é lógica e razoável. Exemplos de procedimentos de auditoria incluem confirmar a existência e a quantidade de ativos, coletar confirmações externas (por exemplo, em bancos), examinar controles internos, avaliar as atividades dos administradores. Os procedimentos a serem seguidos são indicados no *auditing program* (programa de auditoria).

Auditing process. Processo de auditoria.
Sequência de passos seguidos pelo auditor durante o exame dos registros da empresa cliente. Pode variar conforme a natureza da tarefa, seus objetivos e tipo de resultado esperado.

Auditing program. Programa de auditoria.
Descrição dos procedimentos seguidos por um auditor ao realizar uma auditoria. Identifica as etapas e o trabalho a ser realizado. Veja *auditing procedure* (procedimento de auditoria).

Auditing standards. Padrões de auditoria.
Diretrizes seguidas pelos auditores ao examinar demonstrações financeiras (*financial statements*) e outros dados. Os padrões são promulgados pelos órgãos competentes e incluem padrões gerais, padrões de trabalho de campo e padrões de apresentação de relatórios.

Auditing Standards Board (ASB).
Comitê operacional do American Institute of Certified Public Accountants (AICPA), encarregado da promulgação de regras de auditoria. Formula, revisa e interpreta os chamados Padrões de Auditoria Geralmente Aceitos (*Generally Accepted Auditing Standards* (*Gaas*)).

Auditor. Auditor.
Profissional habilitado a realizar auditoria. Pode ser externo ou interno à empresa. O auditor externo, também chamado independente, presta serviços a empresas clientes, realizando trabalhos especializados, como atestar a exatidão e aceitabilidade geral dos registros contábeis e das demonstrações financeiras (*financial statements*). Ao final, emite um parecer (*opinion*). O auditor interno é empregado da empresa e suas funções podem ser variadas, como: verificar dados contábeis, revisar o sistema de controle interno, verificar se os procedimentos e políticas da empresa estão sendo respeitados, aconselhar e informar a administração etc. Veja *audit opinion* (parecer de auditoria).

Auditor's opinion. Parecer de auditor.
Consulte o verbete *audit opinion* (parecer de auditoria).

Auditor's report. Relatório de auditor.
Consulte o verbete *audit report* (relatório de auditoria).

Authorized capital stock. Capital autorizado.
A quantidade máxima de ações que uma companhia pode emitir, em conformidade

Available for sale (merchandise or products).

com o que estabelem os seus documentos de registro. As ações emitidas são em geral inferiores à quantidade autorizada.

Available for sale (merchandise or products). Disponível para venda (mercadorias ou produtos).
Quantia monetária obtida pela soma do valor do estoque inicial com o valor das compras do período.

Average age of inventory. Idade média do estoque.
Indicador do tempo médio que a empresa leva para vender ou renovar seu estoque. Calcula-se dividindo o estoque médio do período pelo custo da mercadoria vendida em base média diária. Veja *financial statement ratios* (índices financeiros).

Average balance. Saldo médio.
Valor representativo do termo central de uma série de números. Por exemplo, o saldo médio de dinheiro mantido em uma conta-corrente em um banco.

Average collection period of receivables. Prazo médio de recebimento de clientes.
Indicador obtido pela divisão dos valores a receber de clientes pelas vendas médias diárias. Se uma empresa apresenta um prazo médio de recebimento de 60 dias, quer dizer que leva esse tempo, em média, para receber dos clientes. Em consequência, o giro médio das contas a receber é de 360/60 = 6 vezes ao ano. A respeito, veja os verbetes *accounts receivable turnover ratio* (índice de giro das contas a receber) e *financial statement ratios* (índices financeiros).

Average cost. Custo médio.

Average-cost flow assumption. Suposição do custo médio.
Suposição sobre o fluxo de custos dos estoques, segundo a qual o custo de cada unidade corresponde ao custo médio ponderado do estoque inicial mais compras. Veja *inventory equation* (equação dos estoques).

Average tax rate. Alíquota média do imposto de renda.
Taxa obtida quando se divide a despesa do imposto de renda pelo lucro antes do imposto de renda. Comparar com *marginal tax rate* (alíquota marginal do imposto de renda) e com *average tax rate* (alíquota oficial do imposto de renda).

Average term. Prazo médio.

Avoidable cost. Custo evitável.
Custo que irá cessar se a empresa extinguir certa atividade. Também chamado de custo incremental ou custo variável.

Backlog. Pedidos em carteira.
> Pedidos acumulados que a empresa não pode atender prontamente devido à falta de estoques. Veja também *back order* (pedido pendente) e *backlog of unfilled orders* (pedidos acumulados à espera de atendimento).

Backlog of unfilled orders. Pedidos acumulados a espera de atendimento.
> Veja também *back order* (pedido pendente).

Back office. Atividades de retaguarda, de apoio.
> Contrapõe-se a atividades de *front office*.

Back order. Pedido pendente.
> Pedido de cliente que não pode ser atendido de imediato, devido à falta de mercadoria no estoque. Um excesso de pedidos em *back order* pode indicar falta de um bom planejamento de estoques. Veja também o verbete *backlog* (pedidos em carteira).

Bad debt. Dívida incobrável.
> Conta a receber com baixíssima ou nenhuma chance de recebimento, apesar dos esforços de cobrança.

Bad debt expense. Despesa com devedores duvidosos.
> Conta registrada na demonstração do resultado (*income statement*) representando o valor estimado das perdas com devedores incobráveis no respectivo período contábil. Tem como contrapartida no balanço (*balance sheet*) a conta *allowance for uncollectibles* (provisão para incobráveis ou provisão para devedores duvidosos), que, por sua vez, é subtrativa das contas a receber de clientes (*accounts receivables*).

Bad debt recovery. Recuperação de incobráveis.
> Recebimento, ainda que parcial, de uma conta a receber anteriormente baixada como incobrável.

 Balance.

Balance. Saldo.
Pode assumir várias conotações: 1. Diferença entre o total de débitos e o total de créditos em uma conta; 2. valor líquido na conta-corrente em um banco, em uma certa data; 3. valor líquido de um empréstimo, em uma certa data.

Balanced scorecard (BSC). Balanced scorecard (BSC).
Sistema de gestão que traduz a estratégia da organização em objetivos claros, métricas, metas e iniciativas segundo quatro perspectivas diferentes, porém inter-relacionadas: financeira, do cliente, interna, aprendizagem e crescimento. O BSC propicia um sistema para medir e gerir os aspectos relevantes do desempenho empresarial.

Balance sheet. Balanço patrimonial.
1. Demonstrativo financeiro de uma pessoa ou de uma organização, evidenciando os valores dos bens e direitos, das dívidas e a situação líquida, numa data especificada. 2. No âmbito da Contabilidade, trata-se de uma das mais importantes demonstrações contábeis (*financial statement*) que tem por finalidade apresentar a posição financeira e patrimonial da empresa em determinada data, obedecendo a certos critérios e regras. É composto por três grupamentos básicos: ativo (*asset*), passivo (*liability*) e patrimônio líquido (*stockholders' equity*). 3. Quanto ao formato de apresentação, os itens que compõem o grupo do ativo são em geral listados do lado esquerdo do balanço patrimonial, enquanto o passivo e o patrimônio líquido figuram do lado direito. Daí resulta a equação fundamental do patrimônio: Ativo = Passivo + Patrimônio Líquido. 4. Conforme o prazo seja até um ano ou superior, o ativo subdivide-se em ativo circulante (*current asset*) e ativo não circulante (*noncurrent asset*). Da mesma forma, o grupo do passivo subdivide-se em passivo circulante (*current liability*) e passivo não circulante (*noncurrent liability*).

Balance sheet account. Conta patrimonial.
Conta referente a elementos do balanço patrimonial (*balance sheet*), sejam de ativo (*asset*), passivo (*liability*) ou de patrimônio líquido (*stockholders' equity*). Trata-se de conta cujos saldos são transferidos de um período para outro, por isso chamadas de contas permanentes. Contrastam com as contas de resultado (receitas e despesas), que são encerradas ao final de cada período e, por isso, chamadas contas temporárias (*temporary account*).

Balance sheet equation. Equação do balanço patrimonial.
É uma importante forma de representação do balanço patrimonial (*balance sheet*) segundo a equação: Ativo = Passivo + Patrimônio Líquido. Essa identidade é permanente, de modo que, se o ativo (*asset*) suplantar o passivo (*liability*), como é o caso na maioria das situações, tem-se um patrimônio líquido positivo. Se o ativo for inferior ao passivo, tem-se o chamado patrimônio líquido negativo ou passivo a descoberto.

Balloon. Balão.
Em geral, as hipotecas e os empréstimos à prestação exigem pagamentos periódicos uniformes. Pode haver casos, contudo, em que se exige um pagamento extra de diferente valor, denominado balão. Empréstimos dessa natureza são conhecidos como "empréstimos-balão".

Bank balance. Saldo bancário.
O valor líquido existente em uma conta-corrente, tal como mostrado no extrato bancário (*bank statement*) em uma certa data.

Bank loan. Empréstimo bancário.
Empréstimo tomado em uma instituição financeira.

Bank prime rate. Taxa preferencial bancária.
Taxa de juros no mercado internacional que bancos comerciais cobram de clientes com as melhores avaliações de crédito. Alguns clientes chegam até a pagar menos do que essa taxa.

Bank reconciliation schedule. Quadro de conciliação bancária.

Quadro que explica a diferença entre o saldo em uma conta bancária, constante do extrato bancário (*bank statement*), e o saldo apontado nos registros contábeis (isto é, na conta caixa) da empresa. Raramente os saldos "batem", devido a cheques ainda não descontados e depósitos ainda não contabilizados pelo banco, além de erros eventuais cometidos pelo banco ou pela empresa. Daí a necessidade de fazer a conciliação periodicamente.

Bank statement. Extrato bancário.

Demonstrativo emitido pelos bancos, informando aos depositantes a movimentação de suas contas. Exibe o saldo inicial, os depósitos efetuados, os cheques descontados, as tarifas debitadas, eventuais créditos e o saldo final, referente a certo período.

Banking. Atividade bancária.

Relativo a bancos.

Banking industry. Setor bancário.

Deve-se evitar a tradução "indústria bancária". Indústria aqui refere-se a setor, segmento, atividade.

Bankruptcy. Falência, insolvência.

Incapacidade de um indivíduo ou organização de saldar suas dívidas. Situação na qual o passivo (*liability*) da empresa apresenta-se maior do que o seu ativo (*asset*). Portanto, o valor do patrimônio líquido (*stockholders' equity*) é negativo. Nos EUA, há que distinguir duas situações: Capítulo 7 (*Chapter 7*), que trata da liquidação e o Capítulo 11 (*Chapter 11*), que trata da reestruturação financeira de uma empresa em estado falimentar.

Basic accounting equation. Equação contábil básica.

Forma de representação do balanço patrimonial (*balance sheet*) de acordo com a seguinte equação: Ativo = Passivo + Patrimônio Líquido. Veja *balance sheet equation* (equação contábil).

Basic cost-flow equation. Equação básica do fluxo de custos.

Equação do fluxo de custos, cuja expressão é dada por *saldo inicial + entradas = saídas + saldo final*.

Basic earnings per share (Beps). Lucro por ação básico.

Lucro líquido destinado aos acionistas ordinários, dividido pela média ponderada da quantidade de ações ordinárias existentes durante o período.

Basis. Base.

Custo de aquisição, ou algum outro conceito, de um ativo (*asset*) ou passivo (*liability*), utilizado no cálculo do ganho ou perda pela venda do ativo ou liquidação do passivo. Atributo medido.

Basis point (bp). Pontos-base.

Um centésimo, ou seja, 1/100. Na terminologia usual de mercado, as taxas de juros são apresentadas em termos percentuais, tais como 5,50% e 5,57%. A diferença entre essas duas taxas é expressa como "7 pontos-base". Assim, 1% equivale a 100 pontos-base.

Basket purchase. Compra de uma cesta de ativos.

Compra de um grupo de ativos (e de passivos) por um preço único. A empresa compradora precisará atribuir o custo a cada item, para que possa contabilizá-lo individualmente.

Bear. Urso.

Jargão de mercado aplicado a pessoa ou instituição que acredita que uma dada ação ou o mercado de ações em geral entrará em uma fase de queda de preços. Um "mercado de ursos" (*bear market*) caracteriza-se por um período em que os preços das ações estão caindo de forma geral. O oposto é *bull market* (mercado de touro).

Bearer. Portador ou titular.

Diz-se do proprietário de um ativo, como é o caso da posse de ações, por exemplo.

Bearer bond.

Bearer bond. Obrigação ao portador.
Título que dá ao portador o direito a recebimentos de principal e juros. Também chamado de *coupon bond*, pois quem quer que apresente o cupom receberá os juros.

Bear interest. Render juros.
É o caso, por exemplo, de uma aplicação financeira remunerada.

Beginning inventory. Estoque inicial.
Valor do estoque existente no início do período contábil. Corresponde ao estoque final do período precedente.

Below par. Abaixo do valor nominal.
Contraste com os verbetes *at par* e *above par*.

Below the line. Abaixo da linha.
A linha em questão é o lucro líquido após impostos (*net income*) na demonstração do resultado (*income statement*). Abaixo desta vêm as destinações, como dividendos, por exemplo. Contraste com *above the line* (acima da linha).

Benchmarking. Referências.
O processo de avaliar o desempenho dos produtos e serviços de uma empresa em comparação com os melhores níveis de desempenho que podem ser atingidos ou, às vezes, já atingidos por outras empresas. Em suma, são as melhores práticas de outras organizações.

Beps. *Sigla de* **basic earnings per share.** Lucro por ação básico.
Veja o verbete respectivo.

Beta. Beta.
Medida do risco sistemático ou não diversificável de uma ação. Quando o beta é maior do que 1, indica que o preço da ação apresenta maior volatilidade do que o índice de mercado ao qual está sendo relacionado. Portanto, o título embute um maior risco. Se for menor do que 1, é menos volátil do que a média de mercado. Se for igual a 1, seu risco é equivalente ao risco do índice de mercado. O beta é um componente essencial da formulação do CAPM (*capital asset pricing model*).

Betterment. Melhoria.
Reforma significativa ou substituição de partes de um bem (um equipamento, por exemplo) que contribua para o aumento da vida útil ou um melhor desempenho. Aumenta a eficiência do ativo (*asset*) em questão. Contabilmente, esses gastos acrescem ao valor do bem, em vez de serem tratados como despesa do período.

Bid. Lance. Oferta de compra.
O maior preço que um comprador potencial está disposto a pagar, em certa data, por ativo ofertado. Em um leilão, é o lance.

Bidder. Proponente.
Indivíduo que faz a oferta de compra, que dá o lance numa licitação ou num leilão.

Bidding. Concorrência pública. Licitação. Leilão.
Sistemática por meio da qual se vende e se adquire bens ou se fecham contratos nas melhores condições para ambos os lados.

Big bath. Grande limpeza.
Faxina geral (tradução livre). Baixa de uma parcela substancial dos ativos (*assets*) de uma empresa. Geralmente ocorre quando a empresa descontinua uma linha de negócios que exigiu um grande investimento, mas que não se mostrou lucrativa. A expressão às vezes também é utilizada para descrever uma situação na qual uma empresa realiza uma grande baixa de ativos em um período para evitar baixas graduais em períodos seguintes. Neste último sentido, costuma ocorrer quando há mudança na alta administração da empresa.

Big 8. As 8 maiores.
Designação das maiores empresas internacionais concentradoras de serviços em várias áreas, mas especialmente em auditoria

Bond conversion.

para empresas abertas e fechadas. Durante a maior parte do século XX permaneceram conhecidas como as *Big 8*, refletindo a dominância das oito maiores firmas, originadas de alianças entre empresas inglesas e norte-americanas. São elas, por ordem alfabética: Arthur Andersen, Coopers & Lybrand, Ernst & Whinney, Deloitte, KPMG, Price Waterhouse, Touche Ross e Arthur Young. A competição entre elas intensificou-se ainda mais e as *Big 8* tornaram-se as *Big 6* em 1989, as *Big 5* em 1998 e *Big 4* em 2002. São as seguintes: PwC, Deloitte, EY e KPMG.

Big N. As N maiores.

Designação genérica das maiores empresas de auditoria do mundo. Elas já totalizaram oito empresas e eram conhecidas como *Big 8*. Hoje são apenas metade: *Big 4*, a saber: PwC, Deloitte, EY e KPMG. A expressão *Big N* passou a ser utilizada à medida que iam se concentrando. Consulte também o verbete *Big 8*.

Bill. Diversos significados.

Termo com múltiplos sentidos. 1. papel-moeda ou o dinheiro que circula sob a forma de cédulas; 2. conta em um restaurante; 3. fatura, nota ou o ato de faturar; 4. projeto de lei no Congresso; 5. título público, como os *treasury bills* nos EUA; 6. documento de transporte e de posse de mercadoria embarcada, chamado *bill of lading* (conhecimento de embarque).

Bill of materials. Lista de materiais.

Especificação das quantidades de material direto que uma empresa espera utilizar na fabricação de uma dada partida ou quantidade de bens.

Billing. Cobrança, faturamento, faturar.

Providências adotadas pela parte vendedora no sentido de efetivar o recebimento de uma transação qualquer.

Black market. Mercado negro.

Mercado ilegal, paralelo, em que ocorrem transações à margem da legislação, seja de mercadorias, moedas estrangeiras etc.

Blocked currency. Moeda bloqueada.

Moeda que o seu possuidor, por lei, não pode retirar do país emitente ou trocar pela moeda de outro país.

Blue chip. Blue chip.

Denominação dada à ação de primeira linha, emitida por empresa com histórico de alto desempenho e que oferece segurança e retorno confiável aos investidores.

Board. Conselho, junta.

Veja *Board of directors* (Conselho de Administração).

Board of directors. Conselho de Administração. Diretoria.

Órgão que governa uma sociedade por ações, eleito pelos acionistas. Geralmente é composto por executivos e representantes externos à empresa.

Bond. Obrigação, título de dívida, bônus.

Modalidade de instrumento financeiro de longo prazo emitido por empresas, governo ou outra entidade e que paga juros. Há vários tipos. É uma importante fonte de financiamento ao emissor, assim como pode ser uma boa aplicação financeira para os investidores. Contém um valor de face (*face value*) que identifica o principal (*principal*) e o *cupom*, que corresponde ao valor dos juros. A taxa do cupom (*coupon rate*) representa o valor de cada pagamento de juros, dividido pelo principal. Curiosidade: os bônus com cupom são assim denominados porque, no passado, traziam cupons destacáveis do certificado.

Bond conversion. Conversão de obrigações.

Ato de trocar obrigações conversíveis por ações, sejam estas preferenciais ou ordinárias. Veja *bond* (obrigação, título de dívida).

Bond discount. Deságio de obrigação.
Do ponto de vista da emissora da obrigação, é a colocação do título por preço inferior ao valor de face (*face value*).

Bondholder. Portador ou titular de uma obrigação (*bond*).
Aquele ou aquela que adquiriu uma obrigação, tornando-se credor do emitente.

Bond indenture. Escritura de obrigação.
Contrato entre a emissora da obrigação (*bond*) e os detentores dos títulos, no qual são estabelecidas as condições de emissão, isto é, direitos, privilégios e limitações.

Bond payable. Obrigação a pagar.
Nome da conta de passivo (*liability*) que identifica o compromisso da empresa referente à emissão de títulos.

Bond premium. Ágio de obrigação.
Situação na qual o preço de emissão, ou o preço pelo qual o título está sendo negociado, é superior ao valor de face (*face value*). É o oposto de *bond discount* (deságio de obrigação).

Bond ratings. Classificação de crédito de obrigações.
Classificação de risco atribuída a títulos emitidos, com base em diversos critérios, tais como nível atual de dívidas da emissora, histórico de pagamento, segurança dos ativos ou receitas eventualmente vinculados aos pagamentos de juros e principal. Moody's, Standard & Poors e Fitch são as agências que analisam e publicam classificações de obrigações. O nível mais alto da Moody's é *Aaa*, enquanto a Standard & Poor's e a Fitch usam *AAA*.

Bond redemption. Liquidação de obrigação.
O ato de uma empresa emissora resgatar títulos emitidos (*bonds*).

Bond refunding. Refinanciamento de obrigações.
Incorrer em dívida nova, geralmente mediante a emissão de obrigação (*bond*), a fim de resgatar obrigações anteriormente emitidas.

Bond sinking fund. Fundo de amortização de obrigações.
Veja *sinking fund* (fundo de amortização).

Bonus. Bônus.
Remuneração adicional ao salário de um empregado. Gratificação geralmente associada a desempenho superior ou prêmio.

Book. Ato de registrar. Livro.
Como verbo – *to book* – significa registrar uma transação. Como substantivo, geralmente no plural – *books* – refere-se aos livros contábeis como o razão (*ledger*) e o diário (*journal*).

Book basis. Base contábil.
Situação em que se adotam os dados da Contabilidade como referência.

Book entry. Lançamento contábil.
Escrituração efetuada nos livros contábeis ou, simplesmente, registro.

Booking. Escrituração.
O processo de analisar e registrar transações nos livros contábeis.

Book inventory. Estoque conforme os livros contábeis.
Valor do estoque que resulta, não da contagem física, mas da soma do estoque inicial com as compras líquidas do período, menos os valores requisitados ou retirados.

Bookkeeper. Escriturador contábil.
Pessoa encarregada dos registros contábeis. Antigamente era chamado, literalmente, de "guarda-livros".

Bookkeeping. Escrituração contábil.
O processo de analisar e registrar transações nos livros contábeis. É a mais básica das funções e responsabilidades da Contabilidade.

Book value. Valor contábil ou valor de livro.
Valor monetário de um item do ativo (*asset*), passivo (*liability*) ou patrimônio líquido (*stockholders' equity*) em conformidade com o que está registrado nos livros contábeis. A expressão também se refere ao custo histórico de um ativo fixo, deduzida a depreciação acumulada. Para enfatizar este aspecto, a expressão aparece como "valor contábil líquido".

Book value per share of common stock. Valor patrimonial da ação ordinária.
Valor resultante da divisão do patrimônio líquido (*stockholders' equity*) dos acionistas ordinários pela quantidade de ações ordinárias em circulação. Difere do valor de mercado.

Borrow. Tomar empréstimo. Captar dinheiro.
Operação por meio da qual uma parte busca obter dinheiro emprestado de outra, assumindo as condições inerentes.

Borrower. Tomador de empréstimo. Mutuário.
Indivíduo ou empresa que capta dinheiro no mercado sob a forma de empréstimo.

Borrowing capacity. Capacidade de endividamento.
Condições prévias apresentadas por tomadores de empréstimo, de modo que a transação possa ser concluída sem maiores dificuldades. Por exemplo, o próprio nível atual de endividamento poderá ser considerado moderado e, portanto, não pesará negativamente na decisão do emprestador.

Borrowings. Empréstimos ou financiamentos.
Total de recursos captados e devidos a credores.

Bottom line. Última linha.
Expressão comumente usada para referir-se à última linha da demonstração do resultado do exercício (*income statement*), portanto, o lucro líquido ou o prejuízo do período. Em sentido genérico, é o resultado final de alguma coisa.

Branch. Filial de empresa, agência bancária, sucursal.
Escritório de vendas ou outra unidade de uma empresa, fisicamente separada da sede.

Branch accounting. Contabilização por filiais.
Procedimentos contábeis que permitem que uma empresa acompanhe a posição financeira e o desempenho operacional de cada filial, individualmente. Posteriormente, esses dados serão consolidados para fins de publicação das demonstrações financeiras (*financial statements*).

Brand or brand name. Marca ou nome de marca.
Veja *trademark* (marca comercial) e *trademark right* (direito de marca comercial).

Breakdown of accounts. Discriminação, abertura de contas.

Break-even. Equilíbrio. Empate.
Nível de vendas da empresa – medido em unidades físicas ou em valor monetário – no qual ocorre a igualdade entre receita total e custo total. Portanto, nesse ponto, o resultado operacional líquido é zero. Veja *break-even point* (ponto de equilíbrio).

Break-even analysis.

Break-even analysis. Análise do ponto de equilíbrio.
Veja *break-even point* (ponto de equilíbrio) e *break-even chart* (gráfico do ponto de equilíbrio).

Break-even chart. Gráfico do ponto de equilíbrio.
Gráfico no qual se representa a receita total e o custo total operacional como função do volume de vendas (em unidades físicas) de determinado produto. O cruzamento das linhas identifica o ponto de equilíbrio (*break-even point*), isto é, o nível de vendas em que não há lucro nem prejuízo. Para o caso de vários produtos, o eixo horizontal terá que ser apresentado em valores monetários, e não em unidades físicas de vendas. Neste caso, supõe-se ainda que a empresa venda proporções constantes dos vários produtos. Para um exemplo, veja *break-even point* (ponto de equilíbrio).

Break-even equation. Equação do ponto de equilíbrio.
Equação que ajuda a calcular o ponto de equilíbrio, basicamente dada pela identidade receita total = custo total. Para um exemplo, veja *break-even point* (ponto de equilíbrio).

Break-even point. Ponto de equilíbrio.
Corresponde ao volume de vendas necessário para que a receita total seja igual ao custo total operacional. Pode ser expresso em unidades físicas ou em valor monetário. Considere, por exemplo, um produto com as seguintes características: preço de venda unitário, $p = \$ 10$, custo variável unitário, $cv = \$ 5$, e custo operacional fixo, $CF = \$ 3.000$. Qual o ponto de equilíbrio operacional, Q^*, desse produto? Se a receita total é RT e o custo total é CT, no ponto de equilíbrio RT = CT. Logo, podemos reescrever essa identidade como $pQ = vQ + CF$, ou seja, $\$ 10Q = \$ 5Q + \$ 3.000$. Resolvendo, encontra-se $Q^* = 600$ unidades. Esse é o ponto de equilíbrio operacional, em unidades físicas, no qual a empresa não terá lucro nem prejuízo. Em valor monetário, corresponde a uma receita total de $\$ 6.000 = 600 \times \$ 10$.

Break-even time. Tempo de recuperação.
Tempo requerido para que uma empresa recupere os valores investidos no desenvolvimento de um novo produto.

Budget. Orçamento.
Plano financeiro que uma empresa elabora e utiliza para estimar o resultado de operações futuras. Frequentemente é utilizado para monitorar tais operações. Dentre os benefícios de elaborar orçamentos (*budgets*), destacam-se: planejamento; comunicação das metas às subunidades; estímulo à cooperação entre departamentos; manutenção do controle. O termo pode vir acompanhado de vários qualificativos, tais como orçamento de caixa, orçamento de capital, orçamento de vendas, orçamento de mão de obra direta, orçamento de despesas administrativas etc.

Budgeted cost. Custo orçado.
Custo predeterminado, estabelecido por orçamento ou previsões a fim de possibilitar o controle.

Budgeted fixed cost. Custo fixo orçado.
Custo fixo previsto para determinado período.

Budgeted statements. Demonstrações orçadas.
Demonstrações *pro forma*, elaboradas antes da ocorrência dos eventos ou do término do período.

Budgeted variable cost. Custo variável orçado.
Custo variável predeterminado, estabelecido por orçamento ou previsões a fim de possibilitar o controle.

Buildings. Edificações. Bens imóveis. Obras civis.

As edificações constituem itens relevantes classificados no grupo do ativo não circulante (*noncurrent assets*) dos balanços (*balance sheet*) empresariais, especificamente na categoria de imobilizado (*fixed asset*). São bens de uso e podem se referir ao prédio-sede da empresa, assim como a escritórios, lojas, agências, centros de distribuição, galpões, construções em andamento, garagens. São elementos depreciáveis em maior ou menor tempo, conforme sua vida útil econômica.

Buildings and improvements. Edificações e benfeitorias.

Benfeitorias ou melhorias (*betterment*) dizem respeito a gastos com reformas ou substituição de partes relevantes do bem imobilizado (*fixed asset*) que contribuem para o aumento de sua vida útil ou da sua capacidade produtiva. Neste caso, adiciona-se o dispêndio ao valor do bem. Em contraste, gastos com manutenção (*maintenance*) e reparos (*repair*) geralmente não aumentam a vida útil do bem ou sua capacidade de produção. Por isso, é comum contabilizar-se tais gastos como despesas do período.

Bull. Touro ou búfalo.

Jargão de mercado aplicado a pessoa ou instituição que acredita que uma dada ação ou o mercado de ações como um todo entrarão em uma fase de alta de preços. Diante de um movimento de alta nos preços de ações, diz-se também que há um "mercado de touros" (*bull market*). O oposto é *bear market* (mercado de ursos).

Bullish. Bullish.

Sem tradução. Confiança na valorização dos valores mobiliários, do mercado acionário (*bull market*).

Burden. Encargo, ônus.

Carga, peso, obrigação.

Business. Negócio ou empresa.

Um conjunto de atividades que compreendem a obtenção de insumos, o processamento desses insumos e produtos vendidos para gerar receitas. Ou seja, caracteriza uma empresa. Ademais, a expressão *core business* designa a atividade ou negócio principal de uma empresa. Já uma *Business School* é uma Escola de Administração ou Escola de Negócios.

Business administration. Administração de empresas.

De maneira objetiva, refere-se à área de conhecimento denominada "administração de empresas". De forma genérica, compreende às diversas atividades inerentes a esse campo, como gestão de finanças, gestão de operações, gestão de marketing, gestão de recursos humanos.

Business combination. Combinação de empresas. Fusões, incorporações.

Transação ou outro evento no qual a empresa adquirente obtém o controle de uma ou mais empresas.

Business cycle. Ciclo de negócios.

Períodos recorrentes de contração e expansão das condições econômicas com efeitos sobre o crescimento, o emprego e a inflação. Provoca impactos na expansão empresarial, nos lucros e no fluxo de caixa.

Business day. Dia útil.

Dia normal de trabalho.

Business entity. Entidade; empresa; organização.

Veja *accounting entity* (entidade contábil).

Business hours. Horário comercial.

Período convencional de trabalho. Varia conforme o país e os costumes.

Business model.

Business model. Modelo de negócio.
Na terminologia empresarial, significa a estrutura em si ou a implementação da estratégica de negócio. É o caso, por exemplo, da empresa que vende um produto básico por um preço baixo (impressora), mas cobra caro pelos componentes não duráveis (cartuchos de tinta).

Bylaws. Regimento interno.
Conjunto de regras formais aprovadas pelos acionistas de uma companhia, especificando os métodos gerais que a companhia deverá utilizar na condução de suas operações correntes. Não confundir com *corporate charter* (estatuto social).

Bypass. Burlar; contornar.
Utilização de algum mecanismo ou estratagema para driblar uma exigência ou norma e, com isso, extrair benefícios indevidos.

By-product. Subproduto.
Item resultante de um processo de produção que possui valor de venda tão baixo em comparação com o produto principal da empresa, que não recebe tratamento contábil normal. Por exemplo, no beneficiamento de madeira, a serragem e as aparas são subprodutos. O valor obtido com a venda de subprodutos poderá tanto reduzir o custo do produto principal como ser tratado como outras receitas.

CA. *Sigla de* **Chartered accountant.**
Título utilizado em certos países, como Austrália, Canadá, Índia, Nova Zelândia e Reino Unido, para designar um contador que atendeu às exigências do instituto de sua jurisdição para o exercício da atividade de contador credenciado. O profissional fica autorizado a emitir parecer de auditoria acerca das demonstrações financeiras (*financial statements*) de empresas.

Calendar year. Ano-calendário; ano civil.
O ano que se encerra no último dia do calendário, em 31 de dezembro. O período contábil de muitas empresas corresponde ao ano-calendário, embora possa haver exceções.

Callable bond. Obrigação com opção de resgate antecipado.
Tipo de obrigação (*bond*) na qual o emitente reserva-se o direito de resgatar o título por um determinado valor – o preço de resgate – em datas específicas antes do vencimento. Se o preço de resgate for superior ao valor de face do título, o excedente constitui o "prêmio pela opção de resgate antecipado".

Callable preferred shares. Ações preferenciais resgatáveis.
O equivalente a *callable bond* aplicado a ações preferenciais.

Call for bid. Edital de concorrência; licitação.

Call option. Opção de compra.
Opção de comprar ações de uma empresa listada em bolsa, por um preço fixo, no curso de determinado período. Contraste com *put option* (opção de venda).

Call premium. Prêmio pela opção de resgate antecipado.
Veja *callable bond* (obrigação com opção de resgate antecipado).

 Call price.

Call price. Preço de resgate.
Preço, em geral superior ao valor de face (*face value*), com o qual a empresa emitente poderá resgatar o título (*bond*) antes do vencimento. Veja *callable bond* (obrigação com opção de resgate antecipado).

Canadian Institute of Chartered Accountants (Cica).
Organização sem fins lucrativos dos profissionais de contabilidade no Canadá. Fundada em 1902, o Cica tornou-se a principal organização do gênero no país. Desenvolveu os *Gaap (generally accepted accounting principles)* aplicáveis no país e publica diretrizes e materiais educacionais numa variedade de temas contábeis. Em 2010 contava, como membros, com mais de 75 mil contadores certificados e cerca de 12 mil estudantes.

Cancelable lease. Arrendamento mercantil cancelável.
Veja *lease* (arrendamento mercantil).

Capacity. Capacidade.
Identifica às possibilidades de produção de uma empresa durante certo período, com um limite superior imposto pela disponibilidade de espaço, maquinário, mão de obra, materiais ou capital. A capacidade pode ser expressa em unidades, peso, tamanho, unidades monetárias, homens-hora, custo de mão de obra etc. Pode-se qualificá-la em ideal, prática, normal, planejada, operacional.

Capacity cost. Custo de capacidade.
Custos fixos de uma empresa para ter condições de produzir, tais como os custos relacionados a espaço físico, equipamentos e edificações fabris. Incluem aluguéis, depreciação, impostos sobre propriedades e seguros. Pode-se distinguir custos de capacidade não evitáveis e custos de capacidade evitáveis. Compare com *programmed costs* (custos programados).

Capacity variance. Variação de capacidade.
Variação do volume de produção (*production volume variance*).

Capital. Capital.
1. O valor aportado pelos donos de uma sociedade. 2. Patrimônio dos proprietários em uma empresa, medido contabilmente pela diferença entre ativo (*asset*) e passivo (*liability*), também chamado de *equity*, *stockholders' equity* ou *net worth*. 3. Ativos de longo prazo destinados ao uso pela empresa, em geral ativos fixos como maquinários, equipamentos, prédios e terrenos, referidos como *capital assets*. 4. Em sentido amplo, pode ser entendido como o ativo total do negócio, os fundos obtidos ou o financiamento de longo prazo.

Capital asset. Bem de capital.
Ativo mantido para utilização na produção ou para fins administrativos por longo tempo e não para revenda. Inclui o imobilizado (*fixed asset*), como terrenos, edificações, máquinas, equipamentos, veículos, jazidas de minério, reservas florestais. Em sentido amplo, poderá abranger intangíveis, como patentes, marcas registradas e também investimentos em empresas coligadas e controladas.

Capital budget. Orçamento de capital.
Plano financeiro que contempla os gastos previstos com a aquisição de ativos de longo prazo, os chamados ativos de capital, como máquinas e equipamentos, e o respectivo financiamento.

Capital budgeting. Processo de elaboração de orçamento de capital.
O processo pelo qual a empresa analisa e seleciona projetos de investimento e decide sobre como obter os fundos necessários. Há várias técnicas para avaliar a aceitabilidade dos investimentos dessa natureza, tais como o período de *payback*, a taxa interna de retorno e o valor presente líquido.

Capital contributed in excess of par or stated value. Capital excedente ao valor nominal ou declarado.

Conta que mostra a quantia recebida pela emissora de ações, excedente ao valor nominal. Também chamada de *additional paid-in capital* (ágio na subscrição de ações).

Capital employed. Capital empregado.

Valor que se obtém ao somar o patrimônio líquido (*shareholders' equity*) de uma empresa com suas dívidas de longo prazo. Alternativamente, é dado por ativo imobilizado (*fixed asset*) mais capital de giro líquido (*net working capital*). Não é um termo legalmente definido nem exigido nas demonstrações financeiras, mas é particularmente útil na análise financeira (*ratio analysis*), quando se busca determinar o retorno sobre o capital.

Capital expenditure (outlay). Gasto ou investimento de capital.

Dispêndio com a aquisição de ativos de longo prazo. É comum ser referido pela forma abreviada, *Capex*. Veja também *capital asset* (bens de capital) e *capital budgeting* (orçamento de capital).

Capital gain. Ganho de capital.

Na forma mais usual, esta expressão designa o valor excedente ao custo obtido na venda de um ativo de capital (*capital asset*) ou ativo financeiro. Por se tratar de um ganho, sujeita-se à tributação.

Capital goods. Bens de capital.

Fatores de produção, bens de produção, tais como fábricas e maquinários.

Capital intensive. Capital intensivo.

Característica da empresa que possui um grande investimento em ativos de capital (*capital asset*), como infraestrutura fabril, por exemplo, em contraste com a situação em que se destaca o investimento em mão de obra (*labor intensive*).

Capital lease; financial lease. Arrendamento mercantil financeiro.

Modalidade de arrendamento mercantil na qual o arrendatário trata a operação como se fosse a captação de um empréstimo e a simultânea aquisição de um ativo que será amortizado. Em seu balanço patrimonial (*balance sheet*), o arrendatário mostra tanto o ativo (*asset*) como o correspondente passivo (*liability*). As despesas consistem dos juros sobre a dívida e da amortização do ativo. O arrendador trata o arrendamento mercantil como a venda de um ativo, em troca de um fluxo de caixa futuro. Comparar com *operating lease* (arrendamento mercantil operacional).

Capital loss. Perda de capital.

O oposto de ganho de capital (*capital gain*). Há perda de capital, por exemplo, quando o valor obtido na venda de um bem do ativo fixo é inferior ao seu custo de aquisição.

Capital market. Mercado de capitais.

Amplo conjunto de instituições (bolsa de valores, bancos, seguradoras etc.) que operam com instrumentos de médio e longo prazo (ações, títulos de dívida, financiamentos etc.). O mercado de capitais juntamente com o mercado monetário (*monetary market*) forma o mercado financeiro (*financial market*)

Capital rationing. Racionamento de capital.

No âmbito do processo de orçamento de capital (*capital budgeting*), o racionamento refere-se à imposição de limites às quantias a serem investidas em cada período. Como consequência, os projetos a serem selecionados são os que prometem gerar o maior valor presente líquido.

Capital stock. (a) Capital acionário.

Ações de uma sociedade anônima. Compreende todas as classes de ações, ordinárias e preferenciais.

Capital stock. (b) Capital social.
Ações representativas do capital de uma companhia.

Capital structure. Estrutura de capital.
Composição dos capitais de uma sociedade. Dito de forma simples, são as proporções relativas de dívida e de capital próprio que formam a base de financiamento da empresa.

Capitalization of a corporation. Capitalização de uma sociedade por ações.
Expressão utilizada por analistas de investimentos para denominar o patrimônio líquido mais as obrigações (títulos de dívida) em circulação de uma sociedade por ações.

Capitalization of earnings. Capitalização de lucros.
Processo de estimativa do valor justo de uma empresa, mediante o cálculo do valor presente líquido do seu lucro líquido projetado (e não do fluxo de caixa).

Capitalization rate. Taxa de capitalização.
A taxa de juros utilizada para converter uma série de pagamentos ou recebimentos em um único valor presente.

Capitalize. Capitalizar.
1. Contabilizar como ativo (*asset*), ao em vez de lançar como despesa (*expense*), um gasto que irá beneficiar períodos futuros. A capitalização de gastos com propaganda ou com pesquisa e desenvolvimento é um exemplo, mas é controversa. 2. Em sentido mais genérico, é usada para designar a incorporação de juros ao principal ou capital.

Carryback. Compensação retroativa.
Procedimento contábil no sentido do aproveitamento de prejuízos correntes ou créditos para abater o imposto de renda de períodos anteriores.

Carryback, carryforward, carryover. Compensação retroativa, compensação diferida, compensação retroativa ou diferida
Compensação de prejuízos ou utilização de créditos fiscais de um período para abater o imposto de renda devido em outros períodos. *Carryback*: o prejuízo ou o crédito reduzem o imposto de renda de períodos anteriores. *Carryforward*: o prejuízo ou o crédito reduzem o imposto de renda de períodos futuros. *Carryover*: expressão geral que abrange os dois tipos anteriores. Dois tipos comuns de *carryback* são os prejuízos operacionais e as perdas de capital; são aplicados contra o lucro tributável. Diferentes jurisdições tributárias nos EUA adotam diferentes regras para a extensão dos períodos em que se pode fazer a compensação.

Carryforward. Compensação diferida.
Procedimento contábil no sentido do aproveitamento de prejuízos correntes ou créditos para abater o imposto de renda de períodos futuros.

Carrying cost. Custo de carregamento.
Custos incorridos pela empresa para manter estoques desde a sua aquisição/produção até a venda/utilização. Incluem-se ainda os juros perdidos sobre o capital empatado, custos de armazenamento, impostos, seguros. Quanto maior o nível de estoques, maiores os custos de carregamento.

Carryover. Compensação retroativa ou diferida.
O prejuízo ou créditos fiscais de um período são utilizados para abater o imposto de renda de períodos anteriores (ou seja, *carryback*) ou de períodos futuros (ou seja, *carryforward*).

Cash. (a) Caixa.
Dinheiro vivo. Conta de ativo no balanço patrimonial (*balance sheet*), formada por papel-moeda, moeda metálica, cheques e saldos bancários à vista.

Cash. (b) Caixa.

1. Título da conta de ativo (*asset*) no balanço patrimonial (*balance sheet*), que indica a quantia de dinheiro em poder da empresa. Pode incluir, também, depósitos bancários à vista e cheques recebidos e ainda não depositados. Neste caso, a conta costuma ser chamada de Caixa e Bancos. 2. Na demonstração dos fluxos de caixa (*cash flows statement*), a noção de caixa é estendida para englobar equivalentes de caixa (*cash equivalents*), que são valores que podem ser convertidos em dinheiro no curto prazo, sem riscos. Exemplos: aplicações financeiras de liquidez imediata e aplicações resgatáveis em até 90 dias. 3. Ao conjunto formado por caixa e equivalentes de caixa dá-se o nome de Disponível ou Disponibilidades.

Cash account. Conta-movimento. Conta caixa.

Em Contabilidade, cash account é o título da conta de balanço (*balance sheet*) representativa dos valores monetários prontamente disponíveis, ou seja, dinheiro vivo.

Cash and bank. Caixa e bancos.

Dinheiro vivo na empresa mais depósitos em conta-corrente bancária.

Cash and cash equivalents. Caixa e equivalentes de caixa.

Dinheiro vivo mais aplicações financeiras de elevada liquidez.

Cash balance. Saldo de caixa.

Valores monetários existentes no caixa da empresa ou em conta corrente. Dinheiro em mãos.

Cash basis of accounting. Contabilidade pelo regime de caixa.

Sistema contábil que reconhece receitas (*revenues*), quando a empresa recebe dinheiro, e despesas (*expenses*), quando ela faz pagamentos. Não há nenhum esforço para confrontar receitas e despesas ao medir o lucro. Contraste com o regime predominante chamado *accrual basis of accounting* (regime de competência).

Cash budget. Orçamento de caixa.

Tabela que mostra entradas e saídas de caixa projetadas para determinado período. Trata-se de importante instrumento de planejamento e controle financeiro, indicando a existência de saldos positivos que poderão ser investidos ou necessidades de fundos a serem obtidos.

Cash change equation. Equação da variação do saldo de caixa.

Para determinado período, a variação do saldo de caixa é igual à variação do passivo mais a variação do patrimônio líquido menos a variação do ativo, excluído o caixa.

Cash conversion cycle. Ciclo de conversão de caixa.

Veja *cash cycle* (ciclo de caixa).

Cash cow. Vaca leiteira.

Designação introduzida na matriz desenvolvida pela Consultoria BCG nos anos 1970 para caracterizar a empresa, unidade de negócio ou produto gerador de fluxo de caixa abundante. As duas variáveis utilizadas foram a fatia de mercado e a taxa de crescimento. A *cash cow* apresenta baixo crescimento e alta participação de mercado.

Cash cycle. Ciclo de caixa.

Período decorrido entre o momento que a empresa converte caixa em estoques, estoques em contas a receber e contas a receber de volta ao caixa. Na indústria, pode ser entendido como o intervalo entre a saída de caixa para comprar matérias-primas até quando ocorre o recebimento dos bens vendidos e que foram fabricados com elas. É também conhecido como ciclo operacional.

Cash disbursement journal.

Cash disbursement journal. Diário de pagamentos.
Livro contábil específico utilizado para registrar os gastos em dinheiro e com cheque. Se houver um registro de cheques emitidos, o diário em questão registrará apenas os pagamentos efetuados com dinheiro.

Cash discount. Desconto financeiro.
Redução de preço obtida na compra – ou concedida na venda – em função de a condição de pagamento ser imediata ou dentro de um período especificado.

Cash dividend. Dividendo em dinheiro.
Tipo usual de dividendo pago aos acionistas, em moeda corrente, com destinação do lucro líquido. Contrasta com *stock dividend* (dividendos em ações), os quais são pagos em ações.

Cash-equivalent value. Valor em caixa-equivalente.
Expressão utilizada para descrever a quantia pela qual um ativo (*asset*) poderia ser vendido. Também denominada mais comumente de valor de mercado ou valor de mercado justo.

Cash equivalents. Equivalentes de caixa.
Disponibilidades imediatas, como títulos que podem ser convertidos em dinheiro no curto prazo, sem riscos. Exemplos: aplicações financeiras de pronta liquidez e aplicações resgatáveis em até 90 dias. São mantidos com a finalidade de atender a compromissos de curto prazo e não para investimento. Para comparação, consulte *cash* (caixa).

Cash flow. Fluxo de caixa.
1. Movimento de entrada e saída de dinheiro para uma pessoa ou empresa. 2. Recebimentos menos desembolsos de caixa, gerados por um ativo ou grupo de ativos, em um dado período. 3. Em orçamento de capital (*capital budgeting*), refere-se ao valor monetário dos benefícios e dos custos associados ao projeto. Há definições específicas, como *operating cash flow* (fluxo de caixa operacional) e *free cash flow* (fluxo de caixa livre).

Cash flow from financing activities. Fluxo de caixa das atividades de financiamento.
Seção da demonstração dos fluxos de caixa (*cash flow statement*) que mostra entradas e saídas de caixa relacionadas a fundos externos. Exemplos de entradas: venda de ações, empréstimos obtidos no mercado. Exemplos de saídas: pagamentos de dividendos, recompra de ações, pagamento do principal de empréstimos obtidos. Os dois outros verbetes são *cash flow from operations* (fluxo de caixa das operações) e *cash flow from investing activities* (fluxo de caixa das atividades de investimento). Consulte-os.

Cash flow from investing activities. Fluxo de caixa das atividades de investimento.
Seção da demonstração dos fluxos de caixa (*cash flow statement*) que mostra entradas e saídas de caixa relacionadas a aumentos e diminuições dos ativos de longo prazo. Exemplos de entradas: recebimentos pela venda de imobilizado, de intangível, de participações em outras empresas. Exemplos de saídas: pagamentos pela compra de imobilizado, de intangível, de participações em outras empresas. Os outros dois verbetes são *cash flow from operations* (fluxo de caixa das operações) e *cash flow from financing activities* (fluxo de caixa das atividades de financiamento). Consulte-os.

Cash flow from operations. Fluxo de caixa das operações.
Seção da demonstração dos fluxos de caixa (*cash flow statement*) que mostra entradas e saídas relacionadas às transações que aparecem na demonstração do resultado (*income statement*). Exemplos de entradas: recebimentos de clientes, juros sobre aplicações financeiras, dividendos pela participação em outras

C Corporation.

empresas. Exemplos de saídas: pagamentos a fornecedores, impostos, salários e juros de financiamentos obtidos. O conteúdo desta seção difere, conforme seja adotado o método direto ou o método indireto de elaboração da demonstração. Mas o resultado final, obviamente, é o mesmo. Os outros dois verbetes são *cash flow from investing activities* (fluxo de caixa das atividades de investimento) e *cash flow from financing activities* (fluxo de caixa das atividades de financiamento). Consulte-os.

Cash flow statement. Demonstração do fluxo de caixa.

A denominação também pode ser *statement of cash flow* (demonstração do fluxo de caixa). Demonstrativo que provê informações sobre os pagamentos e recebimentos efetuados em dinheiro, pela empresa, em determinado período. É estruturado em três seções: fluxo de caixa das operações (*cash flow from operations*); fluxo de caixa das atividades de investimento (*cash flow from investing activities*) e fluxo de caixa das atividades de financiamento (*cash flow from financing activities*). Cada uma delas apresenta as respectivas entradas e saídas ocorridas no período. O resultado líquido corresponde à variação do saldo de caixa (*cash*) mais os equivalentes de caixa (*cash equivalents*) no período em questão. Trata-se de uma importante demonstração, principalmente quando analisada em conjunto com as demais demonstrações financeiras (*financial statements*). Há dois métodos para elaboração e apresentação desta demonstração: o método direto e o método indireto.

Cash in. Descontar cheque.
Converter um cheque em dinheiro.

Cash inflows. Entradas de caixa.
Recebimentos obtidos por uma empresa, pela venda de produtos, serviços, bens, ações etc.

Cash on delivery (COD). Pagamento contra entrega.
Modalidade segundo a qual o pagamento é feito no momento da entrega do bem ou serviço ao comprador.

Cash outflows. Saídas de caixa.
Pagamentos efetuados por uma empresa, decorrentes de transações como aquisição de materiais, custos de mão de obra, custos indiretos, impostos, distribuição de dividendos.

Cash provided by operations. Caixa gerado pelas operações.
A demonstração dos fluxos de caixa (*cash flow statement*) é estruturada em três seções. A primeira delas é *cash flow from operations*, que mostra as entradas e saídas de dinheiro referentes às transações usuais da empresa. O saldo dessa seção, quando positivo, é intitulado caixa gerado pelas operações. Quando negativo, caixa consumido pelas operações.

Cash receipts journal. Diário de recebimentos.
Livro contábil específico no qual são registrados os recebimentos.

Cash voucher. Comprovante de caixa. Recibo.

Cashier's check. Cheque administrativo.
Cheque emitido por um banco contra seus próprios fundos, assinado por pessoa(s) autorizada(s). Constitui, portanto, uma obrigação direta do banco.

C Corporation. Sociedade tipo C.
No regime tributário norte-americano, refere-se a qualquer sociedade tributada separadamente em relação aos proprietários. É o caso da maioria das grandes empresas. Distingue-se da Sociedade S (*S Corporation*), a qual geralmente é tributada de forma conjunta.

Central corporate expenses.

Central corporate expenses. Despesas do corporativo.
Despesas indiretas gerais incorridas pelo corpo administrativo central de uma empresa. São tratadas como despesa do período (*expense*). Contraste com *manufacturing overhead* (custos indiretos de fabricação).

Certificate. Certificado.
Documento físico representativo de uma obrigação, como um título de dívida (*bond*) ou uma ação.

Certificate of deposit. Certificado de depósito.
Modalidade de depósito em bancos que geralmente rende juros fixos ao aplicador por determinado período.

Certificate of incorporation. Certificado de incorporação.
Nos EUA, é o certificado que define a existência da empresa, emitido aos acionistas pelo órgão competente, após cumpridas todas as exigências.

Certified accountant (CA). Contador Credenciado ou Certificado.
Título concedido pela Association of Certified Accountants no Reino Unido, Canadá, Austrália, Índia e outros países integrantes do British Commonwealth. O contador fica autorizado a emitir parecer de auditoria sobre a adequação das demonstrações financeiras (*financial statements*) de empresas.

Certified check. Cheque visado.
Cheque de um correntista no qual o banco sacado apõe uma inscrição, com qual garante que o cheque tem fundos. Contraste com *cashier's check* (cheque administrativo).

Certified financial statement. Demonstração financeira atestada.
Demonstração financeira atestada por auditor independente certificado (CPA).

Certified General Accountant (CGA). Contador Geral Certificado.
No Canadá, um contador que já satisfez às exigências educacionais, de experiência e de aprovação em exames, estabelecidas pela Certified General Accountant Association.

Certified Internal Auditor (CIA). Auditor Interno Certificado.
Pessoa que satisfez as exigências do Institute of Internal Auditors, no que se refere à experiência, ética, educação e aprovação em exames.

Certified Public Accountant (CPA). Contador Certificado.
Nos EUA, CPA é o título do contador que atendeu a todas as exigências legais e administrativas de sua jurisdição para a obtenção de registro ou licença para atuar como tal. Além de ser aprovado nos exames administrados pelo American Institute of Certified Public Accountants (AICPA), o contador credenciado deve atender a certas exigências educacionais, de experiência e de ordem moral, que diferem de jurisdição para jurisdição. Na maioria dos estados norte-americanos somente os CPAs podem emitir pareceres e opiniões (inclusive de auditoria) a respeito das demonstrações financeiras (*financial statements*).

CFA. *Sigla de* **Chartered Financial Analyst.**
Título concedido a profissional que obteve aprovação em exames específicos, comprova experiência e atende aos padrões de conduta da profissão. O detentor do título é reconhecido como um especialista na área.

Chairman. Chairman.
Presidente (de conselho, de assembleia, de comissão).

Chairman of the board. Chairman of the board.
Presidente do Conselho de Administração.

Changes in financial position. Variações na posição financeira.
Demonstrativo que apresenta as alterações no saldo do capital de giro (*net working capital*) durante determinado período. Veja *statement of cash flows* (demonstração dos fluxos de caixa).

Chapter 11. Capítulo 11.
Dispositivo do Código de Falências Norte-Americano que trata da reorganização de empresas, visando soluções à sua insolvência e possível recuperação das operações. Contraste com *Chapter 7* (Capítulo 7).

Chapter 7. Capítulo 7.
Dispositivo do Código de Falências Norte-Americano que trata da liquidação de empresas. Contraste com *Chapter 11* (Capítulo 11).

Charge. Debitar.
Efetuar um débito em uma conta.

Charge off. Dar baixa; cancelar.
Eliminar determinado item do ativo.

Chart of accounts. Plano de contas.
Elenco de contas. Relação lógica e ordenada de nomes e códigos das contas (*accounts*) que serão movimentadas pela Contabilidade em decorrência das operações da empresa. Assim, cada empresa, de acordo com sua atividade e porte, terá o seu próprio plano de contas. O objetivo é padronizar os registros contábeis e identificar, da melhor maneira possível, os fatos ocorridos. Um plano completo contém o elenco das contas com seus respectivos títulos e códigos, a definição da função de cada conta e a forma de debitar e creditar. Veja também *coding of accounts* (codificação de contas).

Charter. Contrato social.
Documento emitido por um estado norte-americano, autorizando a criação de uma sociedade por ações. Veja *corporate charter* (estatuto social).

Chartered accountant (CA). Contador Certificado.
Título utilizado em certos países, como Austrália, Canadá, Índia, Reino Unido e Nova Zelândia para designar um contador que atendeu às exigências do instituto de sua jurisdição para o exercício da atividade de contador credenciado. O profissional fica autorizado a emitir parecer de auditoria acerca das demonstrações financeiras (*financial statements*) de empresas.

Chartered Financial Analyst (CFA). Analista Financeiro Certificado.
Título concedido a profissional que obteve aprovação em exames específicos, comprova experiência e atende aos padrões de conduta da profissão. O detentor do título é reconhecido como um especialista na área.

Check. Cheque.
Formalmente, um saque ou ordem a um banco, contra um depósito, para pagamento de certa quantia em dinheiro à pessoa denominada no cheque, ou à sua ordem, ou ao portador do cheque contra-apresentação.

Check digit. Dígito de controle.
Dígito verificador de uma senha ou código.

Check register. Controle de cheques emitidos.
Livro contábil no qual são registrados os cheques emitidos.

Checking account. Conta-movimento. Conta bancária.
Conta-corrente mantida em instituição financeira.

CFO. Sigla de **Chief Financial Officer.**
Título do principal executivo financeiro de uma empresa.

Chief Financial Officer (CFO). Chief Financial Officer (CFO).
Título do principal executivo financeiro de uma empresa.

Cica. *Sigla de* **Canadian Institute of Chartered Accountants.**

Cica. *Sigla de* Canadian Institute of Chartered Accountants.

Organização sem fins lucrativos dos profissionais de contabilidade no Canadá. Fundada em 1902, o Cica tornou-se a principal organização do gênero no país. Desenvolveu os Gaap *(Generally Accepted Accounting Principles)* aplicáveis no país e publica diretrizes e materiais educacionais numa variedade de temas contábeis. Em 2010 contava, como membros, com mais de 75 mil contadores certificados e cerca de 12 mil estudantes.

CIF. *Sigla de* cost, insurance, and freight. Sigla de custo, seguro e frete.

Expressão utilizada em contratos para indicar que o preço cotado inclui encargos como seguro, manuseio e frete, até a entrega da mercadoria vendida, pelo vendedor, no local designado.

Circulating capital. Capital circulante.

Parte do investimento de uma empresa que é continuamente utilizado e renovado de forma que mantém as operações em andamento. Contrasta com o capital fixo ou imobilizado. Veja *working capital* (capital de giro).

Claim. Reivindicação.

Direito sobre o ativo de terceiros, seja empresa ou pessoa. Assim, diz-se que os diversos credores de uma empresa possuem direitos (*claims*) contra os ativos dela.

Classification of assets. Classificação do ativo.

Agrupamento dos recursos econômicos em categorias afins, tais como *current assets* (ativo circulante), *fixed assets* (ativo imobilizado), *intangible assets* (ativo intangível), *investments* (investimento). São as categorias utilizadas no balanço patrimonial (*balance sheet*).

Classification of liabilities. Classificação do passivo.

Agrupamento das obrigações conforme os prazos de vencimento, tais como *current liability* (passivo circulante) e *long-term liability* (passivo não circulante ou de longo prazo). São as categorias utilizadas no balanço patrimonial (*balance sheet*).

Classification of stockholders' equity. Classificação do patrimônio líquido.

Agrupamento dos itens que compõem o patrimônio líquido no balanço patrimonial (*balance sheet*), tais como capital social, reservas, lucros ou prejuízos acumulados, ações em tesouraria.

Clean opinion. Parecer limpo; parecer sem ressalva.

Veja *unqualified opinion* (parecer sem ressalvas).

Clear a check. Compensar, descontar um cheque.

Apresentação e liquidação de cheque. Compensação.

Clearing. Compensação; liquidação.

Veja *clearing house* (câmara de compensação).

Clearing house. Câmara de compensação.

Local onde os bancos trocam cheques e liquidam posições.

Closed account. Conta encerrada.

Em Contabilidade, conta cujo total de débitos é igual ao total de créditos, geralmente em consequência de lançamentos de encerramento. Veja *closing entries* (lançamentos de encerramento).

Closed corporation. Empresa de capital fechado.

Empresa cuja propriedade é restrita a poucos proprietários, em contraste com a empresa aberta (*publicly held company*) cujas ações são negociadas em mercados e estão em mãos de inúmeros acionistas.

Collection charges.

Closely-held corporation. Empresa de capital fechado.
Nos EUA, refere-se à empresa que possui um número muito restrito de acionistas e consequentemente tem poucas ações negociadas. Contrasta com a empresa aberta (*publicly held corporation*).

Closing. Fechamento. Encerramento.

Closing balance. Saldo de encerramento. Saldo final.

Closing date. Data de encerramento dos lançamentos contábeis.
Final de exercício.

Closing entries. Lançamentos de encerramento.
Lançamentos feitos no final do período contábil, por meio dos quais os saldos das contas temporárias, isto é, de receitas e despesas, são encerradas e o resultado líquido transferido para o patrimônio líquido (*stockholders' equity*).

Closing inventory. Estoque final.
Estoque existente no final do período em consideração.

Closing trial balance. Balancete de verificação encerrado.
Balancete levantado após os lançamentos de encerramento. Veja *closing entries* (lançamentos de encerramento) *e trial balance* (balancete de verificação).

CMA (Certified Management Accountant) certification.
Título outorgado pelo Institute of Management Accountants (IMA) aos profissionais que passam nos exames e que satisfazem certas exigências de experiência e de formação. O IMA é uma associação de prestígio internacional, com mais de 80 mil membros. O instituto foi fundado em Buffalo, NY, em 1919, como National Association of Cost Accountants (Naca). Posteriormente, teve a denominação mudada para National Association of Accountants (NAA). Em 1991 o nome foi mais uma vez modificado para Institute of Management Accountants (IMA).

Coding of accounts. Codificação de contas.
Atribuição de um número de identificação a cada conta das demonstrações financeiras (*financial statements*). O plano de contas (*chart of accounts*) relaciona os títulos das contas e os respectivos códigos utilizados pela empresa. Exemplo de codificação com três dígitos: 1 para identificar as contas de ativo (*asset*); 1.1 para especificar o subgrupo ativo circulante (*current assets*); e 1.1.1 para designar a conta caixa. O número 2 poderia identificar as contas de passivo (*liabilities*); 2.1 para especificar o subgrupo passivo circulante (*current liability*); e 2.1.1 para a conta fornecedores (*suppliers*). O número 3 poderia identificar as contas do patrimônio líquido (*stocholders' equity*), e assim por diante.

COGS. Sigla de **Cost of goods sold.** Custo das Mercadorias Vendidas.
Importante item da demonstração do resultado (*income statement*) que se contrapõe ao valor das receitas de vendas, para apuração do lucro bruto (*gross income*).

Collateral. Colateral, garantia.
Ativos que um devedor oferece como garantia de um empréstimo e que serão tomados se ele não honrar a obrigação. Um exemplo seriam os estoques ou bens imóveis.

Collect. Arrecadar. Recolher. Cobrar dívidas, contas.

Collectible. Cobrável. Recebível.

Collection charges. Encargos de cobrança.

Collection period.

Collection period. Prazo de recebimento ou de cobrança.
Número de dias, em média, até o vencimento das contas a receber de clientes (*accounts receivable*). Pode ser calculado dividindo-se o saldo das contas a receber pelas vendas médias diárias realizadas. Para outros indicadores, consulte o verbete *financial statement ratios* (índices financeiros).

Collusion. Conluio.
Esforço conjunto de empregados que visam cometer fraude ou outro ato antiético.

Combination. Combinação.
Veja *business combination* (combinação de empresas).

Commercial paper. Nota promissória comercial.
Título de dívida de curto prazo emitido por empresas para a captação de fundos.

Commission. Comissão.
Remuneração geralmente expressa como um percentual incidente sobre uma medida de atividade. Por exemplo, comissão de vendedores, calculada como um percentual do valor das vendas efetuadas no período.

Commodity. Commodity.
Designa qualquer material primário básico, tais como *commodities* agrícolas (açúcar, café, milho, soja, algodão) e *commodities* minerais (petróleo, alumínio, cobre, estanho).

Common cost. Custo comum.
Custo que resulta da utilização de matérias-primas, instalações ou serviços e que beneficia vários produtos ou departamentos. Exemplos: aluguel, depreciação dos edifícios, energia consumida, seguros apropriados etc. Esses custos precisam ser alocados a tais produtos ou departamentos com base em algum critério.

Common shareholders, common stockholders. Acionistas ordinários.
Acionistas que detêm ações ordinárias de uma sociedade por ações. Veja *common shares* (ações ordinárias).

Common shares, common stocks. Ações ordinárias.
Ações pertencentes à classe de proprietários que têm direito residual sobre o ativo e sobre o lucro de uma sociedade por ações, após ela satisfazer todos os direitos cabíveis aos detentores de obrigações e de ações preferenciais. Por outro lado, as ações ordinárias concedem direito de voto.

Common-size statements. Demonstrações de tamanho padrão.
Demonstrações financeiras (*financial statements*) cujos valores são convertidos em porcentagens em relação a um valor-base. Por exemplo, no caso do balanço patrimonial (*balance sheet*), o valor-base é o ativo total; no caso da demonstração do resultado (*income statement*), o valor-base usual é a receita líquida. Com todos os itens convertidos em porcentagem, pode-se fazer a análise estrutural, também conhecida como análise vertical (*vertical analysis*).

Common-stock equivalent. Equivalente à ação ordinária.
Título mobiliário cujo valor deriva da possibilidade de ser convertido em ação ordinária. São exemplos as opções de compra de ações, *warrants*, obrigações conversíveis e ações preferenciais conversíveis.

Comparative financial statements. Demonstrações financeiras comparadas.
Demonstrações financeiras que mostram informações sobre a empresa no curso de vários exercícios ou períodos. Permitem avaliar a evolução dos números. É também conhecida como análise horizontal (*horizontal analysis*) e complementa a análise vertical (*vertical analysis*).

Compensating balance. Saldo médio.
Quantia que um banco exige que o tomador de um empréstimo mantenha em

Comprehensive income.

conta-corrente, como contrapartida ao crédito concedido. Naturalmente, essa condição acaba aumentando a taxa efetiva de juros do empréstimo.

Competitive bidding. Licitação pública.

Completed contract method. Método do contrato concluído.

Abordagem contábil segundo a qual as receitas e despesas e, portanto, o lucro, sobre encomendas ou contratos de longo prazo são reconhecidas no ano em que se encerra o contrato. Porém, quando a empresa espera um prejuízo no contrato, todas as receitas e despesas deverão ser reconhecidas no período em que ela identifica que o prejuízo ocorrerá.

Compliance. Conformidade.

Cumprimento, observância, respeito, obediência.

Compliance auditing. Auditoria de conformidade.

Coleta e avaliação de evidências referentes a afirmações, ações e eventos de uma companhia, a fim de confirmar o grau de cumprimento dos procedimentos e normas.

Compliance procedure. Procedimento de conformidade.

Procedimento de auditoria utilizado para a obtenção de evidência que confirme que os mecanismos de controle interno estão operando efetivamente.

Compliance test. Teste de conformidade.

Aderência. Observância.

Composite cost of capital. Custo de capital composto.

Veja *cost of capital* (custo de capital).

Composite depreciation. Depreciação composta.

Depreciação em grupo utilizada no caso de itens não semelhantes. A expressão também se aplica quando a empresa deprecia como um todo um item único, em vez de depreciar cada componente separadamente. Esse é o caso, por exemplo, de um guindaste, que é composto por vários itens – chassi, motor, mecanismo de elevação – que têm vidas úteis diferentes.

Compound entry. Lançamento composto.

Lançamento no diário *(journal)*, no qual há mais de um débito e ou mais de um crédito, ou ambos.

Compound interest. Juros compostos.

Forma de cálculo amplamente utilizada, na qual os juros de cada período se somam ao principal para formar a base de incidência dos juros no período seguinte. É, por isso, conhecido como juros sobre juros. Considere uma aplicação de $ 50.000, no início do ano, a juros compostos de 10% ao ano. Os juros no final do 1º ano serão 10% de $ 50.000 = *$ 5.000*. No final do 2º ano serão 10% sobre $ 55.000 = *$ 5.500*. No final do 3º ano serão 10% de $ 60.500 = $ *6.050*, e assim sucessivamente. Esse regime contrasta com o de juros simples, pois, neste, apenas o capital inicial renderá juros, no valor de $ 5.000 a cada ano.

Compounding period. Período de capitalização.

Período de incidência dos juros. Pode ser de um ano ou fração deste. No final de cada período, o tomador pode pagar os juros ao credor ou pode adicioná-los ao principal, formando nova base para o período seguinte. Veja *compound interest* (juros compostos).

Comprehensive budget. Orçamento amplo.

Orçamento-mestre.

Comprehensive income. Resultado abrangente.

As normas internacionais de Contabilidade instituíram a demonstração do resultado abrangente do exercício, DRA. Esta deve

Comptroller.

apresentar as receitas, despesas e outras mutações que afetam o patrimônio líquido, mas que não são reconhecidas na demonstração do resultado do exercício, DRE (*income statement*). Portanto, o lucro líquido e o lucro amplo são conceitos diferentes.

Comptroller. Controler.
Termo com o mesmo significado de *controller*. Consulte este verbete.

Computer-based accounting systems. Sistemas contábeis computadorizados.
São sistemas de registro contábil que utilizam programas de computador em vez dos tradicionais lançamentos feitos em papel e em livros físicos, como o razão (*ledger*) e o diário (*journal*).

Conceptual framework. Arcabouço conceitual.
Sistema coerente de objetivos e fundamentos inter-relacionados, promulgados por órgãos competentes de cada país, a fim de promover a aplicação de padrões consistentes de Contabilidade. No Brasil, o Comitê de Pronunciamentos Contábeis (CPC) adotou integralmente o documento do International Accounting Standards Board (Iasb), denominado *Framework for the Preparation and Presentation of Financial Statements*. A respeito, consulte também os verbetes *accounting principles* (princípios contábeis) e *accounting conventions* (convenções contábeis).

Conservatism. Conservadorismo.
Abordagem adotada na elaboração das demonstrações financeiras (*financial statements*) que recomenda antecipar o reconhecimento de despesas e perdas e postergar o reconhecimento de lucros e ganhos, até que eles sejam realizados em transações seguras. Em consequência desse enfoque, o lucro líquido será subestimado. O conceito de conservadorismo baseia-se na premissa de que, na ausência de certeza, é preferível ser pessimista em relação aos eventos contábeis. E, com isto, visa melhor atender aos interesses dos usuários da informação.

Consignee. Consignatário.
Recebedor da mercadoria em consignação. Veja *consignment* (consignação).

Consignment. Consignação.
Tipo especial de negociação segundo o qual mercadorias são entregues ao consignatário (*consignee*), sem gerar dívida, para que ele faça a venda. Ocorrendo a venda, será recompensado com uma comissão.

Consignment inventory. Estoque em consignação.
Veja *consignment* (consignação).

Consistency. Consistência.
1. Uniformidade na aplicação dos procedimentos contábeis por uma empresa, período após período. 2. Consiste em dar tratamento idêntico a transações semelhantes em períodos consecutivos, de modo que as respectivas demonstrações financeiras (*financial statements*) sejam comparáveis. 3. Política de elaboração das demonstrações financeiras segundo a qual, uma vez adotado um procedimento contábil, este não deverá ser mudado, a menos que haja razões justificadas para tal. A falta de consistência distorce a tendência dos lucros e cria incerteza na avaliação da empresa.

Consol. Consol.
Obrigação ou título de dívida que nunca vence, portanto, trata-se de uma perpetuidade (*perpetuity*). Foi originalmente emitida pela Grã-Bretanha, após as Guerras Napoleônicas, para consolidar dívidas daquela época. O termo surgiu como abreviação de *consolidated annuities* (anuidades consolidadas).

Consolidated balance sheet. Balanço patrimonial consolidado.
Balanço que mostra a situação financeira de um grupo de empresas afiliadas como se

Contingent reserve.

fossem uma única entidade. Veja também *consolidated financial statements* (demonstrações financeiras consolidadas).

Consolidated financial statements. Demonstrações financeiras consolidadas.

Demonstrações emitidas por empresas legalmente distintas, isto é, subsidiárias, sob o controle de uma empresa-mãe, que exibem as demonstrações financeiras (*financial statements*) tal como se as empresas constituíssem uma única entidade econômica. Ao fazer a consolidação, as transações intercompanhias são eliminadas.

Constant dollars. Moeda constante.

Unidade monetária cujo poder de compra geral está livre dos efeitos da inflação. Em geral, considera-se o dólar norte-americano como moeda forte, pois mantém praticamente inalterado o seu poder aquisitivo ao longo do tempo, sendo útil para representar e comparar grandezas período após período.

Constant-dollar accounting. Contabilidade em moeda constante.

Método de apresentação dos itens das demonstrações financeiras (*financial statements*) em dólares de mesmo poder aquisitivo. Para a atualização dos valores, pode também ser utilizado um índice geral de preços que reflita o poder de compra geral. Com isso, em princípio, as cifras das demonstrações ficam livres da distorção causada pela inflação, podendo ser mais bem comparadas e avaliadas. Essa abordagem às vezes é denominada "Contabilidade ajustada ao nível geral de preços" ou "Contabilidade pelo poder geral de compra". Não é uma abordagem exigida por lei nem adotada pelas empresas para fins de publicação, é mais voltada para uso interno.

Consumer goods. Bens de consumo.

Bens destinados ao uso pelos consumidores. Contrasta com bens de capital (*capital goods*) ou bens de produção que são empregados na produção de outros bens.

Consumer price index (CPI). Índice de preços ao consumidor (IPC).

Índice de preços calculado e divulgado mensalmente pelo Bureau of Labor Statistics do U.S. Department of Labor. O índice procura acompanhar os preços de um grupo de bens e serviços adquiridos regularmente pelo consumidor médio norte-americano, por isso também é chamado de índice do custo de vida (*cost of living index*). É indicado para fins de elaboração da Contabilidade em moeda constante (*constant-dollar accounting*) nos EUA. No Brasil, diversas instituições, como o IBGE, a FGV e a Fipe, calculam o IPC com o mesmo objetivo de medir o custo de vida, mas empregando metodologias que diferem em um ou mais aspectos.

Contingent asset. Ativo contingente.

Item que depende de algum evento futuro que poderá ou não ocorrer. A sua existência ou valor é incerto. Um ativo contingente pode resultar de um passivo contingente (*contingent liability*), como, por exemplo, o ganho de uma ação judicial. Não é um ativo (*asset*) no sentido estrito do termo, por isso deve figurar apenas nas notas explicativas (*footnotes*) que acompanham as demonstrações financeiras (*financial statements*).

Contingent liability. Passivo contingente.

Passivo potencial que poderá existir no futuro, a depender do resultado de um evento passado. Por exemplo, uma decisão judicial desfavorável à empresa. Deverá constar das notas explicativas (*footnotes*) que acompanham as demonstrações financeiras (*financial statements*).

Contingent reserve. Reserva para contingências.

Apropriação de lucros retidos (*retained earnings*) para cobrir perdas potenciais.

Continuing account. Conta permanente.
Conta de balanço (*balance sheet account*) que passa de um período contábil a outro. Pode ser de ativo (*asset*), passivo (*liability*) ou patrimônio líquido (*stockholders' equity*). Contrasta com *temporary accounts*, que se aplicam às contas de resultado (*income statement accounts*) e são encerradas ao final de cada período.

Continuing operations. Operações usuais, rotineiras.
Veja *income from continuing operations* (lucro das operações usuais).

Continuity of operations, going concern. Continuidade das operações, permanência.
Premissa fundamental adotada pela Contabilidade, segundo a qual a empresa funcionará regularmente por prazo longo e indefinido. Com base na presunção de continuidade, a empresa realiza investimentos, contrai financiamentos, elabora e executa planos de longo prazo etc.

Continuous budget. Orçamento contínuo.
Orçamento que adiciona um período futuro assim que o período corrente termina. Portanto, sempre contempla a mesma quantidade de períodos.

Continuous compounding. Capitalização contínua.
Modalidade de cálculo de juros compostos na qual o período de capitalização é cada instante de tempo.

Continuous improvement. Melhoria contínua.
Os proponentes da qualidade total acreditam que o processo de busca da qualidade nunca termina. Essa atitude se reflete na premissa de que a empresa deve buscar o aperfeiçoamento contínuo de suas atividades.

Continuous inventory method. Método do inventário contínuo.
Sistema segundo o qual há controle permanente do valor do estoque de mercadorias. Contrasta com o método do inventário periódico, no qual as vendas são efetuadas sem o controle concomitante do estoque.

Contra account. Contraconta.
Tipo de conta, como a depreciação acumulada (*accumulated depreciation*), por exemplo, na qual são acumulados valores subtrativos referentes a outra conta, no caso um item de imobilizado.

Contributed capital. Capital integralizado.
O mesmo que *paid-in capital*. Conta do patrimônio líquido (*stockholders' equity*) que abriga diversos eventos, tais como: 1. o valor monetário das ações emitidas pela empresa; 2. o prêmio ou desconto resultante da venda das ações; 3. as ações recebidas em doação; e 4. a revenda de ações em tesouraria (*treasury stock*). Lembrar que o patrimônio líquido, como grupo, consiste do capital integralizado e dos lucros retidos (*retained earnings*).

Contributed capital in excess of par. Ágio na subscrição de ações.
Também chamada de *additional paid-in capital* ou *paid-in surplus*. Conta do patrimônio líquido (*stockholders' equity*) que identifica a quantia recebida pela emissora de ações, excedente ao valor nominal (*par value*) ou valor declarado (*stated value*).

Contribution approach. Abordagem da margem de contribuição.
Forma de elaboração da demonstração do resultado (*income statement*) que enfatiza a margem de contribuição, isto é, informa destacadamente os custos fixos e os custos variáveis para observar o seu padrão de comportamento no processo de planejamento e controle. Veja definição de *contribution margin* (margem de contribuição).

Conversion cost.

Contribution margin. Margem de contribuição.
Valor que se obtém ao tomar a receita de vendas menos os custos variáveis dos produtos ou serviços. É um valor útil para conhecer a capacidade da empresa para cobrir os custos fixos e gerar lucros. Contraste com *gross margin* (margem bruta). Por exemplo, se uma empresa apresenta receita de vendas de $ 100.000, custo das mercadorias vendidas de $ 80.000 e custos variáveis de $ 60.000, sua *margem bruta* será de $ 100.000 menos $ 80.000 igual a $ 20.000. E sua *margem de contribuição* será de $ 100.000 menos $ 60.000 igual a $ 40.000.

Contribution per unit. Contribuição unitária.
Valor que se obtém ao tomar o preço de venda unitário menos o custo variável unitário de um dado produto ou serviço. Veja *contribution margin* (margem de contribuição).

Control account, controlling account. Conta de controle.
Conta sintética com totais que correspondem aos lançamentos e saldos constantes de contas individuais do razão subsidiário (*subsidiary ledger*). Por exemplo, contas a receber (*accounts receivable*) é uma conta de controle cujos detalhes aparecem na conta individualizada por cliente.

Controllable cost. Custo controlável.
Custo variável como material direto e mão de obra direta que são, geralmente, considerados controláveis pelo gestor do departamento. Por exemplo, certos gastos de propaganda específicos de um dado departamento são, em geral, despesas controláveis pelo gestor daquele departamento. Já despesas que beneficiam vários departamentos ou produtos são custos não controláveis.

Controlled company. Companhia controlada.
Companhia cuja maioria das ações com direito a voto pertencem a um indivíduo ou empresa. Às vezes, um proprietário pode exercer o controle efetivo de uma empresa, mesmo possuindo menos que 50% das ações.

Controller. Controler.
Título em inglês do principal contador de uma organização. A grafia às vezes aparece como *comptroller*. Suas funções englobam planejamento e controle; divulgação e interpretação das demonstrações financeiras (*financial statements*); gestão de tributos; auditoria administrativa e desenvolvimento de sistemas financeiros.

Controlling company. Empresa controladora.
Empresa que detém o controle de outra(s), porque possui participação majoritária no capital da(s) controlada(s).

Controlling interest. Participação majoritária.
Situação que garante o controle de outra(s) empresa(s).

Convergence (process). Processo de convergência.
Esforço das entidades internacionais Fasb e Iasb no sentido da eliminação das diferenças entre os princípios contábeis geralmente aceitos nos EUA (US Gaap) e o International Financial Reporting Standards (IFRS), adotado em mais de uma centena de países.

Conversion. Conversão.
Aplica-se a diversas situações, como: 1. troca de um título corporativo por outro, como no caso de obrigações conversíveis em ações; 2. mudança de uma moeda para outra usando uma taxa de câmbio; 3. mudança no sistema de avaliação, por exemplo, de custo histórico para custo corrente.

Conversion cost. Custo de conversão.
Soma dos custos de mão de obra direta (*direct labor*) e custos indiretos de produção (*factory overhead*). Ou seja, é o custo de converter matérias-primas em produtos acabados.

Conversion period.

Conversion period. Prazo de conversão.
Prazo durante o qual o titular de obrigações conversíveis ou de ações preferenciais conversíveis pode convertê-las em ações ordinárias.

Conversion price. Preço de conversão.
Preço pago por ação ordinária na conversão tanto de obrigações quanto de ações preferenciais conversíveis. Por exemplo, se uma obrigação de $ 1.000 é conversível em 50 ações, o preço de conversão é $ 20 por ação ($ 1.000/50).

Conversion ratio. Índice de conversão.
Número de ações ordinárias que se obtém mediante a conversão de obrigações ou ações preferenciais. Por exemplo, se o preço de conversão é $ 20 por ação e o valor de face da obrigação é $ 1.000, então o investidor receberá 50 ações para cada obrigação ($ 1.000/$ 50).

Convertible bond. Obrigação conversível.
Título de dívida que pode ser convertido em uma dada quantidade de ações da emissora, durante o prazo de conversão (*conversion period*).

Convertible preferred stock. Ação preferencial conversível.
Ação preferencial que pode ser convertida em uma dada quantidade de ações ordinárias da emissora.

Convertible security. Título conversível.
Títulos, como ações preferenciais e obrigações, que, para se tornarem mais atrativos ao investidor, podem conter cláusula especial concedendo a possibilidade de convertê-los em ações ordinárias da emissora sob certas condições. Veja *convertible preferred stock* (ação preferencial conversível) e *convertible bond* (obrigação conversível).

Cook the books. Manipular a contabilidade (tradução livre).
Expressão popular para o ato de falsificar os registros contábeis e as demonstrações financeiras (*financial statements*) de uma empresa a fim de exibir um resultado melhor do que o apurado. Fraudar, adulterar os registros contábeis, como no caso de operações não registradas, chamadas de caixa 2.

Cooperative. Cooperativa.
Organização formada em benefício de seus membros (proprietários), sejam eles consumidores ou produtores, com o objetivo de auferir os lucros ou as economias que de outra forma iriam para as mãos de intermediários. Os membros exercem o controle da cooperativa com base na regra de um voto por membro.

Coproduct. Coproduto.
Produto que compartilha as instalações de produção com outro produto. Por exemplo, se o fabricante de roupas produz camisas e calças na mesma linha de produção, tais itens são coprodutos. Os coprodutos distinguem-se de *joint products* (produtos conjuntos) e de *by-products* (subprodutos), os quais, por sua natureza, são produzidos conjuntamente. Consulte os respectivos verbetes.

Copyright. Direito autoral.
Direito exclusivo que a legislação concede ao autor de uma obra literária, musical, artística, durante a sua vida e mais um determinado número de anos. Se o autor é uma pessoa jurídica ou um anônimo, o direito de reprodução é válido por diferentes períodos, tal como previsto na lei.

Core business. Negócio ou atividade principal de uma empresa.
O cerne do negócio.

Cost.

Corner. Canto, beco, esquina (literalmente).
Jargão para designar o controle de uma quantidade de ações, ou de outro título mobiliário, em número suficientemente grande para que o seu possuidor possa controlar o preço de mercado. Em sentido geral, significa monopolizar ou dominar o mercado.

Corporate bylaws. Regimento interno.
Conjunto de regras e procedimentos aplicáveis às operações de uma sociedade, estabelecido pelos seus fundadores ou pelo conselho de administração.

Corporate charter. Estatuto social.
Documento legal emitido por um estado norte-americano, autorizando uma empresa a funcionar sob a forma de sociedade por ações. *Corporate charters* atestam o nascimento de uma nova sociedade anônima. Também chamado de *articles of incorporation*, tipicamente inclui informações como o nome e endereço da empresa, objetivo, se de fins lucrativos ou não, número de ações autorizadas, classes e valores nominais dessas ações. *Corporate charter* não é o mesmo que *bylaws*, o qual estabelece as regras para as operações cotidianas da empresa.

Corporate controls. Controles da sociedade.

Corporate income tax. Imposto de renda de pessoa jurídica.

Corporate law. Direito societário.
Lei das sociedades anônimas.

Corporate name. Denominação, razão social de empresa. Firma.

Corporate tax. Imposto aplicável a empresas.

Corporate taxpayer. Contribuinte pessoa jurídica.

Corporation. Sociedade anônima. Sociedade por ações. Pessoa jurídica. Companhia. Empresa.
Entidade legal, distinta dos seus fundadores, autorizada por um estado norte-americano a funcionar de acordo com certas regras. Cada fundador recebe da sociedade um número específico de ações do capital.

Corporation law. Legislação societária.
Lei das sociedades por ações.

Corporate governance. Governança corporativa.
A maneira particular pela qual as organizações são geridas e a natureza das responsabilidades dos seus gestores perante os proprietários.

Correcting entry. Lançamento de ajuste.
1. Lançamento necessário no final do período contábil para registrar receitas não reconhecidas, assim como as despesas aplicáveis àquele período. Um lançamento de ajuste sempre envolve uma conta de resultado (receita ou despesa) e uma conta de balanço (ativo ou passivo). Sinônimo de *adjusting journal entry*. 2. Lançamento de correção (*correcting entry*) no final do período contábil devido a erro cometido nos registros.

Correction of errors. Correção de erros.
Veja *accounting errors* (erros contábeis).

Cost. Custo.
1. Sacrifício – medido pelo preço pago ou a ser pago – para adquirir, produzir ou manter bens e serviços. 2. No processo de fabricação, chama-se custo o valor dispendido (ou a dispender) com os insumos típicos de produção: matérias-primas, mão de obra e demais gastos. 3. O termo custo é também utilizado com frequência para referir-se à valor de aquisição de um bem ou serviço. Quando usado nesse sentido, custo é um ativo (*asset*). 4. Algumas vezes os termos

Cost absorption.

"custo" e "despesa" (*expense*) são empregados como sinônimos, o que é incorreto. A rigor, quando os benefícios da aquisição de bens ou serviços expiram, o custo torna-se despesa ou perda. Assim, uma despesa é um custo expirado, como ocorre com um veículo que sofre desgaste com o uso ou passar do tempo.

Cost absorption. Absorção de custo.

Atribuição de custos às unidades físicas ou a outras medidas de produção que passam pelo processo. Primeiramente, os custos precisam ser acumulados pelos departamentos de produção, antes de atribuir os custos departamentais às unidades. Por exemplo, a atribuição de custos indiretos de fabricação (*factory overhead*) aos departamentos envolvidos, utilizando-se uma taxa predeterminada.

Cost accounting. Contabilidade de Custos.

Subsistema da gestão empresarial que se ocupa da determinação do custo de produtos, serviços, projetos, atividades e outros temas de interesse dos administradores. Essa especialidade surgiu com o advento das indústrias para resolver problemas de mensuração de custos de produção de bens e avaliação de estoques. Modernamente, cumpre duas funções básicas: apoio ao controle e à tomada de decisão. Quanto ao controle, seu papel é fornecer dados para o estabelecimento de padrões, orçamentos e outras formas de previsão e, posteriormente, acompanhar o efetivamente ocorrido e analisar as variações. No âmbito das decisões, sua missão é prover os gestores com informações relevantes sobre a introdução ou a eliminação de produtos, definição de preços de venda, opção entre comprar ou produzir etc. Assim, a Contabilidade de Custos relaciona-se tanto à Contabilidade Financeira (*financial accounting*) quanto à Contabilidade Gerencial (*management* a*ccounting*).

Cost accumulation. Acumulação de custos.

Forma organizada e sistemática de reunir os custos de produção. Há duas abordagens tradicionais para a acumulação de custos: custeio por *ordem* e custeio por *processo* (contínuo). Na produção por ordem, os custos são acumulados numa conta específica para cada ordem ou encomenda, até que esta seja encerrada. Na produção contínua, os custos são acumulados em contas representativas das diversas linhas de produção, as quais são encerradas no fim de cada período.

Cost allocation. Alocação de custos.

O processo de atribuir custos a produtos específicos, a unidades organizacionais ou a períodos de apuração. Difere de *cost accumulation* (acumulação de custos). Basicamente, há três aspectos na alocação de custos: (a) escolher o objeto de custo, tais como produtos, processos ou departamentos; (b) escolher e acumular os custos que se relacionam ao objeto de custo, como custos dos departamentos de serviço; custos conjuntos, custos fixos; (c) escolher um método para relacionar os dois aspectos anteriores.

Cost and freight. Custo e frete.

Dois encargos típicos em transações de compra e venda de mercadorias ou outros bens.

Cost basis. Custo como base.

Utilização do valor de custo, em vez do valor justo ou outro indicador.

Cost-based transfer price. Preço de transferência baseado no custo.

Preço de transferência calculado com base no custo histórico. Veja *transfer price* (preço de transferência).

Cost behavior. Comportamento dos custos.

Relação funcional entre variações em uma atividade e variações no custo. Por exemplo,

52

Cost function.

custo fixo *versus* custo variável, custo linear *versus* custo curvilíneo.

Cost-benefit analysis. Análise custo-benefício.
Tipo de análise que procura determinar se os resultados favoráveis de uma alternativa são suficientes para compensar o custo de escolhê-la.

Cost-benefit criterion. Critério do custo-benefício.
Comparação feita entre os custos e os benefícios associados a uma dada escolha. Se os custos excederem os benefícios, a decisão será de não prosseguir.

Cost benefit analysis. Análise de custo *versus* benefício.
Abordagem tanto técnica como popular no sentido de que se devem confrontar os custos e benefícios envolvidos na questão, antes de tomar uma decisão.

Cost center. Centro de custos.
Segmento ou unidade organizacional na qual o gestor é responsável tão somente pelos custos. Um centro de custos não possui controle sobre vendas ou sobre a geração de receitas. Um exemplo é o departamento de produção de uma indústria. O desempenho do centro é medido comparando-se os custos reais com os custos orçados para determinado período.

Cost depletion. Exaustão.
Método pelo qual os custos dos recursos naturais são alocados ao longo dos períodos contábeis pelos quais se estende a vida útil do ativo.

Cost-effective. Custo-efetivo.
Entre várias alternativas, aquela cujo benefício é o mais alto por unidade de custo. Às vezes a expressão é empregada simplesmente para designar uma decisão cujos benefícios esperados superam os custos, não importando se há outras alternativas com maiores índices de custo-benefício.

Cost driver. Direcionador de custo.
Fator determinante do custo de uma atividade. Como as atividades exigem recursos para serem realizadas, deduz-se que o direcionador é a causa dos seus custos. Exemplos: o departamento de compras realiza *atividades* que consomem *recursos*. Um direcionador de custo seria o número de pedidos de compra ou, ainda, o tempo gasto por pedido. O almoxarifado recebe materiais. Um direcionador de custo dessa atividade seria o número de recebimentos. Veja *driver* (direcionador) e *activity basis* (atividade-base).

Cost estimation. Estimativa de custos.
Processo de medir a relação funcional entre variações nos níveis de atividade e variações no custo.

Cost flow assumption. Suposição do fluxo de custos.
Suposição em relação à forma pela qual a empresa faz retiradas de estoque. Quando a empresa não adota o método da identificação específica, tem que fazer uma suposição quanto ao fluxo de custos para calcular o custo das mercadorias retiradas. As suposições usuais são "próximo a entrar, primeiro a sair" (Peps); "último a entrar, primeiro a sair" (Ueps); e custo médio ponderado. Consulte os verbetes respectivos (Nifo e Lifo).

Cost flow equation. Equação do fluxo de custos.
Equação dada por: saldo inicial + entradas = saídas + saldo final.

Cost function. Função de custo.
Relação entre custo e atividade. A função de custo pode ser linear ou não linear. A função linear é geralmente expressa por $y = a + bx$, em que y identifica o custo estimado de um item, para diversos valores da atividade x. As possíveis medidas da atividade x incluem: quantidades de produto, horas-máquina, valor monetário das vendas, horas de mão de obra direta.

Cost, insurance and freight (CIF).
Custo, seguro e frete.
Encargos geralmente presentes em transações de compra e venda.

Cost method for investments.
Método do custo para a contabilização de investimentos em outras sociedades.
Método de contabilização de investimento em ações ou obrigações de outra companhia, segundo o qual o investimento é avaliado por seu custo de aquisição e somente os dividendos declarados ou juros a receber constituem receita. Compare e contraste com *equity method* (método da equivalência patrimonial, MEP).

Cost method for treasury stock. Método do custo para a contabilização de ações em tesouraria.
Abordagem contábil segundo a qual as ações em tesouraria (*treasury stocks*) são registradas como contraconta (*contra account*) de todos os outros itens do patrimônio líquido, pela quantia paga em sua recompra.

Cost object. Objeto do custo.
Qualquer atividade cujos custos os gestores da empresa desejam monitorar, sejam departamentos, produtos ou regiões.

Cost of capital. Custo de capital.
1. Custo de oportunidade dos fundos investidos em um negócio. 2. Taxa de retorno necessária para manter inalterado o valor de mercado de uma empresa, também chamada de *hurdle rate*, *cutoff rate* ou taxa de retorno mínima requerida. É calculada pela taxa média ponderada dos custos de capital próprio e capital de terceiros, conhecida por *weighted average cost of capital*, ou pela sigla Wacc. 3. Constitui parâmetro fundamental na tomada de decisão de investimento de capital (*capital budgeting*), seja para comparar com a taxa interna de retorno dos projetos sob análise, seja como taxa de desconto utilizada no cálculo do valor presente líquido dos fluxos de caixa esperados.

Cost of goods manufactured. Custo dos produtos fabricados.
Soma dos custos atribuídos aos produtos completados no período, quais sejam: materiais diretos (*direct materials*), mão de obra direta (*direct labor*) e custos indiretos (*factory overhead*). Pode conter custos de produção de períodos anteriores referentes a unidades que foram completadas no presente período.

Cost of goods purchased. Custo das mercadorias adquiridas.
Preço de compra das mercadorias adquiridas, líquido de descontos e abatimentos, mas incluindo custos de transporte, de armazenagem e outros.

Cost of goods sold. Custo das mercadorias vendidas.
O mesmo que custo das vendas (*cost of sales*). Custos *estocáveis* que se tornam despesa (*expense*) no momento em que a empresa vende as mercadorias em questão. No comércio, é igual ao estoque inicial mais custo das mercadorias adquiridas no período menos estoque remanescente no final. Tratando-se de empresas industriais, é mais usual a denominação "custo dos produtos vendidos" – no caso, igual ao estoque inicial mais custo dos produtos fabricados menos estoque final.

Cost of living. Custo de vida.
Conceito associado ao aumento geral de preços dos bens e serviços. Reflete a inflação.

Cost of sales. Custo das vendas.
Importante item da demonstração do resultado (*income statement*) que figura logo após a receita líquida de vendas. Também chamado de *cost of goods sold* (custo das mercadorias vendidas ou custo dos produtos vendidos). Consulte esses verbetes.

Cost of services rendered. Custo dos serviços prestados.
Custo que a empresa incorre ao prestar serviços, registrado na demonstração do resultado (*income statement*) logo após a receita líquida de serviços. Contraste com *cost of sales* (custo da venda de mercadorias ou produtos a seus clientes).

Cost of stoppages. Custo de paralisações na produção.

Cost or market, whichever is lower. Custo ou mercado, o que for menor.
Veja *lower of cost or market* (custo ou mercado).

Cost principle. Princípio do custo.
Princípio que exige que os ativos (*assets*) sejam divulgados pelo custo histórico ou de aquisição, menos amortização acumulada. Esse princípio baseia-se na ideia de que o custo corresponde ao valor justo na data de aquisição e que variações subsequentes provavelmente não serão significativas.

Cost structure. Estrutura de custos.
Para um dado custo total (igual a 100%), o percentual de custos fixos e de custos variáveis. Por exemplo: 40% e 60%.

Cost-volume-profit analysis (CVP). Análise custo-volume-lucro (CVL).
Estudo da sensibilidade do lucro a variações em certos fatores, como unidades produzidas (ou vendidas), custos fixos, custos variáveis, preços de venda e mix de produtos vendidos. O estudo dessas relações fornece importantes subsídios às decisões dos gestores. Veja também *break-even point* (ponto de equilíbrio).

Cost-volume-profit graph. Gráfico do custo-volume-lucro.
Gráfico que mostra a relação entre os custos fixos, a margem de contribuição unitária, o ponto de equilíbrio e as vendas.

Cost-volume-profit relationship. Relação custo-volume-lucro.
Consulte os próximos verbetes relacionados.

Costing. Custeio.
Processo de calcular o custo de atividades, produtos ou serviços de uma empresa. Há diferentes métodos de custeio adotados pela Contabilidade: custeio por absorção (*absorption costing*), custeio ABC (*ABC costing*) e custeio variável (*variable costing*).

Costly. Dispendioso; caro.

Counterparty. Contraparte.
A outra parte em um contrato ou transação. Em Contabilidade e Finanças, um uso comum para esse termo ocorre quando uma entidade adquire (ou vende) um derivativo, seja uma opção, um *swap*, um contrato a termo ou um contrato futuro.

Coupon. Cupom.
Valor dos juros que uma obrigação (*bond*) paga nas datas especificadas. Tem esse nome porque, originalmente, tinha a forma de um *ticket*, que o detentor do título destacava e apresentava para recebimento.

Coupon bond. Obrigação com cupom.
Um tipo de obrigação que promete pagamentos periódicos de juros. Veja *coupon* (cupom).

Coupon rate. Taxa de cupom.
Taxa de juros incidente sobre o valor de face de um título de dívida. Resulta da divisão do valor monetário do cupom pago no período pelo valor nominal da obrigação.

Covenant. Cláusula restritiva.
Promessa, em geral sob a forma de restrições inseridas em contratos de empréstimo, impostas ao tomador, a fim de proteger os interesses do emprestador. Exemplo: fixação de um teto para a

CPA. *Sigla de* **Certified Public Accountant.**

distribuição de dividendos; exigência de manter um capital de giro mínimo.

CPA. *Sigla de* **Certified Public Accountant.**
Nos EUA, CPA é o título do contador que atendeu a todas as exigências legais e administrativas de sua jurisdição para a obtenção de registro ou licença para atuar como tal. Além de ser aprovado nos exames administrados pelo American Institute of Certified Public Accountants (AICPA), o contador credenciado deve atender a certas exigências educacionais, de experiência e de ordem moral, que diferem de jurisdição para jurisdição. Na maioria dos estados norte-americanos somente os CPAs podem emitir pareceres e opiniões (inclusive de auditoria) a respeito das demonstrações financeiras *(financial statements).*

CPI. *Sigla de* **Consumer Price Index.**
Índice de preços ao consumidor (IPC). Importante medida da variação dos preços em uma economia, isto é, do seu nível de inflação.

Cr.
Abreviatura da palavra *credit* (crédito), sempre iniciando com letra maiúscula. Veja também a abreviatura usada para *debit* (débito), qual seja Dr.

Creative accounting. Contabilidade criativa.
Adoção, pelos gestores da companhia, de princípios contábeis e interpretação de transações ou eventos de forma que manipulam o lucro das operações usuais. A manipulação pode ser no sentido de aumentar ou nivelar o lucro. É uma forma de divulgação fraudulenta. Certas tentativas de contabilização criativa envolvem o reconhecimento prematuro de receitas.

Credit. Crédito.
1. Termo que se usa em Contabilidade para referir-se ao lançamento efetuado no lado direito de uma conta. Os créditos aumentam os valores das contas de passivo (*liability*), de patrimônio líquido (*stockholders' equity*), de receita e de ganhos e diminuem os valores das contas de ativo (*asset*) e de despesa (*expense*). Veja *debit and credit conventions* (convenções de débito e crédito). 2. O termo também se aplica de forma genérica à capacidade de comprar ou captar recursos mediante promessa de pagamento futuro.

Credit analysis. Análise de crédito.
O processo de determinar se um solicitante a uma linha de credito (*credit line*) atende aos requisitos e padrões exigidos pelo emprestador e qual a quantia a ser liberada. Envolve a obtenção e análise de diversas informações.

Credit balance. Saldo credor.
Saldo no lado direito de uma conta. De acordo com a convenção de débito e crédito, as contas de ativo (*asset*) e as contas de despesa (*expense*) têm saldo devedor, ao passo que as contas de passivo (*liability*), de patrimônio líquido (*stockholders' equity*) e de receita (*revenue*) têm saldo credor.

Credit bureau. Central de crédito.
Organização cuja atividade se concentra na coleta e avaliação de dados sobre a capacidade de uma pessoa em liquidar suas obrigações financeiras e vende essa informação a quem interessar.

Credit line. Linha de crédito.
Quantia de dinheiro que um banco coloca à disposição dos seus clientes, a título de empréstimo.

Credit loss. Prejuízo de crédito.
Parcela das contas a receber de clientes (*accounts receivable*) que a empresa julga ou espera que será incobrável, resultando num prejuízo.

Credit memorandum. Aviso de crédito.
1. Documento no qual o vendedor informa ao comprador da mercadoria que está creditando (diminuindo) a conta a receber deste, devido a erros, devoluções ou des-

Current cost.

contos. 2. Também refere-se ao documento no qual o banco informa a um depositante que está aumentando o saldo de sua conta, devido a algum evento que não um depósito, por exemplo, que o banco recebeu o valor de uma nota promissória emitida em favor do depositante.

Credit rating. Classificação de crédito.
Processo de determinar se um solicitante a uma linha de crédito (*credit line*) atende os requisitos e padrões exigidos pelo emprestador e qual a quantia a ser liberada. Envolve a obtenção e análise de diversas informações.

Credit risk. Risco de crédito.
Possibilidade de o tomador não honrar suas obrigações.

Credit terms. Condições do crédito.
Termos de pagamento. Por exemplo: 2/10, net/30. Dois, dez; líquido, 30. Ou seja, será concedido desconto de 2% se a fatura for paga no prazo de 10 dias. Não haverá desconto, se for paga no vencimento, em 30 dias.

Creditor. Credor, financiador.
Aquele que faz empréstimos ou concede crédito a terceiros.

Cross-section analysis. Análise de corte transversal.
Análise das demonstrações financeiras (*financial statements*) de várias empresas, referentes ao mesmo período. Opõe-se à *time-series analysis* (análise de série temporal), em que se analisam as demonstrações financeiras de uma mesma empresa ao longo de vários períodos.

Cum dividends. Com dividendos. Ação cheia.
Condição de uma ação cujo preço de mercado inclui o direito ao recebimento de dividendos, já declarados e ainda não pagos. Essa condição prevalece no período entre a data de declaração e a data de registro dos dividendos. Contraste com *ex-dividend* (ex-dividendos).

Cum rights. Com direitos.
Condição de títulos cujo preço de mercado inclui o direito de comprar novos títulos. Compare com *ex-rights* (ex-direitos).

Cumulative dividends. Dividendos cumulativos.
Dividendos de ações preferenciais que, se não forem pagos, se acumulam. A companhia terá que pagar o valor acumulado antes de declarar dividendos aos acionistas ordinários.

Cumulative preferred shares. Ações preferenciais cumulativas.
Ações preferenciais que conferem o direito a dividendos cumulativos.

Current. Corrente ou circulante.
Algo que envolverá entrada ou saída de caixa no curto prazo, geralmente no correr do ano ou dentro da duração do ciclo operacional da empresa. O termo aplica-se para classificar o ativo (*asset*) e o passivo (*liability*) das empresas no balanço patrimonial (*balance sheet*).

Current account. Conta bancária. Conta corrente.
O mesmo que *checking account*.

Current asset. Ativo circulante.
1. Grupamento do balanço patrimonial, como caixa e outros itens do ativo (*asset*) que a empresa espera converter em caixa, vender ou trocar durante a realização do seu ciclo operacional, ou um ano, o que for maior. 2. Um ano é o prazo usual para classificar as contas no balanço patrimonial (*balance sheet*). Assim, tipicamente o grupo do ativo circulante inclui caixa, aplicações financeiras, contas a receber de clientes, estoques e pagamentos antecipados.

Current cost. Custo corrente.
Valor necessário para substituir um ativo por outro idêntico, isto é, que esteja

Current cost accounting.

na mesma condição e idade, bem como apresente o mesmo potencial de serviço. Veja também *replacement cost* (custo de reposição).

Current cost accounting. Contabilidade pelo custo corrente.
1. Método de avaliação de ativos com base no custo de reposição (*replacement cost*). A obtenção desse valor pode se dar por meio de consulta a listas de preços, cotação fornecida pelo fabricante ou outras fontes. Uma forma alternativa é a aplicação de índices específicos de preços a grupos de ativos homogêneos, visando atualizá-los monetariamente. 2. Designação dada às demonstrações financeiras (*financial statements*) nas quais o atributo medido é o custo corrente.

Current cost/nominal-dollar accounting. Contabilidade pelo custo corrente, em moeda nominal.

Current exchange rate. Taxa de câmbio corrente.
A taxa de câmbio pela qual o detentor de uma unidade monetária pode convertê-la em outra moeda, no final do período contábil que está sendo relatado, ou, em receitas, despesas, ganhos e perdas, na data em que a transação ocorreu.

Current exit value. Valor de saída corrente.
Valor de saída.

Current funds. Fundos correntes.
Caixa e outros ativos prontamente conversíveis em dinheiro.

Current gross margin. Margem bruta corrente.
Veja *operating margin based on current costs* (margem operacional baseada em custos correntes).

Current liability. Passivo circulante.
Grupamento do balanço patrimonial constituído por dívida ou outra obrigação que uma empresa deverá liquidar no curto prazo, em geral um ano. O pagamento usualmente se dará lançando mão de itens do ativo circulante, ou incorrendo em nova obrigação. São exemplos de passivo circulante as obrigações com fornecedores, empréstimos a pagar, salários a pagar, contas diversas a pagar, impostos a recolher. Consulte e contraste com *current asset* (ativo circulante).

Current liquidity ratio. Índice de liquidez corrente.
Índice financeiro bastante popular em análise financeira de empresas. É calculado dividindo-se o valor do ativo circulante (*current asset*) pelo do passivo circulante (*current liability*) de um ou mais exercícios contábeis. Informa a "capacidade" de pagamento da empresa. Quanto maior o índice, maior a "garantia" de que as dívidas de curto prazo serão quitadas no vencimento. Por outro lado, um índice muito elevado revela a existência de fundos aplicados em ativos de baixo ou nenhum retorno, como, por exemplo, um grande volume de estoques. Além disso, é preciso considerar a natureza dos itens da fórmula, uma vez que é mais fácil converter em dinheiro as contas a receber de clientes do que os estoques de produtos em elaboração. Finalmente, a análise de liquidez pode ser feita com base no histórico da empresa ou comparando seus índices com os do setor de atividade. A respeito, veja também *financial statement ratios* (índices financeiros).

Current operating performance concept. Conceito de desempenho operacional corrente.
Entendimento de que o resultado de um período deve refletir apenas as operações usuais, normais e recorrentes do período

CVP Analysis.

em questão. Como consequência, itens extraordinários e não recorrentes devem ser lançados diretamente em lucros acumulados no patrimônio líquido.

Current rate method. Método da taxa corrente.
Método de conversão de demonstrações financeiras (*financial statements*) em moeda estrangeira, segundo o qual todos os itens das demonstrações financeiras de um período contábil são convertidos pela taxa de câmbio corrente (*current exchange rate*).

Current realizable value. Valor realizável corrente.
Veja *realizable value* (valor realizável).

Current replacement cost. Custo corrente de reposição.
Referindo-se a um ativo, é a quantia atualmente necessária para a aquisição de um ativo idêntico (nas mesmas condições e com o mesmo potencial de serviços) ou de um ativo que, pelo preço de mercado justo corrente, seja capaz de prestar os mesmos serviços. Comparar com *reproduction cost* (custo de reprodução).

Current selling price. Preço de venda corrente.
Quantia pela qual um ativo pode ser vendido em determinado instante, em uma transação isenta (*arm's-length*), em vez de em uma venda forçada.

Current value accounting. Contabilidade a preços correntes.
Forma de contabilização na qual os elementos do ativo (*asset*) são avaliados pelo custo corrente de reposição (um valor de entrada), pelo preço de venda corrente (um valor de saída) ou pelo valor realizável líquido (um valor de saída). Os elementos do passivo (*liability*) são avaliados pelo valor presente.

Current yield. Rendimento corrente.
A razão entre o valor do cupom anual de uma obrigação (*bond*) e seu preço de mercado corrente. Comparar com *yield to maturity* (rendimento até o vencimento).

Curvilinear or variable cost. Custo curvilíneo ou variável.
Relação funcional contínua, mas não necessariamente em linha reta, entre diferentes níveis de atividade e custos.

Customer. Cliente, consumidor.

Customers' ledger. Livro-razão de clientes.
Livro contábil que mostra as contas a receber de cada cliente da empresa. É um livro subsidiário da conta de controle "contas a receber".

Cutoff rate. Taxa de corte. Taxa de retorno mínima aceitável.
Taxa que serve de referência para a tomada de decisão. Também chamada de *hurdle rate*. Veja *cost of capital* (custo de capital).

CVP Analysis.
Abreviatura de *Cost-Volume-Profit Analysis*, ou seja, Análise Custo-Volume-Lucro (CVL). Consulte o verbete por extenso.

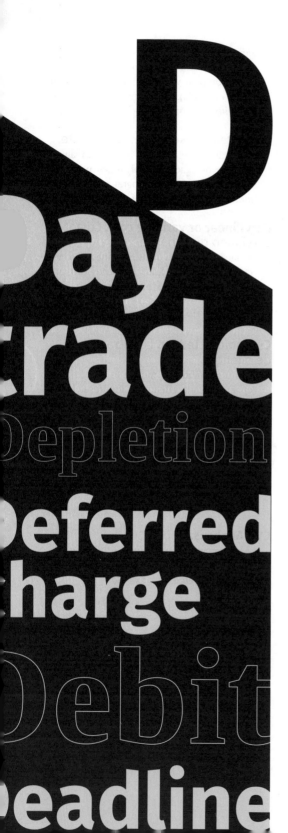

Date of issue. Data de emissão.
De um título mobiliário, por exemplo.

Date of record. Data de registro.

Day loan. Empréstimo por um dia.

Day off. Dia de folga.

Day trade. Transação no dia.
Diz-se da transação de compra e venda de títulos mobiliários no mesmo dia. Negociação de um dia.

Days of average inventory on hand.
Período médio de estocagem.
Veja *financial statement ratios* (*índices financeiros*). Obtém-se com a divisão do valor do estoque médio do período pelo custo da mercadoria vendida em base diária.

Days of grace. Dias da graça. Carência.
Dias de tolerância concedidos por lei ou contratualmente para pagamento de uma dívida após o seu vencimento.

Days receivables outstanding. Período médio de cobrança.
Indicador que informa quantos dias, em média, a empresa leva para receber suas vendas. É resultante da divisão do valor das contas a receber pelo valor das vendas médias diárias "realizadas". Vendas realizadas correspondem às vendas totais menos as devoluções e abatimentos.

Days' sales uncollected. Dias de vendas a receber.
O número de dias de vendas que está contido nas contas a receber de clientes no final do período contábil.

DCF.
Abreviatura usual de *discounted cash flow* (fluxo de caixa descontado (FCD)).

Debt financing.

DDB.
Sigla para o método *double declining-balance depreciation* (depreciação pelo saldo decrescente com taxa dupla). Veja o verbete *depreciation* (depreciação).

Deadline. Data limite.
Por exemplo, o prazo final para liquidação de uma obrigação ou para entrega de uma mercadoria.

Deal. Transação, negociação, acordo.

Dealer. Intermediário, operador de bolsa, negociante, revendedor, agente.

Debenture. Debênture.
Modalidade de instrumento de dívida (obrigação) de médio e longo prazo, geralmente utilizada para financiamento da empresa e que não oferece garantia.

Debit. Débito.
Termo utilizado na Contabilidade para designar o lançamento efetuado no lado esquerdo de uma conta. Débitos aumentam os valores das contas de ativo (*asset*) e de despesa (*expense*) e diminuem os valores das contas de passivo (*liability*), de patrimônio líquido (*stockholders' equity*) e de receita (*revenue*). Veja *debit and credit conventions* (convenções de débito e crédito).

Debit and credit convention. Convenções de débito e crédito.
Convenções aplicadas no uso da conta T (*T-account*) e as regras para a realização de débitos e créditos em contas de balanço (*balance sheet*), conforme o método das partidas dobradas (*double entry book-keeping*). A igualdade dos dois lados da equação do balanço patrimonial resulta de que, em cada transação, a soma dos débitos é sempre igual à soma dos créditos.

Debit balance. Saldo devedor.

Debit memorandum. Aviso de débito.
1. Documento utilizado pelo vendedor para informar o comprador de que ele está debitando (aumentando) o valor das contas a pagar deste último, devido a erros ou outros fatores. 2. É também o documento expedido pelo banco para informar o depositante de que o saldo de sua conta está sendo diminuindo em virtude de algum outro evento que não o pagamento de cheques. Por exemplo, a cobrança de tarifas.

Debt. Dívida.
Dinheiro devido por uma pessoa ou empresa a terceiros. É a denominação geral para compromissos representados por notas promissórias, obrigações, hipotecas etc., que constituem evidência de quantias devidas, com datas de pagamento definidas. As dívidas podem ser vencíveis no curto prazo (até um ano) e no longo prazo (acima de um ano). No balanço patrimonial (*balance sheet*), as dívidas são registradas sob o título de passivo circulante (*current liability*) e passivo não circulante (*noncurrent liability* ou *long-term debt*), conforme o prazo seja até um ano ou superior.

Debt capital. Capital de terceiros de longo prazo.
Passivo não circulante no balanço patrimonial. Capital obtido por meio da emissão de títulos de dívida, geralmente sob a forma de obrigações (*bonds*). Veja também *debt financing* (financiamento com capital de terceiros) e compare com *equity financing* (financiamento com capital próprio).

Debt financing. Financiamento com capital de terceiros.
Obtenção de fundos por meio da emissão de títulos de dívidas (obrigações), hipotecas (*mortgages*), notas promissórias (*notes*) ou tomada de empréstimos em instituições financeiras. A presença de dívida financeira na estrutura de capital (*capital structure*) de uma empresa gera alavancagem financeira (*financial leverage*), ou seja, potencializa os efeitos de aumentos nos lucros sobre o retorno aos acionistas. Como o capital de terceiros é normalmente a forma mais barata de

D Debt guarantee.

financiamento a longo prazo, devido à dedutibilidade fiscal dos juros, é um componente desejável na estrutura de capital da empresa, na medida em que os fundos captados gerem um retorno superior ao seu custo. De outro lado, dívidas excessivas elevam o nível de risco financeiro (*financial risk*) associado à devolução do principal e pagamentos de juros. Contraste com *equity financing* (financiamento com capital próprio).

Debt guarantee. Garantia de dívida.
Veja *guarantee* (garantia).

Debt instrument. Instrumento de dívida.
Denominação genérica dada a notas promissórias, obrigações (bônus), hipotecas etc., que constituem evidência de quantias devidas e datas de pagamento definidas. O mesmo que *debt security* (título de dívida).

Debt rescheduling. Reescalonamento de dívida.

Debt retirement. Liquidação de dívida.
O emitente da dívida (devedor) paga em dinheiro ou confere ações ou outro ativo (*asset*) ao credor e, então, exclui do seu balanço patrimonial (*balance sheet*) o passivo correspondente à dívida.

Debt security. Título de dívida.
Denominação genérica dada a notas promissórias, obrigações, hipotecas etc., que constituem evidência de quantias devidas e datas de pagamento definidas. O mesmo que *debt instrument* (instrumento de dívida).

Debt security held to maturity. Título de dívida mantido até o vencimento.
Título que o investidor tem possibilidade e intenção de manter até a data de vencimento.

Debt service. Serviço da dívida.
Encargos incidentes sobre a dívida, como juros e outros.

Debt service payment. Pagamento de serviço da dívida.
Pagamento associado a uma dívida, como, por exemplo, o cupom de uma obrigação ou a prestação de um empréstimo. Às vezes a expressão é usada no sentido restrito de "pagamento de juros", mas essa é uma denominação inadequada, pois raramente um pagamento associado a uma dívida corresponde exatamente à despesa de juros do período. No caso geral, o pagamento compreende juros e amortização do principal da dívida.

Debt service requirements. Exigências do serviço da dívida.
Soma dos pagamentos de juros, de amortização do principal e de depósito em fundo de amortização (ou ao fundo de serviço da dívida, no caso de governos), referentes a uma dívida.

Debt to net worth ratio. Índice dívida-patrimônio líquido.
O mesmo que *debt-equity ratio* (índice capital de terceiros-capital próprio). Informa o grau de endividamento da empresa. Quanto mais elevado o índice, maior o risco financeiro da empresa.

Debt-equity ratio. Índice capital de terceiros-capital próprio.
Índice financeiro utilizado para aferir o grau de proteção disponível aos credores. É calculado pela divisão do passivo total pelo patrimônio líquido. Em geral, quanto maior o índice, maior o risco aos credores de não recebimento do principal e juros. Veja *financial statement ratios* (índices financeiros).

Debtor. Devedor.
Aquele que toma fundos emprestados de outrem.

Decentralized decision-making. Decisão descentralizada.
Prática de administração na qual a empresa atribui ao gestor de uma unidade de negócios a responsabilidade pelas receitas e custos da unidade e às vezes por investimentos,

Deferred asset.

permitindo-lhe tomar decisões sobre preços, fontes de fornecimento etc., como se a unidade constituísse um negócio independente. Veja *responsability accounting* (contabilidade por responsabilidade) e *transfer price* (preço de transferência).

Declaration date. Data de declaração.
Data em que o Conselho de Administração vota e anuncia (declara) dividendos. Nessa ocasião, o dividendo torna-se uma obrigação legal da companhia.

Declining balance method of depreciation. Depreciação pelo método dos saldos decrescentes.
Método de cálculo no qual a despesa de depreciação em cada período é calculada pela multiplicação de um percentual fixo sobre o valor contábil do ativo (*asset*) no início do período. A fórmula para determinação do percentual é: (a) dividir o valor residual do ativo por seu custo depreciável; (b) extrair a raiz *n* do resultado anterior, em que *n* é o número estimado de anos de vida útil; (c) deduzir o resultado obtido no passo anterior da unidade. Como se vê, a fórmula requer que haja sempre um valor residual, o que limita sua aplicação. Contraste este método com o das quotas constantes ou da linha reta (*straight-line depreciation method*) e o da soma dos algarismos dos anos (*sum-of-the-years' digits method*).

Deed. Escritura.
Por exemplo: escritura pública de compra e venda de imóvel.

Deed of incorporation. Escritura de constituição de empresa.

Deed of sale. Escritura de venda.

Deep discount bond. Obrigação com alto deságio.
Título de dívida que oferece taxas de cupom muito abaixo das taxas vigentes e que, em consequência, somente pode ser negociado a um deságio significativo em relação ao valor de face – geralmente acima de 20%.

Defalcation. Desfalque.
Apropriação ilegal e fraudulenta de propriedades ou fundos por aquele a quem lhe foram confiados os bens.

Default. Inadimplemento, não pagamento, falha, quebra de contrato, calote.
Termo indicativo de que não ocorreu o pagamento devido de juros ou o principal de uma dívida na data do seu vencimento. Os credores podem tomar medidas e reivindicar os ativos do devedor a fim de recuperar o seu capital.

Defer. Diferir, adiar, postergar.
Veja *deferral* (diferimento).

Deferral. Diferimento. Adiamento. Suspensão.
O processo contábil aplicado a recebimentos e desembolsos efetuados, em oposição a *accrual*. Implica o reconhecimento de um passivo quando de uma entrada de caixa imediata, tal como ocorre na assinatura anual de revistas que serão entregues no futuro. Inversamente, implica o reconhecimento de um ativo (*asset*), quando de uma saída de caixa imediata, tal como no pagamento antecipado de uma apólice de seguro.

Deferred annuity. Anuidade diferida ou postecipada.
Anuidade cujo pagamento inicial ocorre algum tempo depois do final do primeiro período.

Deferred asset. Ativo diferido.
A definição legal no Brasil dizia que ativo diferido são "as aplicações de recursos em despesas que contribuirão para a formação de mais de um exercício social...". Aí se classificavam as despesas pré-operacionais e os gastos de reestruturação. A questão central aqui é que há ocorrência de

Deferred charge.

despesas, mas as receitas correspondentes só viriam em exercícios futuros, daí a necessidade de diferimento e amortização desses gastos. A partir do exercício social de 2008, as sociedades deixaram de reconhecer o grupo ativo diferido em seus balanços.

Deferred charge. Encargo diferido.
Gasto não reconhecido como despesa (*expense*) no período em que é efetuado. É inicialmente contabilizado como um ativo (*asset*) e torna-se despesa em períodos futuros. Exemplo: adiantamento de aluguel ou seguro pago antecipadamente. Para contraste, veja *deferral* (diferimento) e também *prepaid expense* (despesa paga antecipadamente).

Deferred cost. Custo diferido.
O mesmo que *deferred charge* (encargo diferido).

Deferred credit. Crédito diferido.
Expressão às vezes utilizada no sentido de adiantamentos de clientes.

Deferred expense. Despesa diferida.
O mesmo que *deferred charge* (encargo diferido).

Deferred gross margin. Margem bruta diferida.
Margem bruta não realizada.

Deferred income tax. Imposto de renda diferido.
Veja imposto de renda diferido a pagar.

Deferred income tax liability. Imposto de renda diferido a pagar.
Passivo com prazo indeterminado que surge quando o lucro tributável nos livros fiscais é inferior ao que teria sido obtido se a empresa tivesse utilizado, em seus livros contábeis e em seus livros fiscais, os mesmos princípios contábeis e a mesma base, para avaliar ativos e passivos.

Deferred revenue. Receita diferida.
Expressão algumas vezes utilizada com o sentido de *advances from customers* (adiantamentos de clientes).

Deferred tax. Imposto diferido.

Deflation. Deflação.
Período no qual se observa um declínio no nível geral de preços. É o oposto de inflação.

Delinquent. Atrasado, vencido, inadimplente, mau pagador.

Delinquent accounts receivables. Créditos em liquidação.
Contas em atraso.

Delinquent loans. Empréstimos com parcelas vencidas; em atraso.

Demand deposit. Depósito à vista.
Fundos disponíveis em uma conta-corrente bancária para saque imediato ou transferência.

Demand deposit account. Conta de depósito à vista em bancos.

Demand loan. Empréstimo à vista.
Modalidade pouco comum de empréstimo sem data especificada de vencimento, de modo que o emprestador pode solicitar o pagamento em qualquer data.

Denial of opinion. Recusa de parecer.
Tipo de parecer de auditoria independente no qual o auditor informa que não pode emitir opinião sobre as demonstrações financeiras (*financial statements*) em função de limitações ao escopo dos trabalhos ou de incertezas materiais sobre as contas que a empresa não conseguiu resolver por ocasião da auditoria. Ele irá declarar que está impossibilitado de expressar sua opinião. É também chamado de *disclaimer*.

Depreciation expense.

Department store. Loja de departamentos.

Depletion. Exaustão.
"Amortização" de recursos naturais. Veja também *percentage depletion* (percentual de exaustão).

Deposit on account. Conta depósito.
Conta bancária que, geralmente, rende juros.

Deposits in transit. Depósitos em trânsito.
Depósitos efetuados por uma empresa ainda não refletidos no extrato bancário.

Deposits by clients. Depósitos efetuados por clientes.
Passivo que a empresa credita quando recebe dinheiro de um cliente e que, posteriormente, lhe será restituído, pois funciona apenas como garantia. Opõe-se ao passivo "adiantamentos de clientes", que a empresa também credita quando recebe o dinheiro, mas que liquidará mediante a entrega de mercadorias ou a prestação de serviços, reconhecendo uma receita.

Depreciable. Depreciável.
Veja *depreciation* (depreciação).

Depreciable asset. Ativo depreciável.
Determinados tipos de ativo que perdem valor gradualmente devido a fatores como: passar do tempo, uso, obsolescência ou outras causas. Exemplos são os ativos fixos (*fixed assets*), como máquinas, equipamentos, móveis, utensílios, veículos, edificações. Veja o verbete *depreciation* (depreciação).

Depreciable cost. Custo depreciável.
Custo líquido de um ativo, geralmente dado pelo custo de aquisição menos o valor residual, que a empresa lançará como depreciação (*depreciation*) nos períodos futuros.

Depreciable life. Vida depreciável.
Período de tempo estimado, ao longo do qual serão reconhecidas e lançadas ao resultado as parcelas de depreciação (*depreciation expense*) incidentes sobre o valor dos bens imobilizados (*fixed asset*).

Depreciation. Depreciação.
1. Em sentido genérico, depreciação é a perda de valor de um bem físico ou de uma moeda em relação a outra. 2. Para os fins da Contabilidade, é a expiração do valor de certos ativos, a ser reconhecida como despesa (*expense*), quando da apuração do resultado da organização. 3. Os bens físicos que integram o ativo imobilizado (*fixed asset*), tais como prédios, instalações, máquinas, móveis, veículos etc., propiciam benefícios à empresa por mais de um ano, mas tem um período limitado de vida útil econômica. Em razão disso, o custo de tais ativos deve ser alocado de maneira sistemática aos exercícios beneficiados por seu uso no decorrer de sua vida útil estimada (*depreciable life*). Notar que o declínio no potencial de serviços de tais bens dá-se por desgaste natural, pelo uso, pela ação da natureza e por obsoletismo. Ao processo de reconhecimento periódico do "consumo" dos referidos bens, chama-se depreciação. Vários são os métodos de cálculo da depreciação, mas poucos são realmente usados. Cabe destacar o método das quotas constantes (*straight-line method*), utilizado pela grande maioria das empresas. Há, ainda, o método da soma dos algarismos dos anos (*sum-of-the-years' digits method*) e o método dos saldos decrescentes (*declining balance method*).

Depreciation expense. Despesa de depreciação.
Parcela do custo líquido estimado de bens do ativo imobilizado (sejam móveis, máquinas, equipamentos, veículos) que se torna despesa (*expense*) a cada período contábil. Por exemplo, considere um veículo comprado por $ 65.000, a ser utilizado por 5 anos e com um valor potencial de revenda de $ 15.000. De acordo com o método das quotas constantes (*straight-line method*), esse bem terá uma despesa anual de depreciação de $ 10.000 = ($ 65.000 – $ 15.000) / 5.

Depreciation rate.

Depreciation rate. Taxa de depreciação.
O percentual do custo de um ativo (*asset*) que é lançado como despesa (*depreciation expense*) a cada período contábil.

Derivatives. Derivativos.
Instrumentos financeiros cujo preço depende das características de outros ativos ou instrumentos financeiros. Os principais tipos de derivativos são: contratos a termo, contratos futuros, *swaps* e opções.

Diferred income. Renda diferida.
Adiantamentos de clientes.

Diluted earnings per share. Lucro por ação diluído.
Para ações ordinárias, refere-se ao menor lucro por ação que se pode obter, quando se calcula o lucro por ação para todas as combinações possíveis de exercício ou conversão de títulos potencialmente diluidores.

Dilution. Diluição.
Redução potencial do lucro por ação ou do valor patrimonial de uma ação, em decorrência da conversão de títulos ou do exercício de *warrants* ou opções.

Dilutive. Diluidor.
Diz-se do título que reduzirá o lucro por ação, se for trocado por ações ordinárias.

Direct cost. Custo direto.
Custo que pode ser perfeita e diretamente associado ao produto feito ou serviço prestado com base em alguma medida de consumo. Por exemplo, a matéria-prima (*direct material cost*) e parte da mão de obra (*direct labor cost*) são gastos que podem ter seus consumos individualizados por produto com base em quilos e horas, respectivamente. Em contraste, o aluguel do prédio, por depender de algum fator de rateio ou uso de estimativas para apropriação, é um custo indireto (*indirect cost*).

Direct costing. Custeio direto.
Denominação menos adequada de custeio variável (*variable costing*).

Direct labor. Mão de obra direta.
Veja *direct labor cost* (custo do material direto).

Direct labor cost. Custo da mão de obra direta.
Custo da mão de obra envolvida na fabricação de um produto e diretamente associável a ele. Por exemplo, os salários dos trabalhadores que atuam na linha de montagem ou de um operador de máquina na fábrica. É um custo estocável (*inventoriable cost*), no sentido de que integra o custo do produto final. Opõe-se a *indirect labor* (custo da mão de obra indireta), como é o caso de salários de supervisão e de chefes de equipe de produção, de difícil alocação aos produtos.

Direct labor variance. Variação da mão de obra direta.
Diferença entre o custo da mão de obra direta (*direct labor cost*) realmente incorrido e o respectivo custo-padrão.

Direct material. Material direto.
Veja *direct material cost* (custo do material direto).

Direct material cost. Custo do material direto.
Refere-se a todo material que se torna parte integral de um produto acabado e, portanto, é diretamente identificado com ele. Por exemplo, o metal utilizado na fabricação de um carro ou a madeira empregada na fabricação de móveis. É um custo estocável (*inventoriable cost*), no sentido de que integra o custo do produto final. Opõe-se a *indirect material cost* (custo do material indireto), como materiais de consumo, lubrificantes de máquinas etc. que não são associáveis facilmente ao produto ou não vale a pena o esforço de medição.

Discounted cash flow techniques.

Direct method. Método direto.
Veja *statement of cash flows* (demonstração dos fluxos de caixa).

Direct posting. Lançamento direto.
Método de contabilização no qual a empresa efetua lançamentos diretamente no livro-razão (*ledger*), sem utilizar o livro diário (*journal*).

Direct write-off method. Método da baixa direta.
Veja *write-off method* (método da baixa).

Disbursement. Desembolso.
Pagamento efetuado em dinheiro ou com cheque.

Disclaimer of opinion. Parecer de auditor com abstenção de opinião.
Veja *denial of opinion* (recusa de parecer).

Disclosure. Evidenciação de informações. Liberação. Revelação.
Informação adicional que acompanha as demonstrações financeiras (*financial statements*), como as contidas nas notas explicativas, em suplemento ou mesmo no parecer de auditores independentes. Qualquer fato ou evento que seja relevante em relação a situação financeira e resultados operacionais da empresa devem ser evidenciados aos interessados. O grau e a qualidade do *disclosure* das companhias é tema recorrente nas exigências dos órgãos reguladores e da legislação.

Discontinued operations. Operações descontinuadas.

Discount. Desconto. Deságio. Abatimento.
O termo pode assumir diferentes significados, conforme o contexto. 1. Diferença entre o valor de face (*face value*) e o valor presente de um pagamento. 2. Redução de preço obtida pelo comprador em função de pagamento à vista. 3. Diferença entre o preço pago por um instrumento financeiro e o seu valor de face. 4. No cálculo financeiro, é o processo de trazer um valor futuro a valor presente, utilizando uma taxa de desconto (*discount rate*) ou um fator de desconto (*discount factor*).

Discount factor. Fator de desconto.
O recíproco de 1 mais a taxa de desconto. Por exemplo, se a taxa de desconto é 10% por período, o fator de desconto para três períodos é $1/(1,10)^3 = 0,75131$.

Discount lost. Desconto perdido.
Desconto financeiro não aproveitado porque o comprador não pagou a conta dentro do prazo concedido pelo vendedor.

Discount rate. Taxa de desconto.
A taxa de juros utilizada para converter uma série de pagamentos (ou recebimentos) futuros em seu valor presente. Veja *discount factor* (fator de desconto).

Discounted bailout period. Período de **bailout** descontado.
Em análise de investimentos de capital (*capital budgeting*), refere-se à quantidade de períodos até que o valor presente acumulado das entradas de caixa de um projeto iguala-se ao valor presente das saídas de caixa. Comparar com período de *payback* descontado.

Discounted cash flow (DCF). Fluxo de caixa descontado (FCD).
Veja *discounted cash flow techniques* (técnicas de fluxo de caixa descontado).

Discounted cash flow techniques. Técnicas de fluxo de caixa descontado.
Abordagem que leva em conta o valor do dinheiro no tempo ao analisar fluxos de entradas e saídas de caixa. Por exemplo, o método do valor presente líquido (*net present value, NPV*) e o método da taxa interna de retorno (*internal rate of return, IRR*) são considerados técnicas de fluxo de caixa descontado aplicadas a decisões de orçamento de capital (*capital budgeting*) e em *valuation*.

Discounted payback period.

Discounted payback period. Período de payback descontado.
Número de períodos (sejam meses, anos) necessários para recuperar o investimento feito em um projeto com o "valor presente" das entradas de caixa. Difere do *payback simples* por levar em conta o valor do dinheiro no tempo. Neste último, as entradas de caixa são somadas como se estivessem na mesma data e comparadas com o investimento.

Discounting a note. Descontar um título.
Uma nota promissória ou uma duplicata, por exemplo. Veja *note receivable discounted* (nota promissória descontada).

Discounts lapsed (lost). Descontos perdidos.
A soma dos descontos oferecidos para pronto pagamento, de que um comprador não se aproveitou, uma vez que o período de desconto expirou. Veja *terms of sale* (termos de venda).

Discretionary cost center. Centro de custos discricionários.
Veja centro de custos técnicos (*engineered cost center*) para definição e comparação.

Discretionary costs. Custos discricionários.
Custos que se sujeitam às decisões da administração, tais como gastos com propaganda, manutenção e reparos, pesquisa e desenvolvimento, treinamento. Também chamados de custos gerenciados ou programáveis.

Discussion memorandum. Discussion memorandum.
Documento no qual o Financial Accounting Standards Board (Fasb) discute, de forma isenta, questões associadas a determinado problema contábil, de interesse na ocasião. A expedição de um documento desses indica que a instituição está considerando emitir um *Sfas* ou um *Sfac*. O documento reúne várias considerações sobre o tema para facilitar a interação e os comentários das partes interessadas. Antes de divulgar um *Exposure Draft*, o Fasb promove uma audiência pública.

Distributable income. Lucro distribuível.
A parcela do lucro líquido contábil convencional que a empresa pode distribuir aos proprietários (geralmente sob a forma de dividendos), sem afetar a sua capacidade de continuar operando nos níveis físicos correntes.

Distribution cost. Custo de distribuição; de comercialização.
Melhor utilizar o termo despesa de distribuição (*distribution expense*).

Distribution expenses. Despesas de distribuição.
Despesas relativas às atividades de vendas, propaganda e entrega.

Divestiture. Desinvestimento.
Qualquer ação que diminua ou desmobilize recursos investidos. A venda de uma participação societária ou de um imobilizado, por exemplo.

Dividend payable. Dividendo a pagar.
Constitui uma obrigação da empresa.

Dividend payout rate. Taxa de distribuição de dividendos.
Refere-se ao percentual do lucro líquido da companhia destinado a dividendos. Pode variar de zero a 100%. Exemplo: suponha uma empresa com lucro líquido de $ 100.000 e que decida distribuir $ 30.000 em dividendos. O índice *payout* é igual a $ 30.000/$ 100.000 = 30%. O complemento do *dividend payout*, 1 − 0,30 = 70%, é o percentual de lucros retidos (*retained earnings*).

Dividend yield. Rendimento em dividendos.
Índice que fornece uma estimativa do retorno do investimento em ações, medido

Double declining balance method.

pela relação entre o valor do dividendo declarado por ação e o preço de mercado da ação no final do período contábil. Se o dividendo por ação for igual a $ 5 e o preço de mercado da ação estiver em $ 50, o *dividiend yield* será 10%.

Dividends. Dividendos.

Lucros destinados aos acionistas de uma sociedade proporcionalmente ao número de ações possuídas. Os dividendos podem ser distribuídos sob a forma de dinheiro (*cash dividend*), de bonificação em ações (*stock dividend*) e, muito raramente, em espécie (*dividend in kind*). À exceção das bonificações em ações, os dividendos constituem uma obrigação legal da entidade (portanto, um passivo) a partir do momento em que o Conselho de Administração os declara. Assim, o proprietário de ações reconhece uma receita quando os dividendos são declarados.

Dividends in arrears. Dividendos em atraso.

Dividendos sobre ações preferenciais cumulativas de períodos passados, ainda não pagos. A companhia, geralmente, precisa pagar esses dividendos em atraso, antes que possa declarar dividendos para as ações ordinárias.

Dividends in kind. Dividendos em espécie.

Dividendos pagos em outra forma que não caixa. Veja *dividends* (dividendos).

Division. Divisão.

Unidade de negócios mais ou menos autossuficiente e que é parte de um grupo de unidades de negócios operando sob controle comum.

Divisional control. Controle divisional.

Veja control system (*sistema de controle*).

Dollar sign rule. Regra do cifrão.

Em demonstrações e tabelas contábeis, regra que manda colocar um cifrão ao lado do primeiro valor em cada coluna e ao lado de qualquer valor após uma linha horizontal colocada sob o valor anterior.

Donated capital. Capital doado.

Conta do patrimônio líquido, creditada quando a companhia recebe doações (na forma de terrenos ou prédios) sem emitir ações em troca. Por exemplo, um município pode doar um terreno a uma companhia, como incentivo para que ela construa uma fábrica e crie vagas aos trabalhadores locais.

Dose. Encerrar.

Transferir o saldo de uma conta temporária, de uma contraconta ou de uma conta adjunta para a correspondente conta principal. Por exemplo, transferir receitas e despesas (diretamente ou por meio de resultado do período) para uma conta de patrimônio líquido, ou transferir descontos sobre compras para compras.

Double declining balance method. Método do saldo decrescente com taxa dupla.

Método de depreciação acelerada segundo o qual um fator percentual constante – correspondente ao dobro da taxa aplicada no método linear – é multiplicado a cada ano pelo saldo decrescente do valor contábil do ativo. A taxa linear (*straight-line rate*) é simplesmente o recíproco da vida útil em anos, multiplicada por 100. Se a vida útil é 5 anos, a taxa linear é $1/5 \times 100 = 20\%$. O dobro dessa taxa é 40%. Para calcular a despesa de depreciação anual, o valor contábil do ativo no início de cada período é multiplicado pela taxa dupla. Por exemplo, se o ativo tem um valor de $ 100 e vida útil estimada em 5 anos, a despesa de depreciação no 1º ano será 40% de $ 100 = $ 40; no 2º ano será 40% do saldo ($ 100 – $ 40) = $ 24; no 3º ano será 40% do saldo ($ 100 – $ 40 – $ 24) = $ 14,4. Nos dois anos finais, o saldo de $ 21,6 pode ser alocado em 2 parcelas iguais.

Double entries.

Double entries. Partidas dobradas.
Consagrado sistema de contabilização de transações que requer lançamentos em pelo menos duas contas e tal que o valor a débito se iguale ao valor a crédito. Não há débito sem crédito. Com isso, mantém-se válida a equação do balanço patrimonial (*balance sheet equation*) em que ativo = passivo + patrimônio líquido. Por exemplo: uma compra de mercadorias a prazo exige um lançamento a débito da conta estoque (aumento de ativo) *e* um lançamento a crédito de fornecedores (aumento de passivo). Já o registro do recebimento de uma conta de cliente se faz por um débito em caixa ou bancos (aumento de ativo) e um crédito em contas a receber (diminuição de ativo). E o registro da compra de um veículo, metade à vista, metade a prazo, se faz por um débito na conta veículo (aumento de ativo), um crédito em caixa (diminuição de ativo) e um crédito em financiamento (aumento de passivo), de forma que os totais a débito e a crédito sejam idênticos.

Double taxation. Bitributação.
Ocorre quando a autoridade fazendária tributa o lucro das empresas duas vezes, ou seja, quando é auferido (primeira tributação) e quando é distribuído aos acionistas sob a forma de dividendos (segunda tributação).

Doubtful accounts. Contas de cobrança duvidosa.
Contas a receber que a empresa estima que sejam de difícil liquidação ou até mesmo incobráveis.

Doubtful accounts receivable. Contas a receber duvidosas.
Contas de clientes consideradas de difícil recebimento.

Doubtful debt. Dívida de liquidação duvidosa.

Down payment. Entrada. Pagamento inicial. Sinal.

Dr.
Abreviatura de *débito*, sempre iniciada com letra maiúscula. Origina-se da abreviatura de *debitor*, do mesmo modo que Cr. vem de *creditor*.

Draft. Saque.
Ordem, por escrito, pela qual uma parte, o sacador (*drawer*), instrui outra, o sacado (*drawee*) – um banco, por exemplo – a pagar determinada quantia a uma terceira parte (payee). Veja também cheque (*check*), cheque visado ou administrativo (*certified check*), conta NOW, saque a vista (*sight draft*).

Drawee. Sacado.
Indivíduo ou empresa contra a qual é emitido um título e de quem se espera o pagamento. Veja *draft* (saque).

Drawer. Sacador.
Emitente do título. Veja *draft* (saque).

Drawing account. Conta de retiradas.
Conta temporária utilizada em empresas individuais e sociedades por quotas, na qual registram-se os pagamentos efetuados aos proprietários durante um certo período. No final do período, a conta em questão é encerrada, mediante um crédito contra um débito na conta de participação do sócio no lucro ou na conta de capital.

Drawings. Retiradas.
Pagamentos efetuados ao proprietário de uma empresa individual ou a um sócio de uma sociedade por quotas durante certo período. Veja *drawing account* (conta de retiradas).

Driver. Direcionador.
A causa dos custos incorridos. Como exemplos, considere o processamento de pedidos, a emissão de uma ordem de alteração do desenho de um produto, a alteração do cronograma de produção, a paralisação da produção para mudança de máquinas. O conceito de direcionador

Du Pont Formula.

aparece principalmente no custeio de produtos, em particular no custeio baseado em atividades (*activity-based costing*).

Drop shipment. Entrega direta ao cliente.

Ocorre quando um distribuidor solicita que o fabricante entregue o pedido diretamente ao cliente. Lembrar que, geralmente, os fabricantes encaminham seus produtos aos distribuidores e estes os remetem aos clientes.

Duality. Dualidade.

O axioma das partidas dobradas, segundo o qual cada transação deve resultar em um total de débitos igual ao total de créditos.

Due bills. Faturas ou contas devidas (vencidas).

Due date. Data de vencimento.

Data em que uma dívida deve ser paga.

Due diligence. Auditoria legal.

Levantamento de informações para que um potencial comprador da empresa possa ter conhecimento da sua situação real.

Dumping. Dumping.

Sem tradução. *Dumping* deriva do termo "*dump*" que, entre outros, tem o significado de despejar ou esvaziar. A palavra é utilizada no meio comercial para designar a prática, geralmente desleal, de colocar no mercado produtos com preços até mesmo abaixo do custo com o intuito de eliminar a concorrência e aumentar a fatia de mercado. É um expediente utilizado de forma temporária sabendo que, posteriormente, irá ser praticado um preço mais alto que possa compensar a perda inicial.

Du Pont Formula. Fórmula Du Pont.

Fórmula bastante usual e importante em análise financeira de empresas que consiste em desdobrar a taxa de retorno em seus componentes. Por exemplo, o retorno sobre o investimento (*ROI, return on investment*) pode ser visualizado como o produto da margem líquida (*net margin ratio*) pelo giro do ativo total (*asset turnover*). O mesmo se aplica ao retorno sobre o patrimônio líquido (*return on equity, ROE*), acrescentando-se ao resultado anterior o fator de alavancagem financeira (*financial leverage*) dado por ativo total / patrimônio líquido. A fórmula fica: $ROE = margin \times turnover \times financial\ leverage$. Ou, ainda, ROE = (lucro líquido/receita de vendas) × (receita de vendas/ativo total) × (ativo total/patrimônio líquido).

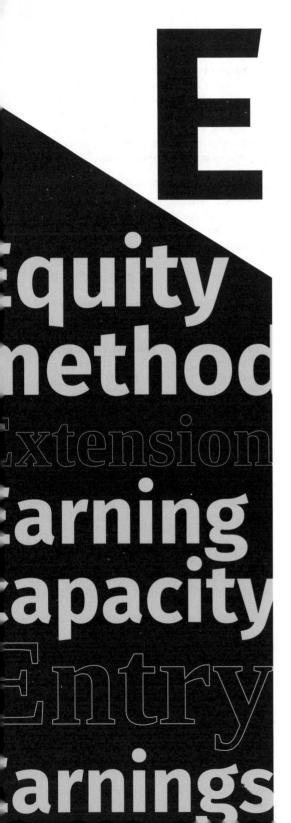

Earn. Ganhar, fazer jus a, auferir.

Earned surplus. Lucros acumulados. Lucros retidos.

Earning capacity. Capacidade de gerar lucro.

Earnings. Lucros.
Termo empregado no mesmo sentido que *income* e *profit*. Exemplos: *earnings per share* (lucro por ação), *Earnings before interest and taxes* (Ebit) (lucro antes de juros e imposto de renda).

Earnings cycle. Ciclo de lucro.
Período, ou série de transações, durante o qual a empresa converte caixa em bens e serviços, vende os bens e serviços aos clientes e finalmente recebe o caixa correspondente à venda. Veja também *cash cycle* (ciclo de caixa).

Earnings per common share. Lucro por ação ordinária.
Lucro líquido dos acionistas ordinários dividido pela quantidade média de ações ordinárias existente no período. Veja também *basic earnings per share* (lucro por ação básico) e *financial ratios* (índices financeiros).

Earnings per preferred share. Lucro por ação preferencial.
Lucro líquido dividido pela quantidade média de ações preferenciais existentes no período. Esse quociente é uma referência. Indica quão bem o lucro cobre ou protege os dividendos preferenciais. Mas, atenção, não indica a participação legal no lucro da empresa.

Earnings per share (EPS). Lucro por ação (LPA).
Lucro líquido de uma empresa dividido pelo número de ações existentes. Indica o ganho obtido pelo acionista por ação detida.

Effective interest rate.

Ebit. *Sigla de* **earnings before interest and tax.** Lucro antes dos juros e do imposto de renda (Lajir).
Um importante subtotal obtido da demonstração do resultado (*income statement*) ou que pode ser facilmente calculado. Equivale ao lucro operacional. Veja também Ebitda.

Ebit margin. Margem Lajir.
Lucro antes dos juros e do imposto de renda dividido pela receita de vendas. É um indicador da lucratividade operacional da empresa. Ebit é a sigla para *earnings before interest and tax* (lucro antes dos juros e do imposto de renda).

Ebitda. *Sigla de* **earnings before interest, tax, depreciation and amortization.** Lucro antes dos juros, do imposto de renda, da depreciação e da amortização (Lajida).
Informa qual foi o resultado obtido pela empresa no período, antes de computar juros, imposto de renda, depreciação/exaustão e amortização. Em sentido geral, reflete a geração de caixa operacional.

Economic depreciation. Depreciação econômica.
Redução no custo corrente (ou no valor justo) de um ativo (*asset*) durante certo período.

Economic entity. Entidade econômica.
Veja *entity* (entidade).

Economic life. Vida econômica ou vida útil.
Período estimado durante o qual a empresa espera usufruir os benefícios de um ativo fixo (*fixed asset*), seja este uma máquina, um veículo, uma edificação.

Economic value added (EVA). Valor econômico adicionado.
Resultado líquido apurado por uma empresa que leva em conta as deduções de praxe e ainda o custo de oportunidade do capital próprio.

Edgar. *Sigla de* **Electronic Data Gathering, Analysis, and Retrieval System.**
Sistema adotado pela SEC em 1984, para assegurar a apresentação eletrônica de documentos, pelas mais de 15 mil empresas de capital aberto norte-americanas. Na qualidade de uma base de dados pública on-line, seu objetivo principal é aumentar a eficiência e a equidade do mercado de títulos ao agilizar a recepção, validação, disseminação e análise de informações empresariais, de forma tempestiva. Um segundo objetivo é assegurar transparência no mercado ao disponibilizar aos investidores documentos que foram recém-arquivados.

Effective income tax rate. Alíquota efetiva do imposto de renda.
Para o contribuinte, é a taxa resultante da divisão do valor do imposto devido pelo lucro tributável.

Effective interest rate. Taxa de juros efetiva.
1. No caso de emissão de obrigações, é a taxa interna de retorno ou o retorno até o vencimento do título, quando de seu lançamento. Comparar com taxa de cupom. Se o título é emitido por um preço inferior a seu valor de face, a taxa efetiva é superior à taxa do cupom, e vice-versa. 2. Quando se refere a juros compostos, o conceito de taxa efetiva surge quando o período de capitalização é diferente de um ano. Por exemplo, quando se diz que a taxa de juros sobre um empréstimo é de 12% ao ano, capitalizada mensalmente. A taxa efetiva, nesse caso, é a taxa pela qual se poderia multiplicar o principal inicial do empréstimo para obter a mesma quantia que se obtém quando os juros são capitalizados período a período. Por exemplo, se a taxa de 12% ao ano é capitalizada mensalmente, a taxa efetiva é de 12,683% ao ano. Em outras palavras, se você aplicar $ 100 a 1% ao mês, você terá $ 112,68 no final de um ano. Como regra geral, se a taxa nominal é de **r**% ao ano e os

Effective rate of interest.

juros são capitalizados **m** vezes ao ano, então a taxa efetiva é igual a **(1 + r/m)ᵐ -1**.

Effective rate of interest. Taxa de juros efetiva.
O mesmo que *effective interest rate*.

Efficiency variance. Variação de eficiência.
Variação da quantidade de materiais, de mão de obra ou de custos indiretos de fabricação em um sistema de custo-padrão.

Efficient capital market. Mercado de capitais eficiente.
Mercado no qual os preços dos títulos refletem toda a informação disponível e reagem instantaneamente e sem viés a novas informações. Esta hipótese se aplica mais propriamente a grandes empresas com ações negociadas em bolsa de valores.

Efficient market hypothesis. Hipótese de mercado eficiente.
Suposição utilizada em Finanças de que os preços dos títulos são formados em mercados de capitais eficientes (*efficient capital market*).

Elements of balance sheet. Elementos do balanço patrimonial.
São itens ou contas que figuram no balanço patrimonial, classificados nos seus três grupos principais: ativo (*asset*), passivo (*liabilities*) e patrimônio líquido (*stockholders' equity*). A lista das contas utilizadas pela empresa consta do seu plano de contas (*chart of accounts*).

Eliminations. Eliminações.
Ao preparar demonstrações financeiras consolidadas (*consolidated financial statements*), as eliminações são lançamentos feitos para evitar dupla contagem de ativos, passivos, patrimônio líquido, receitas e despesas na entidade consolidada, quando as contas da controladora (*parent company*) e das subsidiárias são somadas. Exemplos de eliminações são as transações intercompanhias que dão origem a lucro, valores a receber e a pagar, compras e vendas.

Embezzlement. Desvio, desfalque, apropriação indébita.
Furto de dinheiro ou outro bem de uma empresa, justamente por indivíduo a quem foi atribuída a custódia. Atividade fraudulenta.

Emerging Issues Task Force (EITF).
Grupo reunido pelo Fasb para discutir questões contábeis mais rapidamente do que seu processo "normal" permite. Compreende cerca de 20 membros, originários da profissão contábil, de empresas e de associações empresariais, que se reúnem a cada seis semanas. Vários membros do próprio Fasb assistem às reuniões da EITF e dela participam.

Employee payroll taxes. Encargos sociais do empregado.

Employee stock option. Opção de compra de ações por empregado.
Veja *call option* (opção de compra).

Employer payroll taxes. Encargos sociais do empregador.

Enabling costs. Custos de capacidade evitáveis.
Tipo de custo de capacidade (*capacity cost*) no qual a empresa deixará de incorrer se paralisar suas operações. Porém, irá incorrer nele integralmente se operar em qualquer nível. São exemplos: custo da equipe de segurança interna de uma fábrica ou do inspetor de qualidade de uma linha de montagem. Opõem-se a custos de capacidade não evitáveis.

End product. Produto final.

Ending inventory. Estoque final.
Valor do estoque existente na empresa no final de um período contábil. É também conhecido como estoque de encerramento.

Entity theory.

O estoque final de um período torna-se o estoque inicial do período seguinte. É um elemento do balanço patrimonial e também utilizado no cálculo do custo dos bens vendidos (*cost of goods sold*). Contrasta com *beginning inventory* (estoque inicial).

Endorsable. Endossável.

Endorse. Endossar.
Transferência de valores ou direitos ao endossatário (*endorsee*), mediante aposição de assinatura do endossante (*endorser*).

Endorsee. Endossatário.
Parte favorecida pelo endosso. Contraste com endossante (*endorser*).

Endorsement. Endosso.
Transferência de direitos mediante aposição de assinatura legal no verso de um instrumento.

Endorser. Endossante.
O favorecido de uma nota promissória ou de um saque, que assina o documento após escrever "Pague à ordem de X", transfere-o à pessoa X e, presumivelmente, recebe algum benefício (caixa, por exemplo) em retorno. A pessoa X é o "endossatário", que passa então a ter os direitos do favorecido e que, por sua vez, pode tornar-se endossador se endossar o documento em favor de um terceiro.

Engineered cost center. Centro de custos técnicos.
Centro de responsabilidade cujas relações entre insumos e produtos são tão bem estabelecidas que o analista pode prever o número de produtos, dadas as quantidades de insumos. Ou, inversamente, dados os produtos, pode estimar as quantidades de insumos que deveriam ter sido utilizadas. Por exemplo, a relação entre gramas de trigo (insumo) e a quantidade de pães (produto). Opõe-se a centro de custos discricionários (*discretionary cost center*), uma vez que nestes não é possível estabelecer uma relação confiável entre quantidade de insumos e quantidade de produtos. Por exemplo, a relação entre gastos com propaganda institucional da empresa (insumo) e receitas futuras (produto).

Enterprise. Empresa. Empreendimento.
Qualquer organização de negócios, geralmente caracterizando uma entidade contábil.

Entity. Entidade, empresa, sociedade.
Identifica uma pessoa, uma sociedade por quotas, uma sociedade por ações ou outra organização. A entidade contábil que divulga demonstrações financeiras (*financial statements*) pode não ser a mesma que a entidade legal. Por exemplo, uma empresa individual constitui uma entidade contábil, mas a correspondente entidade legal, geralmente, é formada pela combinação da empresa individual com os ativos pessoais do dono. Várias empresas afiliadas podem representar pessoas jurídicas distintas, e, no entanto, apresentam demonstrações financeiras consolidadas de todo o grupo de companhias, operando como uma entidade econômica única.

Entity concept. Conceito de entidade.
Importante conceito em Contabilidade. Designa uma unidade econômica que não se confunde com a figura dos proprietários. As contas e os procedimentos contábeis são mantidos para entidades e não para as pessoas que são proprietárias, que a operam ou que são associadas a elas de alguma forma.

Entity theory. Teoria da entidade.
Visão de que a empresa ou outra organização tem responsabilidade distinta e própria. Em consequência, a equação contábil (*accounting equation*) deve ser apresentada como: Ativo = Passivo + Patrimônio Líquido. A companhia possui sua identidade e não se confunde com a dos proprietários. É vista como uma unidade econômica e legal. Para contraste, consulte (*proprietary theory*) teoria do proprietário.

Entry.

Entry. Lançamento.
Registro de uma transação ou evento nos livros contábeis, seja no diário (*journal*), seja no razão (*ledger*).

Entry value. Valor de entrada.
O custo corrente de adquirir um ativo ou serviço por um preço de mercado justo. *Replacement cost* (custo de reposição).

Environmental accounting. Contabilidade para o meio ambiente.
Registro dos efeitos ou aspectos do meio-ambiente na Contabilidade.

EOQ. Sigla de **economic order quantity**
Lote econômico de compra (LEC).

EPS. Sigla de **Earning Per Share**.
Lucro por ação (LPA).

Equities. Ações. Participações em ações. Títulos patrimoniais.

Equity. Patrimônio líquido.
Capital fornecido pelos sócios, acrescido dos lucros retidos na empresa. Também entendido como participação residual no ativo (*asset*) da entidade, após a dedução do passivo (*liability*).

Equity capital. Capital acionário.
Capital fornecido pelos proprietários da empresa.

Equity financing. Financiamento com capital próprio.
Fundos obtidos com a emissão de ações. Contrapõe-se ao financiamento com recursos de terceiros (*debt financing*).

Equity interest. Interesses, direito de propriedade sobre ações de empresas.
Participação em ações.

Equity method. Método da equivalência patrimonial.
Método de contabilização da aplicação em participações no capital de outras sociedades (coligadas ou controladas). Segundo esse método, a participação no lucro de outra companhia é debitada na conta representativa do investimento e creditada em uma conta de receita. Quando a investidora recebe dividendos, debita caixa e credita a conta do investimento. Compare e contraste com *cost method for investments*.

Equity ratio. Equity ratio.
Índice financeiro dado por patrimônio líquido dividido pelo ativo total. Informa qual a proporção do ativo total que está sendo financiada por capital próprio. Quanto maior o índice, menor a alavancagem financeira (*financial leverage*). Veja *financial statement ratios* (índices financeiros).

Equivalent units. Unidades equivalentes.
Quantidade de unidades acabadas que exige os mesmos custos que as unidades acabadas em certo período mais as unidades ainda em fabricação no final desse período. Por exemplo, se no início de determinado período uma empresa começa a fabricar 100 unidades e, no período, incorre em 75% dos custos totais de fabricação das 100 unidades, então as unidades equivalentes produzidas seriam 75. Esse conceito é utilizado principalmente no custeio por processo, para medir, de maneira uniforme, a produção em um processo contínuo.

Error accounting. Contabilização de erros.
Veja *accounting errors* (erros contábeis).

Errors correction. Correção de erros.
Veja *accounting errors* (erros contábeis).

Escapable cost. Custo evitável.

Exchange risk.

Estimated expenses. Despesas estimadas.

Estimated liability. Passivo estimado.
Terminologia preferida para designar os custos que uma empresa estima arcar referentes a consertos e reparos de produtos vendidos com garantia, por exemplo. Um passivo estimado aparece no balanço patrimonial. Comparar com *contingent liability* (passivo contingente).

Estimated salvage value. Valor residual estimado.
Valor residual de um ativo antes de sua venda.

Estimated uncollectibles. Estimativa de incobráveis.
Valor estimado pela empresa referente aos créditos concedidos a clientes e que estão sob risco de não recebimento.

Estimates, changes in. Estimativas, alterações em.
Veja *accounting changes* (mudanças contábeis).

Eurobond. Euro-obrigação.
Título de dívida emitido por uma empresa ou governo com as seguintes especificidades: a) é emitido em mercado diferente daquele em que circula sua moeda original; b) os bancos que o emitem procuram vendê-lo no mercado local e internacional.

Eurodollar. Eurodólar.
Moeda norte-americana mantida em bancos fora dos EUA, principalmente na Europa. É usada principalmente na liquidação de transações internacionais.

Examination. Exame, auditoria, perícia, verificação.

Except for. Exceto por.
Ressalva feita em um parecer de auditoria independente, geralmente causada por uma mudança, aprovada pelo auditor, de um princípio ou procedimento contábil aceitável para um outro.

Excess contribution. Contribuição excedente.
O mesmo que ágio na subscrição de ações. A última denominação é preferível.

Excess present value. Valor presente excedente.
Em análise de investimentos (*capital budgeting*), o valor presente *líquido* de um projeto, isto é, o valor presente das entradas de caixa menos o valor presente das saídas de caixa, inclusive o investimento inicial, do projeto. A taxa de desconto aplicada é o custo de capital (*cost of capital*).

Excess present value index. Índice do valor presente excedente.
Valor presente das entradas de caixa de um projeto dividido pela saída de caixa inicial. O resultado é chamado de índice de lucratividade.

Exchange gain. Ganho de câmbio ou na conversão de moedas.

Exchange loss. Perda de câmbio ou na conversão de moedas.

Exchange market. Mercado de câmbio, de divisas.

Exchange rate. Taxa de câmbio.
Preço da moeda de um país expresso em moeda de outro. Por exemplo, a libra esterlina inglesa pode ser cotada a US$ 1,60 em determinado instante. A taxa de câmbio poderia ser expressa, então, em "1,60 dólares norte-americanos por libra" ou em "0,625 (= 1 / 1,60) libras por dólar norte-americano".

Exchange risk. Risco cambial.
Risco decorrente da possibilidade de variações na taxa de câmbio.

Exchange. (a) Bolsa.
Referência genérica ao local em que se negociam ações e outros instrumentos financeiros.

Exchange. (b) Câmbio.
Intercâmbio de valores, mercadorias, moedas. Trocar, cambiar.

Exchange. (c) Troca.
Termo genérico que designa uma transação, uma transferência recíproca entre duas entidades.

Excise tax. Imposto sobre mercadorias.
Imposto sobre a fabricação, venda ou consumo de uma mercadoria. Similar ao ICMS no Brasil.

Ex-coupon. Ex-cupom.
Obrigações (*bonds*) sem direito ao recebimento de juros.

Ex-dividends. Ex-dividendos.
Situação em que o preço de mercado de uma ação já se encontra deduzido dos dividendos declarados, mas ainda não pagos. A sociedade por ações remeterá os dividendos à pessoa que possuía as ações na data de registro. Quem adquire uma ação ex-dividendos não recebe os dividendos, apesar de a companhia ainda não os haver pago.

Executory contract. Contrato executório.
Simples troca de promessas. Tipo de contrato que estabelece que uma parte pagará a outra quando esta realizar certa atividade ou prestar determinado serviço. Por exemplo, um contrato de trabalho. A Contabilidade não reconhece que os benefícios ou as obrigações associados a um contrato executório constituem ativos ou passivos.

Exemption. Isenção. Dispensa.
Termo aplicado às várias quantias que são subtraídas do lucro para fins de apuração do lucro tributável. Nem todas as subtrações, contudo, são denominadas "isenções". Veja *tax deduction* (deduções do imposto de renda).

Exercise. Exercício. Exercer. Fazer uso de um direito.
Ocorre quando o titular de uma opção ou de um *warrant* compra a ação que a opção ou o *warrant* lhe dá direito de comprar.

Exercise price, strike price. Preço de exercício, no caso de uma opção, por exemplo.
Veja *option* (opção).

Exit value. Valor de saída.
Valor que seria recebido se um ativo fosse vendido em uma transação isenta, do tipo *arm's-length*.

Expenditure. Gasto, desembolso, dispêndio.
Pagamento em dinheiro por bens ou serviços recebidos. O pagamento pode ocorrer quando o comprador recebe o bem ou o serviço, ou posteriormente. Em termos práticos, é sinônimo de *disbursement* (desembolso), exceto que este conceito é mais amplo, pois inclui todos os pagamentos por bens ou serviços. Contraste com *expense* (despesa).

Expense. Despesa.
1. Utilização ou consumo de bens e serviços no processo de gerar receita (*revenue*). Exemplos: despesas administrativas, despesas de vendas, despesas financeiras. 2. Despesa é o custo dos ativos líquidos que foram sacrificados na venda. Nesse sentido, diz-se que despesa é um ativo líquido consumido; um custo expirado. 3. Não se deve confundir despesa com gasto (*expenditure*) ou desembolso (*disbursement*), os quais podem ocorrer antes, durante ou após a empresa reconhecer a correspondente despesa. 4. Despesa difere de custo, pois este se refere a um item que ainda

Extraordinary item.

dispõe de potencial de serviços e que, consequentemente, constitui um ativo (*asset*). A despesa ocorre após a empresa ter utilizado o potencial de serviços do ativo.

Expense account. Conta de despesa.
Conta em que se acumulam despesas. Esse tipo de conta deve ser encerrada no final do período contábil. É também chamada de conta temporária do patrimônio líquido (*stockholders' equity*).

Expensing. Lançar à despesa.
O processo de lançar o valor de um ativo (*asset*) em despesa (*expense*). O item em questão deixa de ser ativo e vai pesar negativamente na apuração do resultado do período. O contrário desse procedimento é capitalizar, registrar no balanço.

Expired cost. Custo expirado.
Uma despesa (*expense*) ou uma perda (*loss*).

Exposure Draft (ED). Minuta para discussão. Texto provisório para comentários e inclusão na versão final.
Pronunciamento preliminar do Financial Accounting Standard Board (Fasb) (ou do APB, entre 1962 e 1973), que apresenta o conteúdo de um pronunciamento que o órgão está considerando promulgar.

Ex-rights. Ex-direitos. Sem direitos.
Condição de títulos cujo preço de mercado não mais inclui o direito de subscrição de novas ações, porque tais direitos já expiraram ou porque o vendedor das ações os está retendo. Opõe-se a *cum rights* (com direitos).

Extended credit. Crédito ampliado. Crédito concedido.

Extension. Prorrogação, extensão, concessão.

Extension of credit. Concessão de crédito.

External reporting. Elaboração e divulgação externa.
Documentos dirigidos aos acionistas e ao público, em contraste com divulgação interna para uso dos administradores da empresa. Veja *financial accounting* (contabilidade financeira) e compare com *managerial accounting* (contabilidade gerencial).

Extraordinary item. Item extraordinário.
Receita ou *despesa material,* não usual e não frequente. Na demonstração do resultado (*income statement*) aparece separadamente do lucro normal e do *lucro com operações descontinuadas,* juntamente com seu efeito sobre o imposto de renda. Por exemplo, uma perda decorrente de uma enchente classificada como um item extraordinário.

Face amount. Valor nominal ou valor de face.
Veja *face value* (valor de face).

Face value. Valor de face.
A quantia que é devida no vencimento de uma obrigação (*bond*) ou de uma nota promissória, sem incluir outro pagamento que, contratualmente, tenha que ser feito nessa data.

Facilities. Instalações, dependências, infraestrutura.

Factoring. Factoring.
Compra de títulos a receber de empresas para posterior cobrança dos devedores.

Factory. Fábrica.
Sinônimo de empresa de manufatura; indústria.

Factory costs. Custos da fábrica.
O mesmo que *manufacturing costs* (custos de fabricação).

Factory expense. Despesa da fábrica.
Custo indireto de fabricação. Notar que "despesa da fábrica" constitui uma denominação imprópria, pois o item representa um custo do produto.

Factory overhead. Custos indiretos da fábrica.
Custos indiretos de fabricação. Geralmente se refere a outros itens que não mão de obra direta e materiais diretos.

Fair. Justo, fidedigno, adequado, fiel.

Fair disclosure. Exposição fiel.
Padrão de auditoria que exige a exposição de itens relevantes para que as demonstrações financeiras (*financial statements*) tenham uma apresentação adequada. Esse padrão de auditoria, contudo, não exige a liberação de todas as informações que, se divulgadas, seriam interpretadas de forma negativa para a companhia. Por exemplo, a companhia pode

Favorable variance.

ser ré em uma ação judicial cuja evidenciação exigiria um débito em uma conta de perda e um crédito em um passivo estimado. Os tribunais, entretanto, poderiam ver esse lançamento como reconhecimento da obrigação, o que afetaria negativamente o resultado da ação judicial. A empresa, então, deveria debitar uma conta de despesa ou de perda, sem necessariamente utilizar um título tão preciso que leve os tribunais a caracterizar o lançamento como reconhecimento da obrigação.

Fair market price. Preço de mercado justo.
Veja *fair value* (valor justo).

Fair market value. Valor de mercado justo.
Veja *fair value* (valor justo).

Fair presentation (fairness). Apresentação fiel, justa, adequada.
Um dos padrões qualitativos para elaboração e apresentação de demonstrações financeiras (*financial statements*). Quando o parecer dos auditores independentes registra que as demonstrações financeiras se "apresentam adequadamente", os auditores querem dizer que os procedimentos contábeis utilizados pela entidade obedecem aos *princípios contábeis geralmente aceitos* (PCGA) (Gaap).

Fair price. Preço justo.
O mesmo que *fair value*.

Fair value. Valor justo.
Preço (ou valor) negociado em uma transação isenta, do tipo *arm's-length*, entre um comprador e um vendedor que agem racionalmente, defendendo seus próprios interesses, num mercado irrestrito, nenhum sendo forçado a transacionar e ambos tendo razoável conhecimento de fatos relevantes.

Fairness. Adequação.
Qualidade de uma apresentação justa. Termo aplicado para se referir à qualidade das demonstrações financeiras (*financial statements*).

Fasb. *Sigla de* **Financial Accounting Standards Board.**
Organismo norte-americano não governamental, independente de empresas e de organizações profissionais, que em 1973 sucedeu o Accounting Principles Board, (APB). Tem autoridade para promulgar os chamados princípios contábeis geralmente aceitos (*Generally accepted accounting principles*, Gaap) e práticas contábeis. Seus pronunciamentos tem o reconhecimento oficial do American Institute of Certfied Public Accountants (AICPA) e da Securities and Exchange Commission (SEC). São emitidos na forma de *Statements of Financial Accounting Concepts* (Sfac); *Statements of Financial Accounting Standards* (Sfas) e *Fasb Interpretations*. Aliás, a SEC detém autoridade formal para estabelecer padrões de contabilidade financeira e de divulgação a serem observados pelas companhias abertas. Ao longo de sua história, contudo, a política da Comissão tem sido a de confiar ao setor privado esta função, na medida em que este demonstre capacidade para cumprir a responsabilidade no interesse público.

Fasb Interpretations.
Pronunciamentos oficiais emitidos pelo Financial Accounting Standards Board (Fasb) que interpretam o significado dos *Accounting Research Bulletins*, dos *APB Opinions* e dos *Statements of Financial Accounting Standards*.

Fasb Technical Bulletin.
Boletins técnicos emitidos pelo Financial Accounting Standards Board (Fasb). Veja *Technical Bulletin* e Fasb.

Favorable variance. Variação favorável.
Na Contabilidade de Custos, excedente das receitas efetivadas em comparação com as receitas esperadas. Ou, ainda, excedente do custo-padrão sobre o custo que realmente ocorreu.

Federal income tax.

Federal income tax. Imposto de renda federal.
Imposto de renda lançado pelo governo norte-americano sobre indivíduos e empresas.

Fiduciary. Fiduciário. Depositário.
Pessoa responsável pela custódia ou administração de recursos de terceiros. Por exemplo, o executor de um testamento.

Fifo. *Sigla de* **first-in, first-out.**
Em português, traduz-se por Peps, quer dizer, "primeiro a entrar, primeiro a sair". Trata-se de suposição do fluxo de estoque, segundo a qual o custo do estoque final, isto é, remanescente, é calculado com base nas compras mais recentes e o custo das mercadorias vendidas, com base nas compras mais antigas (inclusive o estoque inicial). O Peps descreve o fluxo de custos do ponto de vista da demonstração do resultado (*income statement*). Contrapõe-se ao Lifo (*last-in, first-out*), traduzido por Ueps (*"último a entrar, primeiro a sair"*).

Finance director. Diretor financeiro.
Também costuma ser referido como Chief Financial Officer (CFO). Designa o principal executivo financeiro da empresa.

Finance manager. Gerente financeiro.

Financial accounting. Contabilidade Financeira.
Ramo da Contabilidade, também chamada de Contabilidade Geral, necessário a todas as empresas e obrigatória para fins fiscais. Ocupa-se da classificação, mensuração e registro das transações das empresas. Ao final de um período, geralmente um ano, mas às vezes menos, prepara as demonstrações financeiras (*financial statements*), tais como o balanço patrimonial (*balance sheet*), a demonstração do resultado (*income statement*) e a demonstração dos fluxos de caixa (*statement of cash flows*) para dar conhecimento público do desempenho e da situação financeira do negócio. Seu foco é fornecer um retrato fiel e justo das atividades da empresa aos usuários externos. Para tanto, dedica grande atenção aos conceitos e padrões fundamentais da Contabilidade e conforma-se às exigências legais. De acordo com a área ou a atividade em que é aplicada, incorpora especificidades e recebe denominações particulares, por exemplo: Contabilidade Bancária, Contabilidade Pública, Contabilidade Agrícola, Contabilidade da Pecuária, Contabilidade Comercial, Contabilidade Industrial etc. Para mais definições, compare com *Management Accounting* (Contabilidade Gerencial) e *Cost Accounting* (Contabilidade de Custos).

Financial accounting objectives. Objetivos da Contabilidade Financeira.
Objetivos amplos, que supostamente orientam o desenvolvimento de padrões contábeis.

Financial Accounting Standards Board (Fasb).
Organismo norte-americano não governamental, independente de empresas e de organizações profissionais, que em 1973 sucedeu o Accounting Principles Board (APB). Tem autoridade para promulgar os chamados princípios contábeis geralmente aceitos (*Generally accepted accounting principles, Gaap*) e práticas contábeis. Seus pronunciamentos tem o reconhecimento oficial do American Institute of Certfied Public Accountants (AICPA) e da Securities and Exchange Commission (SEC). São emitidos na forma de *Statements of Financial Accounting Concepts* (Sfac); *Statements of Financial Accounting Standards* (Sfas) e *Fasb Interpretations*. Aliás, a SEC detém autoridade formal para estabelecer padrões de Contabilidade Financeira e de divulgação a serem observados pelas companhias abertas. Ao longo de sua história, contudo, a política da Comissão tem sido a de confiar ao setor privado esta função, na medida em que este demonstre capacidade para cumprir a responsabilidade no interesse público.

Financial policy.

Financial analyst. Analista financeiro.

Financial charges. Encargos financeiros.

Financial condition. Condição financeira.
Veja *financial position* (posição financeira).

Financial Executives Institute (FEI).
Organização norte-americana composta por executivos financeiros de grandes empresas. Em anos recentes, o FEI tem sido um crítico do Financial Accounting Standards Board (Fasb), porque considera que suas exigências criam ônus para as empresas, sem nenhuma consideração quanto à eficácia do respectivo custo.

Financial expense. Despesa financeira; despesa de juros.
Despesa decorrente da utilização de recursos de terceiros, geralmente juros e encargos sobre empréstimos e financiamentos contraídos.

Financial flexibility. Flexibilidade financeira.
Capacidade da empresa em executar ações efetivas para alterar as quantias e a época de ocorrência dos fluxos de caixa, de forma que responda a necessidades e oportunidades inesperadas.

Financial forecast. Previsões financeiras.
Veja *financial projection* (projeções financeiras) para definição e contraste.

Financial funding. Captação de recursos financeiros.

Financial futures. Mercado financeiro de futuros.

Financial income. Receita financeira. Receita de juros.
Receita obtida com a aplicação de fundos.

Financial instrument. Instrumento financeiro.
Títulos, papéis, valores.

Financial leverage. Alavancagem financeira.
1. A expressão alavancagem financeira é geralmente utilizada para refletir a maior ou menor proporção de dívida na estrutura de capital da empresa, neste caso medida pela razão "capital de terceiros/capital próprio" ou, pela razão "ativo total/capital próprio". Quanto maior o peso relativo das dívidas, mais alavancada é a empresa e, em consequência, mais arriscada. 2. Também é usual identificar o fenômeno da alavancagem financeira na demonstração do resultado (*income statement*) da empresa. Exemplo: suponha um lucro antes dos juros e do imposto de renda, Lajir = $ 10.000; juros, J = $ 2.000 e imposto de renda, IR = $ 3.200. Portanto, lucro líquido, LL = $ 4.800. Se o Lajir aumentar em 40%, de $ 10.000 para $ 14.000, a presença de custos financeiros fixos proporcionará um aumento de 50% no lucro líquido, ou seja: LL = $ 14.000 − $ 2.000 − $ 4.800 = $ 7.200. Na hipótese de queda do Lajir, pelos mesmos 40%, o lucro líquido cairia 50%, ou seja, para $ 2.400. Esse impulso extra para mais e para menos no lucro líquido, da ordem de 1,25 vezes, quando de variações no Lajir, decorre da presença de juros e caracteriza a alavancagem financeira. Veja também *operating leverage* (alavancagem operacional).

Financial market. Mercado financeiro.
Mercado no qual ocorre a negociação de capital e crédito na economia. Conforme o tipo de instrumentos e prazos, distinguem-se os segmentos de curto prazo ou mercado monetário (*money market*) e os de longo prazo ou mercado de capitais (*capital market*).

Financial policy. Política financeira.

Financial position or condition. Posição ou condição financeira.

Situação das contas de ativo, passivo e patrimônio líquido de uma empresa, em uma determinada data, tal como apresentadas no balanço patrimonial (*balance sheet*).

Financial projection. Projeções financeiras.

Estimativas da posição financeira, do resultado das operações e variações nos fluxos de caixa, correspondentes a um ou mais períodos no futuro, com base em um conjunto de pressuposições. Se estas não representarem o cenário mais provável, denominam-se "projeções". Se representarem os resultados mais prováveis, são chamadas de "previsões". Aqui, a expressão "mais provável" significa que os administradores avaliaram as pressuposições e julgam que elas representam o conjunto mais provável de condições e os resultados esperados.

Financial report. Relatório financeiro.

Financial reporting process. Elaboração e apresentação de relatórios externos.

Elaboração e apresentação de relatórios para conhecimento dos acionistas e público em geral, em oposição à elaboração e apresentação de relatórios para os administradores da empresa. Veja *Financial Accounting* (Contabilidade Financeira) e compare com *Managerial Accounting* (Contabilidade Gerencial).

Financial Reporting Release.

Série publicada pela Securities and Exchange Commission (SEC) desde 1982. Substituiu a *Accounting Series Release*. Veja SEC.

Financial statement ratios. Índices financeiros.

1. Indicadores resultantes da comparação entre uma cifra da demonstração financeira e outra da mesma ou de outra demonstração. Além de indicadores, são também chamados de quocientes ou razões. Sua finalidade, geralmente, é detectar aspectos relevantes do desempenho e da estrutura da empresa. 2. Os analistas costumam utilizar um conjunto de índices financeiros calculados a partir de itens da demonstração do resultado (*income statement*), de itens do balanço patrimonial (*balance sheet*) ou de ambos. A abordagem pode ser no sentido de observar a evolução dos indicadores ao longo de certo número de períodos ou a composição percentual dos itens em uma data. 3. Os índices mais usuais classificam-se em quatro categorias: a) índices de liquidez; b) índices de estrutura de capitais; c) índices de prazos médios; e d) índices de rentabilidade. Exemplos: índice de liquidez corrente; índice de liquidez seco; grau de endividamento geral; perfil do endividamento; prazo médio de recebimento; prazo médio de estocagem; rentabilidade das vendas; margem líquida; giro do ativo; rentabilidade do patrimônio líquido; rentabilidade do capital empregado. Para fórmula de cálculo e significado, consulte os verbetes referentes a cada índice.

Financial statements. Demonstrações financeiras ou demonstrações contábeis.

1. Relatórios contábeis elaborados periodicamente (em geral, uma vez por ano), para fins de informação aos interessados. Sob a forma de tabelas, apresentam dados resumidos e ordenados sobre a posição financeira e patrimonial, o desempenho e as mudanças na posição financeira da empresa. 2. No caso das companhias abertas, no Brasil, as demonstrações contábeis obrigatórias compreendem o balanço patrimonial (*balance sheet*), a demonstração do resultado do exercício (*income statement*), a demonstração das mutações do patrimônio líquido, a demonstração dos fluxos de caixa (*statement of cash flows*) e a demonstração do valor adicionado.

Financial statements translation. Conversão de demonstrações financeiras.

Apresentação de demonstrações financeiras (*financial statements*) em uma dada moeda,

Fiscal year.

diferente daquela em que os itens são denominados ou medidos correntemente.

Financial structure. Estrutura financeira.

Composição dos valores da coluna da direita do balanço patrimonial (*balance sheet*) de uma empresa, compreendendo as dívidas de curto e longo prazo e o patrimônio líquido. Em sentido estrito, difere da estrutura de capital (*capital structure*), pois esta concerne às dívidas de longo prazo e patrimônio líquido. A estrutura financeira é a referência para análise da alavancagem (*financial leverage*), enquanto a estrutura de capital é a base para o cálculo do custo de capital (*cost of capital*).

Financial vice president. Vice-presidente de finanças.

Profissional encarregado de toda a função contábil e financeira; em geral uma das mais influentes da empresa.

Financial year. Ano ou exercício financeiro.

Expressão usual na Grã-Bretanha (e em outros países) para designar o período em que são preparadas as contas e divulgado o relatório anual (*annual report*) das companhias. As datas mais usuais para o encerramento do ano financeiro são 31 de dezembro e 31 de março, o qual coincide com o ano fiscal.

Financing. Financiar.

Suprir fundos à empresa, por meio da retenção de lucros e emissões de títulos como ações, obrigações, notas promissórias e hipotecas.

Financing activities. Atividades de financiamento.

Obtenção de recursos dos proprietários e geração de retorno a eles; de credores e repagamento dos valores levantados. É uma das três seções em que se divide a demonstração dos fluxos de caixa (*statement of cash flows*).

Financing lease. Leasing financeiro.

Modalidade de arrendamento.

Financing transaction. Transação de financiamento.

Transação em que a empresa obtém fundos para financiar suas atividades.

Finished goods (inventory account). Produtos acabados (conta de estoque).

Produtos fabricados e prontos para venda. É uma conta do ativo circulante (*current asset*).

Firm. Empresa, firma, sociedade.

Informalmente, atribui-se essa denominação a qualquer entidade que realiza negócios. Estritamente falando, porém, uma firma é uma sociedade por quotas.

First-in, first-out. Sigla *de* primeiro a entrar, primeiro a sair, Peps.

Método de contabilização de estoques que adota a hipótese de que estes serão vendidos na ordem cronológica em que ingressam na empresa. Contrasta com o método do Lifo, last-in, first-out, último a entrar, primeiro a sair (Ueps). Na presença de flutuação de preços, os dois métodos apresentarão diferenças importantes no valor do estoque final, no custo das mercadorias vendidas e, consequentemente, no lucro bruto. Veja Fifo.

Fiscal period. Período social ou exercício social.

O período a que se referem as demonstrações financeiras (*financial statements*).

Fiscal year. Ano fiscal.

1. Período de 12 meses consecutivos escolhido pela empresa como período contábil para fim de apresentação do relatório anual (*annual report*), não necessariamente coincidente com o ano calendário. 2. A expressão é usual nos EUA para designar o período para o qual as companhias preparam suas demonstrações financeiras (*financial statements*).

85

Fixed.

3. Termo equivalente a *financial year* na Grã-Bretanha. 4. No Brasil, a maioria das empresas adota 31 de dezembro como término do ano fiscal, pois corresponde ao final do ano para efeito do imposto de renda.

Fixed. Fixo.
Diz-se do item que não varia com o volume de atividade da empresa, pelo menos no curto prazo. Por exemplo, o aluguel da fábrica em certo mês é um valor determinado que independe dos aumentos ou diminuições do volume de produtos elaborados naquele mês. Por isso, é considerado um custo fixo (*fixed cost*). O termo fixo também se aplica a certos ativos, como máquinas e equipamentos, móveis e utensílios, veículos e edificações, em vista de sua longa permanência a serviço da empresa.

Fixed asset. Ativo fixo, ativo imobilizado.
1. Bem físico destinado ao uso (não à venda) em caráter permanente. 2. No balanço patrimonial (*balance sheet*), é um subgrupo do ativo não circulante (*noncurrent asset*) e compreende itens como terrenos, edifícios, instalações, máquinas, móveis, veículos, benfeitorias em propriedades alugadas, gado reprodutor, plantações, jazidas etc. Quase todos esses elementos estão sujeitos a desgastes ou perda de utilidade, requerendo a apuração periódica da depreciação (*depreciation*) e da exaustão (*depletion*). 3. A definição contábil qualifica o imobilizado como um ativo tangível (*tangible*), de permanência duradoura (mais de um ano), destinado ao uso e à manutenção da atividade da empresa, sob o seu "controle". Atenção: a propriedade jurídica do bem não é condição necessária para tipificá-lo como ativo.

Fixed assets turnover ratio. Índice de rotação (ou giro) do ativo fixo.
Índice financeiro obtido pela divisão da receita de vendas do período pelo ativo imobilizado médio do mesmo período. Informa a eficiência da empresa no uso de ativos fixos para gerar vendas. Quanto maior o índice, maior a eficiência. Veja *financial statement ratios* (índices financeiros).

Fixed budget. Orçamento fixo.
Plano financeiro em que os gastos e recebimentos são apresentados em valores fixos, isto é, não variam com o nível de atividades da empresa. Às vezes é denominado "orçamento estático". Opõe-se ao (*flexible budget*) orçamento flexível.

Fixed charges coverage ratio. Índice de cobertura de encargos fixos.
Lucro antes da despesa de juros e do imposto de renda, dividido pela despesa de juros.

Fixed cost. Custo fixo.
Tipo de custo cujo valor independe das oscilações da produção, do volume de atividades, por unidade de tempo. O seguro da fábrica é um custo fixo, ao passo que materiais diretos são custos variáveis (*variable costs*), pois, quanto maior a quantidade fabricada, maior seu consumo. Veja também *fixed expense* (despesa fixa).

Fixed cost variance. Variação de custo fixo.
A diferença entre os custos fixos reais (os que aconteceram) e os custos fixos orçados (os que deveriam acontecer).

Fixed expense. Despesa fixa.
Tipo de despesa que não varia com o volume de atividades da empresa. Por exemplo, as despesas de administração são quase todas fixas; já as despesas de vendas podem ter parcelas fixas (propaganda, salários da administração) e parcelas variáveis (comissão de vendedores, despesas com entregas). Veja também *fixed cost* (custo fixo).

Fixed-income security. Título de renda fixa.

Fixed liability. Passivo fixo.
Passivo de longo prazo.

Fixed manufacturing overhead applied. Custos indiretos de fabricação fixos.
Custos indiretos de fabricação que se caracterizam como custos fixos.

Fixed overhead variance. Variação dos custos indiretos de fabricação fixos.
Diferença entre o custo de fabricação fixo que realmente ocorreu e o custo de fabricação fixo aplicado em um sistema de custo-padrão (*standard cost*).

Fixture and equipment. Instalações e equipamentos.
Itens geralmente classificados no grupo do ativo imobilizado (*fixed asset*), no balanço patrimonial (*balance sheet*).

Fixtures. Utensílios, instalação, acessório fixo.
Itens geralmente classificados no ativo imobilizado (*fixed asset*), no balanço patrimonial (*balance sheet*). Também se refere a benfeitorias feitas em imóveis e que se incorporam a estes, como é o caso de instalações elétricas, hidráulicas, ar condicionado.

Flexible budget. Orçamento flexível.
Orçamento no qual as receitas e despesas são projetadas com base em vários níveis de atividades da empresa. Contrapõe-se ao *fixed budget* (orçamento fixo).

Flexible budget allowance. Provisão do orçamento flexível.
Custos indiretos de *fabricação* nos quais a empresa deveria ter incorrido, considerando o nível de atividade com que trabalhou.

Float. Flutuação.
1. Prazo entre o depósito de um cheque em um banco e seu pagamento. Prazo de compensação. Quanto mais longo esse prazo, melhor para o emissor. 2. Número de ações de uma empresa em circulação disponíveis para negociação.

Floatation. Flutuação.
Lançamento ou emissão de valores mobiliários no mercado.

Floatation cost. Custo de lançamento (de títulos, por exemplo).

Flow. Fluxo.
Alteração no valor de um item ao longo do tempo. Opõe-se à noção de estoque (*stock*). Por exemplo: as contas de balanço apresentam saldos em certa data, logo informam qual é o *stock* existente. Já as contas de resultado referem-se ao período, ou seja ao fluxo (*flow*) de receitas e despesas acumuladas no tempo.

Flow assumption. Pressuposto de fluxo.
Pressuposto utilizado quando a empresa faz retiradas do estoque. Ela deve computar o custo da retirada com base nesse pressuposto, a menos que use o método de identificação específica dos itens. Os casos mais comuns são Fifo, Lifo e média ponderada móvel.

Flow of costs. Fluxo dos custos.
Custos que passam por vários estágios dentro do ciclo produtivo de uma empresa industrial. Materiais, mão de obra direta e *overhead* transformam-se em produtos em andamento, estes evoluem para produtos acabados e para custo dos produtos vendidos.

Flow statement. Demonstração de fundos.
Veja *statement of cash flows* (demonstração dos fluxos de caixa).

FOB. *Sigla de* **Free on board.**
1. Condição de negócio pela qual o preço de fatura inclui a entrega, por conta do vendedor, no local indicado (seja no ponto de embarque ou no destino), onde

Folio.

geralmente a titularidade das mercadorias passa ao comprador. 2. Mercadorias enviadas ao comprador, livres das despesas de transporte e embarque.

Folio. Fólio. Número de referência. Indicação numérica de página.

Forma de indicar nos livros contábeis a fonte dos lançamentos.

Foot or footing. Somada coluna de números.

Totalização dos débitos (lado esquerdo da conta T), dos créditos (lado direito da conta T) e apresentação do saldo, por diferença, no lado cuja soma for maior. Ou, ainda, para referir-se ao ato de somar uma coluna de números.

Footnotes. Notas de rodapé. Notas explicativas.

Nome da seção que contém informações mais detalhadas do que as fornecidas no corpo das demonstrações financeiras (sejam resultado, balanço, lucros acumulados, fluxos de caixa). São parte integrante das demonstrações e devem ser auditadas. Melhor chamá-las de "notas explicativas" (*notes*), uma vez que não são notas de rodapé no sentido usual do termo.

Forecast. Previsão.

Projeção ou estimativas do comportamento futuro das vendas, receitas, despesas e lucros. Veja *financial projection* (projeções financeiras), para definição e contraste.

Foreclose. Executar uma hipoteca.

Situação em que o proprietário de um imóvel que não esteja em dia com os pagamentos de uma hipoteca perde o direito de propriedade.

Foreclosure. Reintegração de posse. Execução de hipoteca.

Ocorre quando um credor retoma a propriedade hipotecada, após inadimplência do tomador do correspondente empréstimo. Suponha que o vendedor venda a propriedade, mas que o valor recebido não seja suficiente para cobrir o saldo devedor do empréstimo. Na maioria das hipotecas, o tomador do empréstimo continua devendo o saldo restante ao credor, que agora tem um crédito não garantido contra o tomador.

Foreign capital. Capital estrangeiro.

Foreign corporation. Companhia estrangeira.

Foreign currency. Moeda estrangeira; divisa.

Na preparação das demonstrações financeiras (*financial statements*), moeda estrangeira é qualquer outra moeda diferente da utilizada originalmente.

Foreign currency translation. Conversão de moeda estrangeira.

Processo pelo qual valores denominados em uma moeda são convertidos em uma segunda moeda, mediante a aplicação da taxa de câmbio (*foreign exchange rate*). Relatar na moeda utilizada na preparação das demonstrações financeiras (*financial statements*) quaisquer valores denominados ou medidos em outra moeda.

Foreign exchange gain or loss. Ganho ou perda cambial.

Ganho ou perda resultante da flutuação da taxa de câmbio em determinado período sobre dívidas ou direitos em moeda estrangeira.

Foreign exchange rate. Taxa de câmbio.

Foreign investment. Investimento estrangeiro.

Foreign loan. Empréstimo estrangeiro.

Foreign market. Mercado externo.

Foreign trade. Comércio exterior.

Free cash flow (FCF).

Forfeited share. Ação perdida.
Ação a que o titular de uma opção de compra (*call option*) não mais tem direito, porque não exerceu a opção.

Form 10-K. Formulário 10-K.
Relatório anual exigido pela Securities and Exchange Commission (SEC) das companhias abertas e das de grande porte, contendo uma série de informações que se tornam públicas após sua entrega.

Form 10-Q. Formulário 10-Q.
Relatório trimestral exigido pela Securities and Exchange Commission (SEC) de companhias abertas. É menos abrangente que o Formulário 10-K (*Form 10-K*) e não exige auditoria.

Form 20-F. Formulário 20-F.
Documento anual exigido pela Securities and Exchange Commission (SEC) das empresas estrangeiras com títulos emitidos ou transacionados nos Estados Unidos.

Form of balance sheet. Formato do balanço patrimonial.
Forma de apresentação do balanço patrimonial, que pode ser: 1. Tradicional, no formato de conta (*account form*), em duas colunas, na qual o ativo (*asset*) figura do lado esquerdo, enquanto o passivo (*liabilities*) e o patrimônio líquido (*owner's equity*) figuram do lado direito. 2. Em forma de relatório, com o ativo apresentado acima, seguido pelo exigível e pelo patrimônio líquido, abaixo. Ambos os modelos são amplamente utilizados.

Forward contract. Contrato a termo. Contrato para entrega futura.
Contrato para comprar ou vender uma mercadoria ou instrumento financeiro por um determinado preço – o preço a termo – em uma data também determinada. Comparar com *futures contract* (contrato futuro). Os contratos a termo geralmente não são negociados em bolsa (contrariamente aos contratos futuros). Desse modo, as partes sacrificam liquidez, mas ganham flexibilidade no estabelecimento de quantidade, qualidade e data de liquidação.

Forward-exchange contract. Contrato de câmbio a termo.
Contrato para trocar moedas de diferentes países em uma data futura, a uma taxa de câmbio determinada, chamada "taxa a termo" (*forward rate*).

Forward market. Mercado a termo (a prazo).

Forward price. Preço a termo.
O preço de uma mercadoria a ser entregue em uma data futura. Contrasta com preço a vista (*spot price*), que é o preço da mercadoria no dia em que a operação se realiza.

Founders' shares. Partes beneficiárias.
Direitos de fundadores da empresa.

Franchise. Franquia.
Direito concedido ou vendido, como no caso de utilizar uma determinada marca ou para vender produtos ou serviços. Licença, concessão, direito de exploração concedido por uma organização a outra.

Franchisee. Franqueado.

Franchiser. Franqueador.

Fraudulent financial statements. Demonstrações financeiras fraudulentas.
Demonstrações financeiras que contêm informações materialmente enganadoras em decorrência de conduta intencional ou negligente.

Free cash flow (FCF). Fluxo de caixa livre.
Expressão muito utilizada para se referir a um tipo especial de fluxo de caixa. O FCF quantifica o total de fundos gerados, após imposto, que a empresa tem à sua disposição para remunerar credores e acionistas. Calcula-se mediante a seguinte

Free on bord (FOB).

fórmula: $FCF = Ebit (1 - \% IR) - Investimento\ Líquido\ Operacional$. Note que Ebit – *earnings before interest and tax* – é o lucro antes dos juros e do IR. Esta cifra, quando multiplicada pelo fator $(1 - \% IR)$, resulta no lucro operacional após IR. Por fim, a dedução do *investimento líquido operacional* é para contemplar tanto a variação do capital de giro operacional quanto a variação no investimento em ativo imobilizado líquido.

Free on bord (FOB). Livre a bordo. Embarcado.

Condição de negócio pela qual o preço de fatura inclui a entrega, por conta do vendedor, no local indicado (seja no ponto de embarque ou no destino), onde geralmente a titularidade das mercadorias passa ao comprador, livre de custos.

Freight-in. Frete na aquisição (no recebimento).

Custo do frete ou da expedição incorrido na aquisição de estoques. Deve ser tratado, de preferência, como parte do custo do estoque. Geralmente é mostrado temporariamente em uma conta adjunta, que o comprador encerra no final do período, juntamente com outras contas associadas à compra de mercadorias. Contraste com *freight-out* (frete na venda).

Freight-out. Frete na venda (no despacho).

Custo do frete ou da expedição incorrido na venda de estoques. Constitui uma despesa de venda do vendedor, incorrida no período em que a venda é realizada. Compare com *freight-in* (frete na aquisição).

Fringe benefits. Benefícios adicionais.

Remuneração indireta, além dos salários regulares, concedida a empregados como vantagem extra ou pelo reconhecimento de seus serviços à empresa.

Front office. Atividades da linha de frente da empresa.

Opõe-se a *back office* (atividades de retaguarda, de apoio).

Full absorption costing. Custeio por absorção.

Método de custeio segundo o qual todos os custos de fabricação (material direto, mão de obra direta e custos indiretos de fabricação fixos e custos indiretos de fabricação variáveis) são rateados entre as unidades produzidas. Opõe-se a *variable costing* (custeio variável).

Full costing *ou* full costs. Custo pleno.

O custo total para produzir e vender uma unidade. É geralmente utilizado no cálculo da lucratividade de longo prazo e em decisões sobre formação de preços. O custo total unitário corresponde ao custo por absorção unitário mais as despesas unitárias de marketing, administrativas, financeiras e outras despesas corporativas. A soma do custo pleno de todas as unidades equivale ao custo total da empresa.

Full disclosure. Evidenciação plena.

Política de elaboração e divulgação das demonstrações financeiras (*financial statements*) que requer que toda informação significativa ou material seja reportada nas referidas demonstrações.

Fully paid capital stock. Capital totalmente integralizado.

Functional classification. Classificação funcional.

Forma de apresentação da demonstração do resultado (*income statement*), na qual as despesas são classificadas por função, isto é, custo das mercadorias vendidas, despesas administrativas, despesas de vendas e despesas financeiras. Comparar com *natural classification* (classificação natural).

Functional currency. Moeda funcional.
Moeda na qual uma entidade realiza sua principal atividade econômica.

Fund. Fundo.
Reserva, parcela de capital, provimento de fundos para fins específicos.

Funded by. Financiado por.

Funding. Provimento de fundos.
Obtenção de recursos. Uma forma de melhorar o *funding* de uma empresa é trocar passivos de curto prazo por dívidas de longo prazo.

Funds. Fundos.
Geralmente significa capital de giro (*working capital*), isto é, ativo circulante menos passivo circulante (*current assets less current liabilities*). Às vezes o termo é também utilizado no sentido de caixa ou caixa mais equivalentes de caixa.

Funds provided by operations. Fundos gerados pelas operações.
O mesmo que caixa gerado pelas operações. Veja *cash flow* (fluxo de caixa).

Funds statement. Demonstração de fundos.
Nome informal da demonstração dos fluxos de caixa (*statement of cash flows*). Consulte este verbete.

Furniture and fixtures. Móveis e utensílios.
Itens geralmente classificados no grupo do ativo imobilizado (*fixed asset*), no balanço patrimonial (*balance sheet*). São bens utilizados na empresa, como, por exemplo, mesas, cadeiras, armários; e os utensílios de um restaurante: garfos, facas, pratos, colheres, entre outros.

Future price. Preço futuro.

Futures contract. Contrato futuro.
Contrato para comprar ou vender uma mercadoria ou instrumento financeiro, por um preço determinado, em uma data futura ou durante um período futuro, também determinados. Comparar com contrato a termo (*forward contract*). Quando negociado em bolsa, esta estabelece o tamanho e o vencimento do contrato. A bolsa exige que o titular de um contrato liquide diariamente o resultado das flutuações no valor do contrato – o processo de "ajuste diário". A parte que perdeu paga à parte que ganhou.

Gaap. *Sigla de* **Generally Accepted Accounting Principles.** Princípios Contábeis Geralmente Aceitos (PCGA).

Nos EUA são referidos como US *Gaap*. No Reino Unido e em muitos outros países, significa "práticas contábeis geralmente aceitas". De maneira formal, os *Gaap* são um conjunto de postulados, princípios e convenções que visam um tratamento contábil uniforme. Com isso, orientam a prática contábil, assim como servem de guia para os trabalhos de auditoria. Exemplo de postulados: entidade contábil e continuidade. Exemplo de princípios: custo histórico; denominador comum monetário; realização da receita e confrontação da despesa. Exemplo de convenções: materialidade; conservadorismo; consistência e objetividade. No Brasil, destacam-se dois documentos a esse respeito, datados de 1986 e de 1993. Ambos descreviam o que então se denominavam Princípios Fundamentais de Contabilidade. Com a decisão pela convergência da Contabilidade brasileira às normas internacionais (Lei nº 11.638/2007 e outras), adotou-se o documento emitido pelo Iasb, denominado Pronunciamento Conceitual Básico – Estrutura Conceitual para a Elaboração e Apresentação das Demonstrações Contábeis.

Gaas. *Sigla de* **Generally Accepted Auditing Standards.** Padrões de Auditoria Geralmente Aceitos.

Normas que tem reconhecimento oficial. Veja o verbete por extenso.

Gain. Ganho.

Em Contabilidade Financeira, é o aumento no patrimônio líquido causado por uma transação não relacionada às operações rotineiras da empresa, nem constitui investimento ou retirada dos proprietários. Em Contabilidade, o conceito de ganho e perda é diferente do conceito de alguns termos assemelhados. Primeiramente, ganhos e perdas geralmente se referem a transações não operacionais, incidentais, periféricas.

General journal.

Há, por exemplo, ganho na venda de terrenos e margem bruta na venda de estoques. Em segundo lugar, ganhos e perdas são conceitos líquidos, e não brutos: ganhos ou perdas resultam da subtração de alguma medida de custo, da medida de entrada. Receitas (*revenues*) e despesas (*expenses*), por outro lado, representam conceitos brutos; a diferença entre elas é que é um conceito líquido. Para comparação, considere: ganho é não rotineiro e líquido; lucro ou margem é rotineiro e líquido; receita de operações usuais é rotineira e bruta; receita de operações descontinuadas é não rotineira e bruta. Perda é líquida, mas pode ser rotineira ("perda na venda de estoques") ou não rotineira ("perda na venda de um segmento do negócio").

Gain contingency. Ganho contingencial.

Situação ou desenrolar de acontecimentos que poderão resultar num ganho futuro à empresa, tal como no caso de uma decisão judicial favorável. Veja o verbete *gain* (ganho) para melhor compreensão.

GAS. *Sigla de* **Goods available for sale.**

Bens disponíveis para venda.

Gasb. *Sigla de* **Governmental Accounting Standards Board.**

GDP. *Sigla de* **Gross Domestic Product.** Produto interno bruto, PIB.

Soma dos bens e serviços produzidos na economia em dado período.

GDP Deflator. Deflator do PIB.

Média ponderada dos preços dos diferentes bens e serviços transacionados na economia em determinado período. É divulgado trimestralmente pelo Office of Business Economics do U.S. Department of Commerce. Compare com o *Consumer Price Index* (Índice de Preço ao Consumidor).

Gearing. Alavancagem financeira.

Termo utilizado no Reino Unido para se referir à alavancagem financeira (*financial leverage*). É geralmente utilizado para refletir a maior ou menor proporção de dívida na estrutura de capital (*capital structure*) da empresa. Pode ser medido pela razão "capital de terceiros/capital próprio" ou pela razão "ativo total/capital próprio". Quanto maior o peso relativo das dívidas, mais alavancada é a empresa.

Gearing adjustment. Ajuste por alavancagem.

Receita que representa parte de um ganho de estocagem. Por exemplo: considere uma empresa que tem parte de seus ativos financiada por dívida de longo prazo e que obteve ganhos de estocagem sobre seus ativos em certo período. Todo o aumento na riqueza associado aos ganhos de estocagem pertence aos proprietários. Algumas autoridades contábeis britânicas acreditam que a demonstração do resultado publicada (*income statement*) deveria mostrar parte do ganho de estocagem no lucro do período. A parte que seria incluída no lucro seria a fração do ganho igual à proporção que as dívidas representam do financiamento total; por exemplo, se as dívidas correspondem a 40% do ativo total e se o ganho de estocagem no período é igual a $ 100, a quantia a ser incluída no lucro seria $ 40. Esses $ 40 constituiriam o "ajuste por alavancagem".

General expenses. Despesas gerais.

Despesas operacionais que não aquelas especificamente identificadas com o custo das mercadorias vendidas. Exemplo: despesas de vendas, despesas administrativas e pesquisa e desenvolvimento.

General journal. Diário geral.

Livro contábil formal em que a empresa registra suas transações, ou resumos de transações semelhantes, à medida que elas ocorrem. O uso do adjetivo "geral" usualmente

General ledger.

implica que a empresa também utiliza vários diários específicos, tais como registro de cheques emitidos ou um diário de vendas.

General ledger. Razão geral.
Nome formal do livro-razão, que contém todas as contas das demonstrações financeiras (*financial statements*). O total de débitos nele lançados é igual ao total de créditos, conforme se evidencia no balancete de verificação. Algumas contas do razão geral podem representar contas de controle cujos detalhes são apresentados em razões subsidiários.

General overhead. Despesas gerais indiretas.

General partner. Sócio geral. Sócio solidário.
Membro de uma sociedade por quotas, pessoalmente responsável por todas as dívidas da sociedade. Opõe-se a sócio com responsabilidade limitada.

General price index (GPI). Índice geral de preços (IGP).
Uma medida dos preços agregados de uma ampla gama de bens e serviços da economia, em determinado instante, em comparação com os preços em um período-base. Veja outros indicadores, como *Consumer Price Index* (Índice de Preços ao Consumidor) e *GDP Deflator* (Deflator PIB). Opõe-se a *specific price index* (índice específico de preços).

General price-level accounting. Contabilidade com base no índice geral de preços.
Contabilidade elaborada em moeda constante. Isto é, a que leva em conta o impacto da inflação nas transações e contas.

General price-level changes. Alterações no nível geral de preços.
Alterações nos preços agregados de uma ampla gama de bens e serviços da economia, calculadas a partir de um índice geral de preços. Contrasta com *specific price changes* (alterações em preços específicos).

General purchasing-power. Poder de compra geral.
O poder de compra da moeda de um país em relação a uma ampla gama de bens e serviços da economia. O poder de compra geral da moeda relaciona-se inversamente com alterações no nível geral de preços. Veja *general price index* (índice geral de preços).

General purchasing-power accounting. Contabilidade pelo poder de compra geral.
Contabilidade em moeda constante, ou que leva em conta a flutuação de preços.

Generally Accepted Accounting Princípies (Gaap). Princípios Contábeis Geralmente Aceitos (PCGA).
Nos EUA são referidos como Gaap. No Reino Unido e em muitos outros países, significa "práticas contábeis geralmente aceitas". De maneira formal, os Gaap são um conjunto de postulados, princípios e convenções que visam um tratamento contábil uniforme. Com isso, orientam a prática contábil, assim como servem de guia para os trabalhos de auditoria. Exemplo de postulados: entidade contábil e continuidade. Exemplo de princípios: custo histórico; denominador comum monetário; realização da receita e confrontação da despesa. Exemplo de convenções: materialidade; conservadorismo; consistência e objetividade. No Brasil, destacam-se dois documentos a esse respeito, datados de 1986 e de 1993. Ambos descreviam o que então se denominavam Princípios Fundamentais de Contabilidade. Com a decisão pela convergência da Contabilidade brasileira às normas internacionais (Lei nº 11.638/2007 e outras), adotou-se o documento emitido pelo Iasb, denominado Pronunciamento Conceitual Básico – Estrutura Conceitual para a Elaboração e Apresentação das Demonstrações Contábeis.

Generally Accepted Auditing Standards (Gaas). Padrões de Auditoria Geralmente Aceitos.

São padrões de auditoria, em oposição a procedimentos específicos antes promulgados pelo AICPA (em Statements on Auditing Standards), que tratam das "qualidades profissionais do auditor" e do "julgamento por ele exercido na realização de suas análises e preparação de seu relatório". Um relatório típico explicita que o auditor conduziu suas análises de acordo com os princípios de auditoria geralmente aceitos e que a empresa preparou as demonstrações em consonância com os princípios contábeis geralmente aceitos. Veja *auditor's report* (relatório de auditor).

Geographic segment. Segmento geográfico.

Uma operação ou grupo de operações localizadas em uma área geográfica específica, que gera receitas, incorre em custos e tem ativos que são utilizados na geração de tais receitas ou a elas são associados.

Goal congruence. Congruência de objetivos.

Entendimento de que todos os membros de uma organização são incentivados a perseguir um interesse comum, tal como a "maximização da riqueza dos acionistas", em uma sociedade por ações.

Going concern. Empresa em funcionamento.

Importante pressuposto contábil de que as entidades operam de forma normal e por tempo indefinido.

Going concern assumption. Premissa da continuidade das operações.

Para fins contábeis, trata-se da suposição de que um negócio permanecerá em operação por um período longo o suficiente para que todos os planos correntes sejam executados. Essa suposição justifica parcialmente a contabilização com base no custo de aquisição, em vez de usar o custo de liquidação ou algum valor de saída.

Going private. Fechar o capital.
Contraste com *going public* (abrir o capital).

Going public. Abrir o capital.

Fazer oferta pública de ações. Ocorre quando uma companhia coloca suas ações para serem negociadas no mercado, em vez de continuarem na propriedade de poucos acionistas. Em suma, trata-se de emissão de ações para venda ao público investidor. Contraste com *going private* (fechar o capital).

Goods. Bens.

Itens como mercadorias, suprimentos, matérias-primas ou produtos acabados. Às vezes o termo é usado em sentido genérico, como na expressão "bens e serviços".

Goods available for sales (GAS). Bens disponíveis para venda.

A soma do estoque inicial com as compras de mercadorias ou produtos acabados feitas durante o período contábil.

Goods in transit. Bens, produtos ou mercadorias em trânsito.

Goods-in-process. Produtos em processo.

Produtos em alguma fase intermediária de acabamento. Também são referidos como produtos em elaboração ou em fabricação.

Goodwill. Ágio na aquisição de empresas.

O excedente do custo de uma empresa adquirida em relação ao valor justo de mercado de seus ativos líquidos, considerados separadamente. Antes de a adquirente reconhecer o ágio na aquisição, ela deve estimar o valor justo de mercado de cada ativo, inclusive daqueles que não estavam contabilizados na adquirida. Por exemplo, se a adquirida tinha desenvolvido uma patente – que não estava contabilizada – ela tem que contabilizá-la em seus livros. Informalmente, o termo *goodwill* compreende ainda o valor de boas relações com os clientes, do alto moral dos empregados, de

Government bond.

uma marca muito conhecida etc., que se espera contribuam para que a empresa tenha um poder de geração de lucros maior do que o "normal".

Government bond. Título governamental.
Instrumento de dívida pública. Título público.

Governmental accounting. Contabilidade governamental.
Contabilidade pública.

Governmental Accounting Standards Board (Gasb).
Órgão independente que estabelece os padrões de Contabilidade governamental ou pública utilizados pelos estados e municípios norte-americanos desde 1984. Faz parte da Financial Accounting Foundation, que também mantém o Fasb e compõe-se de cinco membros.

Grace period. Período de carência.
Período durante o qual uma conta pode ser paga sem multa ou outra penalidade, mesmo quando vencida.

Gross. Bruto.
Valor não ajustado ou reduzido por deduções ou subtrações. Opõe-se a *net* (líquido). Veja *gain* (ganho) para descrição de como os qualificativos bruto e líquido afetam os conceitos de receita, ganho, despesa e perda.

Gross book value. Valor contábil bruto.

Gross domestic product (GDP). Produto interno bruto (PIB).
O valor de mercado de todos os bens e serviços produzidos em um país, independentemente de quem possui o capital ou da nacionalidade do trabalho. É a medida mais utilizada para refletir a produção de um país. Opõe-se a *gross national product (GNP)* (produto nacional bruto (PNB)), que mede o valor de mercado de todos os bens e serviços produzidos com o capital possuído e pelo trabalho fornecido pelos residentes do país em questão, independentemente do local em que eles trabalham ou em que o capital se encontra aplicado.

Gross income. Lucro bruto.
Na Contabilidade Financeira, trata-se de um termo com o mesmo significado que *gross margin* (margem bruta). É obtido fazendo receita de vendas menos custo das mercadorias ou produtos vendidos.

Gross profit. Lucro bruto.
O mesmo que *gross margin* (margem bruta).

Gross profit margin. Margem de lucro bruta.
O mesmo que *gross margin ratio*.

Gross profit method. Método da margem bruta.
Método para avaliar o estoque final de mercadorias. Primeiramente, a empresa mede o custo das mercadorias vendidas (*cost of goods sold*) como fração das vendas (*sales revenue*), depois, utiliza a equação dos estoques para avaliar o estoque final.

Gross margin. Margem bruta.
Valor que se obtém ao fazer receita de vendas (*sales revenue*) menos custo das mercadorias vendidas (*cost of goods sold*).

Gross margin ratio. Índice de margem bruta.
Indicador financeiro de eficiência obtido dividindo-se o valor da margem bruta pela receita de vendas. Quanto maior, melhor.

Gross national product (GNP). (a) Produto nacional bruto (PNB).
Compare com *gross domestic product, GDP* (produto interno bruto, PIB).

Guarantee.

Gross national product (GNP). (b)
Produto nacional bruto (PNB).
Veja *gross domestic product (GDP)* (produto interno bruto (PIB)) para definição e contraste.

Gross revenue. Receita bruta.
Refere-se ao valor obtido pela empresa – recebido e a receber – derivado da venda de produtos e serviços, tal como apresentado na primeira linha da demonstração do resultado do exercício (*income statement*).

Gross sales. Receita bruta.
Receita de vendas tal como consta da fatura, sem dedução dos descontos, abatimentos, devoluções e outros ajustes. O mesmo que *gross revenue*.

Group depreciation. Depreciação por grupos.
Cálculo da depreciação por grupos de ativos semelhantes em vez de por ativo individual. Não reconhece ganho ou perda na venda ou baixa de itens individuais, até que o último item do grupo seja vendido ou baixado.

Guarantee. Garantia.
Promessa de responder pelo pagamento de uma dívida ou pelo cumprimento de alguma obrigação, se a pessoa diretamente responsável não o fizer. Nesse sentido, uma garantia constitui uma contingência da entidade que a presta. Não confundir com *warranty* (que também se traduz por garantia), mas que se refere à promessa de realização de serviços ou reposição de peças, no caso de venda de produtos ou serviços.

Half-year convention. Convenção da metade do ano.

Na contabilização do imposto de renda nos EUA, sob o Sistema de Recuperação Acelerada do Custo (MACRS, sigla em inglês), há a pressuposição de que a empresa adquire ativos depreciáveis na metade do ano da aquisição. Quando a empresa utiliza essa convenção, a depreciação do ano da aquisição é igual à metade da depreciação anual.

Head. Chefe, diretor.

Head count.

Número de funcionários de uma empresa.

Headquarters. Escritório central; matriz; sede da empresa.

Hedge, hedging. Proteção; cobertura de risco.

Técnica ou estratégia utilizada pelos gestores para reduzir ou mesmo eliminar um risco a que a organização está exposta em relação a dado ativo, seja este moeda, obrigação, ação ou mercadoria. 1. Um fazendeiro que produz milho corre o risco de que o preço do milho esteja baixo quando da colheita e colocação no mercado. O fazendeiro pode proteger-se desse risco vendendo o milho agora para entrega futura. 2. Uma empresa que tem um valor a receber denominado em uma dada moeda estrangeira, que vence em seis meses, corre o risco de que a taxa de câmbio se altere, fazendo com que ela receba menos no futuro, em comparação com o que receberia hoje. Ela pode fazer o *hedge* desse risco cambial de várias formas.

Held-to-maturity securities. Títulos mantidos até o vencimento.

Aplicações financeiras em títulos de dívida (*bonds*) que o investidor espera e tem condições de manter em sua posse até a data de vencimento.

Hidden liability. Passivo oculto.

Hidden partner. Sócio oculto.

Horizontal integration.

Hidden reserve. Reserva oculta.
Quantia pela qual uma empresa subavalia seu patrimônio líquido, intencionalmente, talvez. A subavaliação surge como decorrência de subavaliação de ativos ou superavaliação de passivos.

Historical cost. Custo histórico.
Custo de aquisição; custo original.

Historical cost/constant-dollar accounting. Contabilidade histórica em moeda constante.
Contabilidade baseada no custo histórico medido em moeda constante. Por esse método, o valor dos itens não monetários é reajustado, refletindo a variação no poder de compra geral desde que os ativos foram adquiridos ou os passivos foram contraídos. Os ganhos e perdas nos itens monetários são reconhecidos à medida que o poder de compra geral varia.

Historical exchange rate. Taxa de câmbio histórica.
A taxa de câmbio vigente na data em que uma transação ocorreu. Opõe-se a *current exchange rate* (taxa de câmbio corrente).

Historical summary. Resumo histórico.
Parte do relatório anual (*annual report*) que mostra itens como lucro líquido, receitas, despesas, total do ativo, total do patrimônio líquido, lucro por ação e outros referentes a cinco ou dez anos. Geralmente não contempla tanto detalhe quanto as demonstrações comparativas (*comparative statements*), que, por outro lado, somente apresentam números referentes ao ano corrente e a um ou dois anos anteriores. Os relatórios anuais quase sempre contêm demonstrações comparadas e menos frequentemente um resumo histórico.

Holder. Detentor. Titular.
Aquele que detém a posse de um instrumento negociável, um título mobiliário, como uma ação, por exemplo.

Holding company. Companhia controladora.
Companhia cujas atividades se concentram em possuir ações e supervisionar a gestão de outras empresas (subsidiárias), das quais geralmente detêm controle (isto é, mais de 50% das ações com direito a voto). Na Inglaterra a expressão aplica-se a qualquer companhia que detém controle de outra.

Holding gain or loss. Ganho ou perda de carregamento.
Diferença entre o preço final e o preço inicial de um ativo mantido na empresa por certo período.

Holding gain or loss net of inflation. Ganho ou perda real de carregamento.
Aumento ou diminuição do custo corrente de um ativo, medido em moeda constante, durante o período em que permance em poder da empresa.

Holdings. Investimentos, posses.

Honor. Honrar.
Cumprir com a obrigação ou exigência, tal como quitar uma dívida no vencimento.

Horizontal analysis. Análise horizontal.
Análise de série temporal. É realizada pela comparação que se faz entre os valores de uma mesma conta ou grupo de contas, em diferentes exercícios sociais. Permite ao analista detectar desvios importantes dos valores ao longo do tempo. Para contraste, veja *vertical analysis* (análise vertical).

Horizontal integration. Integração horizontal.
Extensão das atividades de uma organização na mesma linha de negócios em que atua ou na fabricação de produtos suplementares, complementares ou compatíveis. Contraste com *vertical integration* (integração vertical).

Hostile takeover. Tomada hostil de controle de uma empresa.
Forma agressiva de aquisição do controle acionário de uma empresa, contra a vontade dos acionistas existentes.

Human resources accounting. Contabilidade de recursos humanos.
Expressão utilizada para descrever um conjunto de propostas que objetivam medir a importância dos recursos humanos de uma empresa. Por exemplo: empregados competentes, treinados e leais em seu processo de geração de lucros e administração de ativos e passivos.

Hurdle rate. Taxa de corte.
Taxa de retorno requerida ao fazer uma análise de fluxo de caixa descontado, como ocorre em decisões de orçamento de capital (*capital budgeting*). Uma proposta ou projeto será aprovado quando a taxa de retorno esperada exceder a taxa de corte.

Hybrid security. Título híbrido.
Título que contém elementos de dívida e de patrimônio líquido, como é o caso de uma obrigação conversível e ações preferenciais, por exemplo.

Hypothecation. Hipotecar.
Dar um imóvel como garantia de um empréstimo sem transferência de propriedade ou de posse.

Iasb. *Sigla de* **International Accounting Standards Board.**
> Consulte o verbete respectivo.

Iasc. *Sigla de* **International Accounting Standards Committee.**
> Organização criada em junho de 1973, em Londres, e, posteriormente, em 1º de abril de 2001, substituída pelo International Accounting Standards Board (Iasb). Foi responsável pelo desenvolvimento dos Padrões Internacionais de Contabilidade (*International Accounting Standards*), pela promoção do uso e aplicação desses padrões.

Ideal standard cost. Custo-padrão ideal.
> Custo-padrão estabelecido em nível correspondente ao qual a empresa incorreria sob as melhores condições possíveis.

Idle capacity. Capacidade ociosa.
> Não utilizada.

Idle facilities. Instalações ociosas, sem uso.

Idle money. Dinheiro ocioso.
> Dinheiro disponível em caixa. Fundos não aplicados.

Idle time. Tempo ocioso, inativo.

IFRS. *Sigla de* **International Financial Reporting Standards.**
> Normas Internacionais de Contabilidade. Refere-se amplamente a todos os pronunciamentos do Internacional Accounting Standards Board (Iasb). Foram adotadas pelos países da União Europeia a partir de 31 de dezembro de 2005. Atualmente, diversos países têm projetos de convergência das normas contábeis locais para o IFRS, inclusive o Brasil.

Iliquid. Ilíquido.
> Bens ou títulos que não se consegue converter em dinheiro rapidamente e sem perda significativa.

Impair. Reduzir, perder, deteriorar.
Referência à perda de valor econômico de ativos, em geral imobilizados (*fixed assets*). Para melhor compreensão, veja também *impairment* (perda econômica).

Impaired value. Valor perdido.

Impairment. Perda econômica, deterioração.
Diminuição do valor de mercado de um ativo (*asset*), sem expectativa de recuperação. Quando a empresa dispõe da informação de que o valor de mercado de ativos de longo prazo (imobilizados, por exemplo), de intangíveis identificáveis ou de *goodwill* caiu, ou de que os benefícios esperados desses ativos serão menores, ela procura verificar se a queda no valor dos ativos é grande o suficiente para fazer com que seu fluxo de caixa futuro se torne inferior ao respectivo valor contábil. Se isso acontecer, caracteriza-se uma perda econômica. A empresa, então, reduz o valor contábil do ativo até seu valor justo – igual ao valor de mercado do ativo – ou, se este não puder ser avaliado, ao valor presente líquido do fluxo de caixa futuro.

Impairment test. Teste de recuperabilidade do custo de um ativo.

Imprest fund, change fund, petty cash fund. Caixa pequeno.
Fundo fixo de caixa, fundo rotativo. Dinheiro miúdo para a realização de gastos corriqueiros que a empresa paga com dinheiro em mãos.

Improvement. Benfeitoria, melhoramento.
Gasto que aumenta a vida útil de um ativo ou que melhora seu desempenho (p. ex. aumento da produção, redução de custo). A empresa capitaliza (registra no ativo) esse tipo de gasto como parte do custo do ativo. Opõe-se a gastos com manutenção e reparo, que são tratados como despesas (*expenses*).

Imputed cost. Custo implícito.
Custo que não aparece nos registros contábeis, tais como os juros que a empresa poderia receber sobre o dinheiro que está aplicado em estoques, em vez de, por exemplo, em títulos do governo. Outro exemplo é o de uma empresa que é proprietária do prédio que ocupa. Ela tem um custo implícito de aluguel equivalente ao que teria que pagar pela utilização de prédio semelhante, de propriedade de terceiros, ou igual ao aluguel que poderia receber de terceiros. É o mesmo que custo de oportunidade (*opportunity cost*).

In arrears. (a) Em atraso.
Por exemplo, dividendos cumulativos que a empresa ainda não declarou.

In arrears. (b) Postecipado.
Por exemplo, pagamento ou recebimento realizado no final do período a que ele se refere.

Income. Lucro.
Excedente das receitas e outros ganhos sobre as despesas e perdas de um período. Quando se utiliza uma demonstração do resultado (*income statement*) com seções múltiplas, o termo é acompanhado de qualificativos correspondentes às várias seções, tais como: lucro bruto, lucro antes dos juros e do imposto de renda, lucro líquido.

Income accounts. Contas de resultado.
Contas de receitas (*revenues*) e despesas (*expenses*). Contas que figuram na demonstração do resultado (*income statement*).

Income before taxes. Lucro antes do imposto de renda.
Na demonstração do resultado (*income statement*), a diferença entre todas as receitas e todas as despesas, exceto a despesa do imposto de renda. Comparar com *net income* (lucro líquido).

Incorporate.

Income distribution account. Conta de distribuição do lucro.
Conta temporária algumas vezes debitada quando a empresa declara dividendos. É encerrada contra a conta de lucros acumulados.

Income from continuing operations. Lucro proveniente das operações usuais.
Define-se formalmente como todas as receitas menos todas as despesas, exceto as seguintes: resultado de operações que a empresa descontinuou ou irá descontinuar; ganhos ou perdas na venda ou baixa de segmentos de negócios; ganhos ou perdas de itens extraordinários (inclusive os efeitos sobre o imposto de renda); e o efeito acumulado de mudanças contábeis.

Income from discontinued operations. Lucro oriundo de operações descontinuadas.
Lucro, líquido de efeitos tributários, de partes do negócio que a empresa desativou durante o período ou que descontinuará no futuro próximo. Deve ser apresentado em linha específica da demonstração do resultado (*income statement*).

Income from operations. Lucro proveniente das operações.

Income smoothing. Normalização do lucro.
Escolha da época de realização de transações ou a escolha de princípios contábeis, de forma que o lucro ano a ano não apresente grandes oscilações. O objetivo desse procedimento é moderar a variabilidade do lucro ao longo do tempo sem ferir as normas.

Income statement. Demonstração do resultado.
Importante demonstração financeira que apresenta um resumo ordenado das receitas (*revenues*) e despesas (*expenses*) da empresa em determinado período (normalmente um ano), finalizando com o lucro líquido (ou prejuízo). O lucro por ação também é geralmente mostrado ao final da demonstração. Juntamente com o balanço patrimonial (*balance sheet*) e demais demonstrações, fornece elementos fundamentais para a avaliação do desempenho da empresa. Muitas vezes é referida como *profit and loss statement (P&L)*. No Brasil é denominada demonstração do resultado do exercício (DRE).

Income summary. Apuração do resultado do período.
Conta temporária representativa da demonstração do resultado (*income statement*). Serve para encerrar as contas de receita e de despesa, creditando-a e debitando-a, respectivamente. Após fazer esses lançamentos de encerramento, o saldo da conta em questão será o lucro ou prejuízo do período, a ser transferido para a conta de lucros acumulados, no balanço patrimonial (*balance sheet*). Encerra-se, assim, a conta em questão.

Income tax. Imposto de renda.
Imposto lançado anualmente (ou em outro período) pelo governo federal e outras instâncias sobre o lucro de uma companhia.

Income tax expense. Despesa do imposto de renda.
Despesa referente ao imposto de renda do período.

Income tax refund. Restituição do imposto de renda.

Income tax return. Declaração do imposto de renda.
Documento que contém informações exigidas pela Receita Federal sobre a renda de indivíduos e empresas em determinado ano.

Incorporate. Constituir uma pessoa jurídica. Incorporar.
Formar uma empresa legalmente.

Incremental. Incremental.
Termo utilizado para descrever um aumento em custos, despesas, investimentos, fluxo de caixa, receita, lucro etc., se a empresa produzir ou vender uma ou mais unidades, ou se passar a realizar uma certa atividade.

Incremental cost. Custo incremental, marginal, adicional.
Diferencial de custo entre duas ou mais alternativas. Veja o verbete *incremental* (incremental).

Incur. Incorrer.
Referência a uma obrigação da empresa, independentemente de ela ser formalmente contabilizada. Por exemplo, a simples passagem do tempo faz com que a empresa incorra em despesas de juros, mas ela somente contabiliza a despesa nas datas de pagamento dos juros ou quando faz os lançamentos de ajuste.

Incurred cost. Custo incorrido, devido.

Indebtness. Endividamento.
Conjunto das obrigações de uma empresa.

Indemnity. Indenização.

Indenture. Escritura. Contrato, documento.
Veja, por exemplo, escritura de obrigação (*bond indenture*).

Independence. Independência.
Condição esperada de um Certified Public Accountant (CPA), ao desempenhar a função de atestar. Pressupõe que esse profissional seja imparcial e que os membros da empresa de auditoria não possuam ações da companhia auditada.

Independent accountant. Auditor independente.
Certified Public Accountant (CPA), que desempenha a função de atestar para uma empresa.

Indexation. Indexação.
Tentativa de lidar com os efeitos da inflação pelos legisladores ou pelas partes envolvidas em um contrato. Os valores determinados por lei ou expressos em contratos são "indexados", isto é, passam por uma correção monetária acompanhando as alterações de uma dada medida do nível de preços. Por exemplo, um contrato de trabalho entre uma empresa e o sindicato dos empregados pode estipular que o salário será reajustado de acordo com o *índice de preços ao consumidor*.

Indexed bond. Obrigação (título) reajustável com base em algum índice de inflação.

Indirect cost pool. Pool de custos indiretos.
Qualquer agrupamento de custos que a empresa não tem como relacioná-los a uma unidade produzida ou vendida.

Indirect costs. Custos indiretos.
Custos de produção não facilmente associáveis a produtos e serviços específicos. São também chamados de *overhead costs* e costumam ser alocados de forma arbitrária a produtos ou a departamentos.

Indirect labor or material cost. Custo de mão de obra indireta ou de material indireto.
Custo indireto associado à utilização de mão de obra (supervisores, por exemplo) e de materiais na fábrica (como suprimentos diversos).

Indirect material. Materiais indiretos.
Basicamente, diversos suprimentos, como cola, parafusos, pregos, grampos, lixas e outros itens da espécie e que não podem ser relacionados diretamente aos produtos em fabricação. São classificados como parte do *overhead*.

Initial cash flows.

Indirect method. Método indireto.
Veja *statement of cash flows* (demonstração dos fluxos de caixa).

Individual proprietorship. Empresa individual.
Empresa cujo patrimônio líquido pertence a apenas uma pessoa. Sinônimo de *sole proprietorship*.

Individual taxpayer. Contribuinte pessoa física.

Industrial facilities. Instalações industriais ou fabris.

Industry. Setor, área de atividade, segmento econômico, ramo de negócio.
Em sentido estrito, deve-se dar preferência aos termos apontados (setor, área de atividade etc.). Ou seja, não se deve traduzir *industry* por indústria, pois esta designa a atividade manufatureira (*manufacturer*) ou de fabricação.

Industry standards. Padrões setoriais.
Em análise baseada em índices financeiros, os padrões setoriais são dados pela média ou a mediana que servirá para julgar determinada empresa, se está dentro ou fora do perfil do seu segmento.

Inescapable cost. Custo inevitável.
Custo que a empresa ou o gestor não consegue evitar. Por exemplo, se a administração de um hospital fecha duas salas de cirurgia, mas, apesar disso, não pode reduzir a equipe de segurança, o custo de segurança é inevitável com relação à decisão de fechar as salas de cirurgia.

Inflation. Inflação.
Situação caracterizada por um crescimento generalizado e persistente dos preços de bens e serviços em uma economia. A inflação pode ser medida de acordo com diferentes índices, tais como índice geral de preços (IGP), índice de preços ao consumidor (IPC), índice geral de preços de mercado (IGPM) etc.

Inflation accounting. Contabilidade ajustada à inflação.
Contabilidade elaborada em moeda constante (*constant-dollar accounting*), visando reduzir os efeitos distorcivos causados pela variação de preços.

Inflation gain. Ganho inflacionário.
Ganho decorrente da variação de preços.

Inflation loss. Perda inflacionária.
Perda decorrente da variação de preços.

Inflation rate. Taxa de inflação.
Veja *inflation* (inflação).

Inflow. Entrada, influxo.
Em geral, trata-se de ingresso de dinheiro.

Information system. Sistema de informações.
Sistema formal ou informal que coleta, processa e comunica dados úteis para o exercício das funções de decisão, planejamento e controle, assim como para elaboração, apresentação e auditoria das demonstrações financeiras (*financial statements*).

Inherent interest rate. Taxa de juros inerente.
Taxa que reflete os juros implícitos em uma transação.

Initial. Rubrica. Rubricar.
Apor um visto em um documento, vistar.

Initial cash flows. Fluxos de caixa iniciais.
Fluxos de caixa que ocorrem no início de um projeto de investimento. Geralmente incluem o custo de ativos adquiridos, mais despesas com frete e instalação, menos as entradas de caixa oriundas da venda de ativos existentes que se tornam redundandes ou desnecessários ao novo projeto.

105

Initial inventory. Estoque inicial.
Valor do estoque disponível na empresa no início do período contábil. É o mesmo valor do estoque final do período anterior.

Initial public offering (IPO). Oferta pública inicial de ações.
Processo pelo qual ações de uma companhia são, pela primeira vez, oferecidas para negociação no mercado. Também referida como *going public*.

In kind. Em espécie.
Popularmente, refere-se a pagamento em "dinheiro vivo". Apesar de contraditório, outras vezes é empregado com o sentido de pagamento em produtos ou serviços, portanto não em dinheiro.

In process. Em processo, em fabricação.
É o caso de produtos no curso da produção.

In the black. No azul.
Referência à situação na qual a empresa está operando com lucro. O oposto é no vermelho (*in the red*).

In the red. No vermelho.
Referência à situação na qual a empresa está operando com prejuízo. O oposto é no azul (*in the black*).

Input. Entrada.
Quantidade física ou monetária de bens ou serviços utilizados na produção de outros bens ou serviços. Contrasta com *output* (saída).

Insolvency. Insolvência.
Situação em que o devedor não consegue quitar suas obrigações.

Insolvent. Insolvente.
Empresa ou indivíduo incapaz de pagar suas dívidas no vencimento. O termo se aplica, inclusive, a empresas que possuam ativos em valor inferior aos passivos, resultando em patrimônio líquido negativo.

Installed capacity. Capacidade instalada.

Installment. Prestação.
Pagamento parcial de uma dívida, ou recebimento parcial de um crédito, geralmente respaldado por contrato.

Installment loan. Empréstimo a prestações.

Installment sales. Vendas a prestação.
Vendas a prazo nas quais o comprador se compromete a liquidar a dívida em vários pagamentos, chamados prestações.

Instrument. Papel, título, valor mobiliário.

Insurance. Seguro.
Contrato para reembolso de perdas específicas. É adquirido mediante o pagamento de um prêmio. Há várias modalidades. Exemplo: seguro de carro, seguro de imóvel, seguro de viagem, seguro-saúde.

Insurance company. Companhia seguradora.

Insurance policy. Apólice de seguro.

Insurance premium. Prêmio de seguro.

Intangible asset. Ativo intangível.
Em sentido amplo, são ativos imateriais, tais como conhecimentos técnicos, marcas registradas e patentes. Em sentido restrito, direito, sem representação física, que dá à empresa uma posição exclusiva ou diferencial no mercado. Exemplos: direito de reprodução (*copyright*); patentes; marcas (*trade mark*); *goodwill*; gastos com organização; custos de propaganda capitalizados; programas de computador (*software*); licenças associadas a qualquer dos itens anteriores, concessões públicas (de rádio, televisão, rodovias); contratos de arrendamento mercantil (*leasing*); franquias; listas de mala direta (*mailing list*); direitos de

Interest method.

exploração; licenças de importação ou exportação; licenças para construção; fatia de mercado (*market share*) etc.

Intercompany elimination. Eliminação intercompanhias.

Ao preparar demonstrações financeiras consolidadas (*consolidated financial statements*), as eliminações são lançamentos feitos para evitar dupla contagem de ativos, passivos, patrimônio líquido, receitas e despesas na entidade consolidada, quando as contas da controladora (*parent company*) e das subsidiárias são somadas. Exemplos de eliminações são as transações intercompanhias que dão origem a lucro, valores a receber e a pagar, compras e vendas.

Intercompany profit. Lucro intercompanhias.

Lucro interno a uma organização. Se uma companhia afiliada vende a outra do mesmo grupo, e as mercadorias vendidas permanecem no estoque desta última, então a primeira não realizará um lucro na venda a terceiros. O lucro assim obtido é considerado "intercompanhias" e é eliminado quando da elaboração das demonstrações financeiras consolidadas (*consolidated financial statements*) ou quando a primeira companhia utiliza o método da equivalência patrimonial (*equity method*).

Intercompany transaction. Transação intercompanhias.

Transação entre uma companhia controladora e uma subsidiária, ou entre subsidiárias de uma entidade consolidada. Transações entre empresas do mesmo grupo.

Intercorporate investment. Investimento entre sociedades por ações.

Ocorre quando uma sociedade por ações possui ações ou obrigações emitidas por outra empresa.

Interdepartment monitoring. Monitoração interdepartamental.

Uma forma de controle interno. A vantagem de alocar custos de departamentos de serviço a departamentos produtivos é que os responsáveis por estes últimos são incentivados a controlar os custos incorridos nos departamentos de serviço. Ao processo de um grupo monitorar o desempenho de outro chama-se monitoração interdepartamental.

Interest. Juros.

1. Encargo cobrado do tomador nas operações de empréstimos ou a taxa de retorno auferida pelo investidor nas aplicações de fundos. 2. Os juros sobre o capital próprio utilizado num negócio representam um custo de oportunidade (*opportunity cost*) para os acionistas. Veja *interest rate* (taxa de juros), *effective interest rate* (taxa de juros efetiva) e *nominal interest rate* (taxa de juros nominal). 3. Participação no capital de outras empresas.

Interest-bearing account. Conta remunerada.

Conta que rende juros.

Interest-bearing bond. Obrigação que paga (ou rende) juros.

Interest expense. Despesa de juros.

O mesmo que despesa financeira (*financial expense*). Decorre do uso do capital de terceiros, geralmente na forma de empréstimos e financiamentos.

Interest factor. Fator de juros.

É obtido somando-se a unidade com a taxa de juros. Por exemplo: o fator de 10,0% é 1,10.

Interest fee and charges. Juros e encargos.

Interest method. Método dos juros.

Veja *effective interest method* (método da taxa efetiva).

Interest on arrears. Juros de mora. Juros em atraso.

Interest rate. Taxa de juros.
Base utilizada para o cálculo do custo de tomar empréstimos ou o rendimento obtido em aplicações. Geralmente é expressa como o quociente entre o valor monetário dos juros correspondentes a determinado período e o valor tomado emprestado ou aplicado.

Interest rate swap. Swap de juros.
Veja o verbete *swap*.

Interest revenue. Receita de juros ou receita financeira.
Receita obtida com empréstimos feitos a terceiros ou com aplicações em títulos.

Interim statements. Demonstrações intermediárias.
Demonstrações financeiras referentes a um período inferior ao período contábil usual, que é um ano. A SEC nos EUA, assim como a CVM no Brasil, exige que a maioria das sociedades por ações divulgue demonstrações financeiras trimestrais, portanto intermediárias.

Internal audit. Auditoria interna.
Auditoria conduzida pelos próprios profissionais de uma empresa, denominados "auditores internos", com o objetivo de verificar se os procedimentos de controle da empresa estão funcionando conforme o planejado. Opõe-se à auditoria externa, que é conduzida por auditores independentes.

Internal controls. Controles internos.
Políticas e procedimentos estabelecidos a fim de assegurar aos gestores de uma empresa que seus empregados tenham comportamento coerente com o atingimento dos objetivos da organização.

Internal rate of return (IRR). Taxa interna de retorno (TIR).
A taxa de desconto que faz com que o valor presente líquido de um fluxo de caixa se iguale a zero. Indicador muito utilizado para a avaliação da aceitabilidade de propostas de orçamento de capital (*capital budgeting*). Por exemplo: considere um projeto que requeira um desembolso inicial de $ 1.000 e, em contrapartida, prometa as seguintes entradas líquidas de caixa: $ 200, $ 300, $ 400, $ 300 e $ 200. A TIR será de 12,26% ao ano.

Internal reporting. Elaboração e apresentação de relatórios internos.
Elaboração e apresentação de relatórios para uso dos gestores em planejamento e controle. Opõe-se a elaboração e apresentação de relatórios externos cujo foco é o usuário das demonstrações financeiras (*financial statements*).

Internal Revenue Service (IRS).
Agência do Departamento do Tesouro Norte-Americano responsável pela administração do Internal Revenue Code e pela cobrança do imposto de renda e outros tributos. Equivale, de modo geral, à Receita Federal do Brasil (RFB).

International Accounting Standards Board (Iasb).
Organização que define os padrões de Contabilidade internacional e que sucedeu o International Accounting Standards Committee (IASC).

International Accounting Standards Committee (Iasc).
Organização criada em junho de 1973, em Londres, e, posteriormente, em 1º de abril de 2001, substituída pelo International Accounting Standards Board (Iasb). Foi responsável pelo desenvolvimento dos Padrões Internacionais de Contabilidade (*International Accounting Standards*), pela promoção do uso e aplicação desses padrões.

Interpretations.
Pronunciamentos oficiais emitidos pelo Financial Accounting Standards Board (Fasb), que interpretam o significado dos *Accounting Research Bulletins*, dos *APB*

Investment.

Opinions e dos *Statements of Financial Accounting Standards*. O mesmo que *Fasb interpretations*.

Inventoriable costs. Custos estocáveis.
1. Custos incorridos que a empresa adiciona ao custo dos produtos fabricados. 2. Custo do produto, em oposição à despesa do período.

Inventory. (a) Estoque, inventário.
Item do ativo circulante (*current asset*) que se refere ao valor em mãos de mercadorias, matérias-primas, suprimentos, produtos em fabricação e produtos acabados. Trata-se de elemento altamente relevante no ativo de muitas empresas.

Inventory. (b) Inventariar
Contar fisicamente os itens em estoque, em determinada data.

Inventory control. Controle de estoques.

Inventory count. Contagem dos itens em estoque.
Realizar um inventário físico.

Inventory ending balance. Saldo de estoques existente no final do período.
Estoque final.

Inventory equation. Equação dos estoques.
Equação segundo a qual o estoque final corresponde ao estoque inicial mais adições líquidas menos as retiradas. Geralmente, as adições correspondem às compras líquidas; e as saídas correspondem ao custo das mercadorias vendidas. Note que o estoque final (EF) que aparece no balanço patrimonial (*balance sheet*), mais o custo das mercadorias vendidas (CMV), que aparece na demonstração do resultado (*income statement*), é igual à soma do estoque inicial (EI) mais as compras (C). Ou seja, EF + CMV = EI + C. Na avaliação de estoques, a empresa geralmente conhece o estoque inicial e as compras líquidas. Em alguns métodos de avaliação de estoques (aplicações do método do varejo, por exemplo), calcula-se o custo das mercadorias vendidas e, então, utilizando-se a equação dos estoques, calcula-se o estoque final.

Inventory profit. Lucro de estocagem.
Ganho decorrente da manutenção de estoques durante período inflacionário.

Inventory shortage. Falta de estoque.
Identificada quando da verificação das existências por meio de contagem física. dos itens.

Inventory turnover. Rotação ou giro de estoques.
Índice financeiro calculado dividindo-se o custo das mercadorias vendidas no período pelo estoque médio do mesmo período. Informa o número de vezes em que se renova o estoque durante o período. Quanto maior o índice, melhor. Veja *financial statement ratios* (*índices financeiros*).

Inventory valuation. Avaliação de estoques.
Atribuição de preço aos inventários.

Invested capital. Capital investido.
Capital, simplesmente.

Investee. Investida.
Companhia na qual uma outra, chamada investidora, possui ações.

Investment. Investimento.
1. Gasto para adquirir propriedade ou outros ativos com a finalidade de gerar receitas. O ativo (*asset*) assim adquirido é visto como um gasto feito no presente para gerar lucro futuro. 2. O termo também designa participação societária em outras companhias, mantida por prazo longo, e que aparecem em seção específica do balanço patrimonial. Neste último caso, contraste com *marketable securities* (valores imobiliários; títulos negociáveis).

Investment center.

Investment center. Centro de investimentos.
Um centro de responsabilidade de uma empresa que tem controle sobre receitas, custos e ativos.

Investment credit. Crédito para investimento.
Redução do imposto de renda, algumas vezes concedida pelo governo federal, a empresas que adquirem equipamentos novos. Trata-se de crédito que o contribuinte deduz do imposto a pagar, e não do lucro antes do imposto de renda.

Investment decision. Decisão de investimento.
Decisão de implementar uma ação que envolve a produção de bens ou serviços.

Investment tax credit. Crédito do imposto para investimento.
Crédito de investimento (*investment credit*) ou crédito fiscal para investimento. Redução de imposto concedida pelo governo federal a empresas que façam novos investimentos, especialmente em equipamentos.

Investment turnover ratio. Rotação do investimento.
Expressão utilizada no sentido de rotação ou rotatividade do ativo total.

Investments. Investimentos.
Subgrupo do balanço patrimonial (*balance sheet*) para abrigar ativos (*assets*) mantidos por períodos superiores ao ciclo operacional e não destinados a gerar receitas. Exemplo: participações permanentes em outras sociedades por meio de ações ou quotas; propriedades; obras de arte. São ativos que não se enquadram nas definições de ativo circulante, imobilizado, *goodwill* ou outros intangíveis.

Investing activities. Atividades de investimento.
1. Comprar e vender títulos ou ativos produtivos com a expectativa de gerar receitas ao longo de vários períodos. 2. Uma das três seções da demonstração dos fluxos de caixa (*statement of cash flows*).

Invitation to bid. Licitação. Convite para participar de leilão.

Invoice. Fatura.
Documento que mostra os detalhes de uma transação de compra ou venda.

Invoice price. Preço de fatura.
Preço de venda de um bem ou serviço, que consta da respectiva fatura ou nota fiscal.

Invoicing. Faturamento.

IOU. *Sigla de* **I owe you.**
Documento informal no qual uma parte reconhece uma dívida. Contém o valor da dívida e a assinatura do devedor.

IRR. *Sigla de* **Internal rate of return.**
Taxa interna de retorno (TIR).
Consulte o verbete por extenso.

IRS. *Sigla de* **Internal Revenue Service.**
A Receita Federal dos EUA. Equivalente à Receita Federal do Brasil (RFB).

Issue. Emissão.
1. Venda de ações ou obrigações por uma companhia em determinado momento. De acordo com a terminologia usual, uma sociedade por ações – the *issuer* (a emitente) – "emite" ações ou obrigações, não os "vende". 2. O termo também pode ser utilizado no sentido de retirar materiais e suprimentos do estoque para uso na produção, ou, ainda, emitir um cheque.

Issued shares.

Issue price. Preço de emissão.
Preço pelo qual um título é lançado no mercado.

Issued capital. Capital emitido.

Issued shares. Ações emitidas.
As ações do capital autorizado de uma companhia, que ela já distribuiu aos acionistas. Contrasta com as ações em tesouraria (*treasury stocks*), pois estas constituem ações legalmente emitidas, mas que não se encontram em circulação (*outstanding*) e, portanto, não contam para fins de votação, declaração de dividendos e cálculo do lucro por ação.

JIT. *Sigla de* **Just-in-time.** No momento certo.
>Sistema de administração da produção, segundo o qual a empresa adquire ou fabrica cada componente imediatamente antes de utilizá-lo. Opõe-se a sistemas em que os componentes são fabricados ou adquiridos adiantadamente. O JIT implica menores custos de carregamento de estoques – zero, idealmente – com maior risco de incorrência em custos devido à falta de estoque.

Job cost sheet. Quadro de custos.
>Quadro ou planilha que registra e acumula os insumos orçados ou realizados em um pedido especial.

Job order. Ordem de produção, ordem de serviço.

Job order costing. Custeio por encomenda.
>Acumulação de custos para um lote particular de produtos identificáveis, chamado encomenda (*job*), à medida que avança pela produção.

Jobs. Encomendas.
>Productos customizados.

Joint account. Conta conjunta.

Joint cost. Custo conjunto.
>Custo de produzir ou adquirir simultaneamente dois ou mais produtos, denominados *joint products* (produtos conjuntos), que a empresa deve, pela natureza do processo, produzi-los ou adquiri-los juntos (por exemplo: carne e couro de boi). Geralmente a Contabilidade aloca os custos conjuntos de produção a cada produto na proporção dos valores de vendas respectivas, no momento em que se separam.

Joint cost allocation. Alocação de custos conjuntos.
>Veja *joint cost* (custo conjunto).

Joint process. Processo conjunto.
Processo que converte um insumo comum em vários produtos.

Joint product. Produto conjunto.
Em empresas de produção contínua é frequente a existência de diversos produtos a partir da mesma matéria-prima ou de um mesmo material. Geralmente são classificados como coprodutos e subprodutos.

Joint venture. Empreendimento conjunto.
Forma de associação em que empresas independentes se unem com o objetivo de explorar um negócio ou projeto de interesse mútuo, compartilhando riscos e recompensas. Por exemplo: licença para uso de marcas e patentes.

Journal. Diário.
Livro contábil para efetuar lançamentos e registros de transações. Local em que a empresa registra as transações que realiza em ordem cronológica. É o chamado "livro de lançamento original".

Journal entry. Lançamento no diário.
Lançamento feito no livro diário de uma empresa, mostrando as contas afetadas, de igual débito e crédito e histórico da transação.

Journal of Accountancy.
Periódico de publicação mensal do AICPA.

Journal of Accounting Research.
Revista acadêmica que traz artigos sobre aspectos teóricos e empíricos de Contabilidade. É publicada pela Graduate School of Business da University of Chicago.

Journal voucher. Voucher de diário.
Comprovante que documenta e às vezes autoriza uma transação, resultando num lançamento no livro diário. Veja *journal* (diário).

Journalize. Lançar no diário.
Efetuar um lançamento no livro diário.

Junk bond. Obrigações de alto risco.
Título com baixa classificação de crédito e por isso não tem características de *investment grade*. Oferece alto rendimento, mas possui alto grau de risco. Não é possível traçar uma linha divisória clara entre uma obrigação de alto risco e os demais.

Just-in-time inventory (JIT). Inventário **just-in-time.**
Sistema de administração da produção segundo o qual a empresa adquire ou fabrica cada componente imediatamente antes de utilizá-lo. Opõe-se a sistemas tradicionais em que os componentes são fabricados ou adquiridos adiantadamente. O JIT implica menores custos de carregamento de estoques – zero, idealmente – com maior risco de incorrência em custos de falta de estoque.

Kaizen costing. Custeio Kaizen.
Conceito gerencial que busca melhorias contínuas, que provavelmente ocorrem em pequenos incrementos, mediante o refinamento de todos os componentes de um processo de produção.

Kiting. "Papagaio". Emissão de cheque sem fundos.
Em auditoria, o termo refere-se a uma forma de maquiagem (*window dressing*) do balanço patrimonial (*balance sheet*), no qual a empresa faz com que o saldo da conta-corrente no banco A pareça maior do que realmente é, ao depositar um cheque emitido contra o banco B e somente lançá-lo no controle de cheques emitidos após o encerramento do período contábil.

Know-how. Saber fazer. Saber como.
Informação técnica, especializada ou de negócios. Conhecimentos do tipo segredo do negócio. Aplicam-se a esse ativo as mesmas regras contábeis que se aplicam a outros intangíveis (*intangibles*).

Labor. Mão de obra.

Labor cost. Custo de mão de obra.

Labor dispute. Litígio ou disputa trabalhista.

Labor force. Força de trabalho.
Quadro de empregados de uma empresa; mão de obra.

Labor intensive industry. Setor de mão de obra intensiva.
Empresa, setor ou segmento econômico que utiliza muita mão de obra.

Labor market. Mercado de trabalho.

Labor relations. Relações trabalhistas.

Labor turnover. Rotatividade de pessoal, da mão de obra.

Labor union. Sindicato dos empregados, dos trabalhadores.

Labor variances. Variações da mão de obra.
Variação do preço e da quantidade de mão de obra direta em um sistema de custo-padrão (*standard cost*).

Laborer. Trabalhador.

Land. Terrenos.
Um ativo mostrado no balanço patrimonial (*balance* sheet) como um item imobilizado (*fixed asset*), desde que seja destinado ao uso nas atividades da empresa. Ao contrário dos demais ativos fixos, terrenos não são depreciáveis.

Land improvment. Benfeitorias realizadas em terrenos.

Landlord. Proprietário ou locador.

Lapping. Desvio de contas a receber.
Tipo de fraude que consiste no desvio, feito

Lapse.

por um empregado da empresa, do dinheiro remetido por um cliente, em pagamento de dívida, geralmente um recebível. Utilizando o caixa recebido de um segundo cliente, o empregado esconde o desvio do caixa recebido do primeiro cliente. Utilizando o caixa recebido de um terceiro cliente, esconde o desvio do caixa recebido do segundo, e assim por diante. O processo continua, até que ele reponha o valor desviado ou torne o desvio permanente, criando uma despesa fictícia ou baixando indevidamente uma conta a receber, até que o desvio seja descoberto.

Lapse. Expirar.

Perder a validade, vencer, prescrever. Aplica-se, por exemplo, no caso de uma apólice de seguro ou de um desconto por pronto pagamento cujo prazo de aproveitamento se esgotou.

Last-in, first-out (Lifo). Último a entrar, primeiro a sair (Ueps).

Suposição do fluxo de estoques segundo a qual o custo das mercadorias vendidas, (CMV), corresponde ao custo das unidades mais recentemente adquiridas. Em, consequência, o estoque final será dado pelo custo das unidades mais antigas. Em períodos de inflação e quando as quantidades em estoque estão crescendo, o Ueps implica maior despesa de vendas, menor lucro e menor valor dos estoques remanescentes, em comparação com o Peps (*primeiro a entrar, primeiro a sair*).

Lead time. Período de espera.

Intervalo decorrido entre fazer um pedido e receber os correspondentes bens ou serviços.

Learning curve. Curva de aprendizagem.

Num gráfico, é a linha que mostra os ganhos de eficiência à medida que a experiência se acumula. A curva basicamente descreve a relação inversa entre o número de unidades produzidas (*eixo X*) e o tempo despendido por unidade produzida (*eixo Y*).

Lease. Arrendamento.

Locação; aluguel de bens.

Lease ou leasing. Arrendamento mercantil.

Contrato segundo o qual uma parte (o arrendatário) paga a outra (o arrendador) pelo uso de um ativo (*asset*). Um arrendamento mercantil cancelável (*cancelable lease*) permite que o arrendatário suspenda o arrendamento a qualquer tempo. Um arrendamento não cancelável exige que o arrendatário pague o arrendamento durante todo o período contratado, e geralmente apresenta muitas características econômicas do financiamento com capital de terceiros. Quando de longo prazo, a maioria dos arrendamentos não canceláveis atende aos critérios de classificação como passivo e é assim apresentada no balanço patrimonial. Contraste com arrendamento mercantil financeiro e arrendamento mercantil operacional.

Leaseback. Leaseback.

Situação em que o proprietário vende o imóvel ou outro bem e o arrenda na mesma ocasião.

Leaseholder. Arrendatário.

Leasehold improvement. Benfeitoria em bem arrendado.

Benfeitoria realizada em um bem arrendado. É amortizada durante a vida útil do bem arrendado ou durante o período de arrendamento, o que for menor.

Least and latest rule. Regra do menos possível, o mais tarde possível.

Pagar o menor imposto de renda possível, o mais tarde possível, dentro da lei, de forma que minimize o valor presente dos pagamentos do imposto, dado certo conjunto de operações. Contribuintes sensatos buscam seguir essa regra. Por exemplo, quando um contribuinte sabe que a alíquota do imposto de renda irá aumentar, ele pode reduzir o valor presente do ônus fiscal, ao pagar menos imposto mais cedo.

Leveraged lease.

Ledger. Razão, razonete.
Livro contábil em que se agrupam as contas da empresa. É o livro de lançamento final. Veja também *general ledger* (razão geral) e *subsidiary ledger* (razão subsidiário). Compare com outro livro contábil chamado diário (*journal*).

Ledger card. Ficha de razão.
Veja *ledger* (livro-razão).

Legal capital. Reserva legal.
Quantia do capital contribuído que, de acordo com a legislação aplicável, deve ser permanentemente mantida em uma sociedade por ações, como proteção aos credores.

Legal entity. Entidade legal. Pessoa jurídica.
Veja *entity* (entidade).

Legal fee. Honorários advocatícios.
Despesas legais.

Lender. (a) Credor.
Aquele que empresta dinheiro ou vende a prazo a outrem.

Lender. (b) Emprestador.
Veja *loan* (empréstimo).

Lessee. Arrendatário.
Veja *lease* (arrendamento mercantil).

Lessor. Arrendador.
Veja *lease* (arrendamento mercantil).

Letter stock. Ação ou título não registrado.
Colocação privada de ações ordinárias. São assim chamadas porque a Securities and Exchange Commission (SEC) exige que o comprador assine uma carta na qual se compromete a não revender as ações ao público de mercado, ou seja, que a aquisição foi para investimento.

Leverage. Alavancagem.
Termo bastante utilizado em Finanças e Contabilidade para descrever o efeito "alavanca" que os custos fixos (*fixed costs*), sejam eles operacionais ou financeiros, exercem no retorno aos proprietários ou acionistas. Esse efeito ocorre pelo fato de os custos e despesas fixos se manterem inalterados (pelo menos dentro de certa faixa) em face de variações no nível de atividade da empresa. Assim, aumentos ou diminuições nas vendas, por exemplo, serão seguidos por elevações ou quedas mais acentuadas no lucro operacional ou no lucro líquido. Dessa forma, podem-se distinguir duas formas de alavancagem: (i) a alavancagem operacional (*operating leverage*), que decorre da presença de custos fixos operacionais e é uma medida do risco operacional; e (ii) a alavancagem financeira (*financial leverage*), que decorre da presença de custos fixos financeiros (isto é, juros de dívidas) e é uma medida do risco financeiro. As duas alavancagens combinadas formam a alavancagem total (*total leverage*).

Leveraged buyout (LBO). Aquisição alavancada.
Aquisição do controle de uma empresa por outra, geralmente com recursos de terceiros. Os ativos da companhia adquirida são utilizados como garantia aos empréstimos tomados pela empresa adquirente. Outra forma de LBO ocorre quando investidores tomam dinheiro em bancos, usando seus próprios ativos como garantia, a fim de adquirir outra companhia.

Leveraged lease. Arrendamento mercantil alavancado.
Tipo de arrendamento mercantil que envolve um emprestador, um arrendador e um arrendatário. O emprestador, seja um banco ou uma seguradora, fornece parte dos fundos necessários à aquisição do bem, digamos 70%. O arrendador complementa com 30% restantes e adquire o bem, o qual é dado como garantia do empréstimo tomado. O bem é

Levy.

então arrendado, sob a forma de arrendamento mercantil não cancelável. O arrendatário paga prestações periódicas ao arrendador, que, por sua vez, paga ao emprestador. Em geral, o arrendador não tem nenhuma obrigação pela dívida, exceto repassar uma parte das prestações recebidas do arrendatário para o emprestador. Se o arrendatário deixar de pagar as prestações, o emprestador pode reaver o bem arrendado. O arrendador geralmente se beneficia da dedução do imposto de renda proporcionada pela depreciação do bem arrendado, pela despesa de juros incidente sobre o empréstimo que contraiu e pelo eventual crédito do investimento. O arrendamento é dito alavancado, no sentido de que o arrendador, que arca com os riscos e recebe os benefícios da propriedade do bem arrendado, geralmente toma emprestada a maior parte dos recursos necessários à aquisição do ativo. Veja *leverage* (alavancagem).

Levy. Taxação.
Incidência de imposto. Tributo ou tributação.

Levy a tax. Tributar.
Instituir um imposto.

Liability. Passivo.
Termo importante e com muitos significados, como mostrado a seguir. 1. Obrigação, dívida, exigibilidade. 2. Fonte de recurso para o financiamento da empresa; capital de terceiros. 3. Para a Contabilidade, passivo é uma obrigação presente da entidade, derivada de eventos já ocorridos, cuja liquidação se espera que resulte em saída de recursos valiosos. A obrigação pode representar valor fixo ou variável, vencido ou a vencer, em uma data ou em diversas datas futuras. Para satisfazer a definição de passivo, são essenciais três características: a) a obrigação de transferir ativos ou serviços tem uma data definida ou que pode ser especificada; b) a entidade tem pouco ou nenhum poder para evitar a transferência; e c) o evento que causa a obrigação já aconteceu. Um passivo, em função do seu prazo de vencimento, pode ser classificado em corrente (*current*) ou não corrente (*noncurrent*). 4. Ainda, o termo passivo designa o grupo que integra diversas modalidades de obrigações, tais como fornecedores, contas a pagar, salários a pagar, empréstimos e financiamentos, os quais se acham indicados no lado direito do balanço patrimonial (*balance sheet*) e classificados em ordem decrescente de prazo de pagamento.

Lien. Direito de retenção.
Ônus, garantia real. Direito da parte A de satisfazer um crédito contra a parte B, por meio da obtenção da propriedade desta, como garantia ou mesmo a retomada do ativo. Uma hipoteca é um ônus sobre um imóvel. Se não for paga no vencimento, a propriedade poderá ser confiscada para satisfazer a obrigação.

Lifo, last-in, first-out. Ueps, último a entrar, primeiro a sair.
Suposição do fluxo de estoques segundo a qual o custo das mercadorias vendidas (CMV), corresponde ao custo das unidades mais recentemente adquiridas. Em, consequência, o estoque final será dado pelo custo das unidades mais antigas. Em períodos de inflação e quando as quantidades em estoque estão crescendo, o Ueps implica maior despesa de vendas, menor lucro e menor valor dos estoques remanescentes, em comparação com o Peps (primeiro a entrar, primeiro a sair).

Limited; Ltd. Sociedade limitada.
No Reino Unido, uma companhia privada cujos proprietários têm responsabilidade limitada. É obrigatório que a denominação das companhias dessa natureza contenha a palavra "limited" ou a abreviação "ltd".

Limited liability. Responsabilidade limitada.
Conceito legal segundo o qual os acionistas de sociedades por ações não são pessoalmente responsáveis pelas dívidas da companhia. Seu risco é limitado ao valor do investimento no negócio.

Limited partner. Sócio com responsabilidade limitada.
Membro de uma sociedade por quotas que não é pessoalmente responsável pelas dívidas da sociedade. Toda sociedade por quotas precisa ter ao menos um sócio geral que seja pessoalmente responsável pelas dívidas da sociedade.

Limited partnership. Sociedade limitada.
Sociedade por quotas de responsabilidade limitada.

Line of credit. Linha de crédito.
Contrato com um ou mais bancos para que o tomador disponha de crédito a curto prazo e prontamente disponível. Usualmente só há encargos sobre os fundos utilizados, mas é comum a exigência de alguma reciprocidade.

Line-of-business reporting. Relatórios por linha de negócio.
Veja *segment reporting* (relatórios por segmento).

Liquid. Líquida.
Diz-se de uma empresa que possui uma quantia substancial de capital de giro, especialmente de rápida conversão em dinheiro.

Liquid assets. Ativos líquidos.
São itens como caixa, aplicações financeiras e, às vezes, contas a receber de curto prazo. Veja *liquidity* (liquidez).

Liquidation. Liquidação.
1. Pagamento de uma dívida. 2. Venda de ativos quando do encerramento da empresa ou de um segmento de negócio.

Liquidation value per share. Valor de liquidação por ação.
A quantia que cada ação receberá se o Conselho de Administração decidir pela dissolução da companhia. Para ações preferenciais que tenham prioridade na liquidação, o valor de liquidação geralmente representa uma quantia predeterminada.

Liquidity. Liquidez.
1. Disponibilidade e equivalentes de caixa para cobrir as obrigações da empresa, à medida que vencem. 2. Refere-se também à maior ou menor facilidade de converter ativos em caixa.

List price. Preço de lista. Preço de tabela.
O preço de bens tal como publicado ou nominalmente cotado.

Listed company. Empresa listada.
Empresa com ações cotadas e negociadas em bolsa de valores. Companhia aberta.

Listed securities. Valores mobiliários registrados em bolsa.
Títulos aceitos para negociação.

Listed shares. Ações listadas em bolsa de valores.
Ações cotadas em bolsa e disponíveis para negociação.

Loan. Empréstimo.
Contrato no qual o proprietário de um bem, o emprestador (*the lender*), permite que o tomador (*the borrower*) utilize o bem, geralmente dinheiro, durante certo período especificado no contrato. O tomador promete retornar o bem ao emprestador e, na maioria das vezes, pagar por seu uso, isto é, juros.

Locom. Sigla de **lower off cost or market.** Custo ou mercado, o que for menor.
Regra aplicada à avaliação do inventário, isto é, a atribuição de preços aos estoques. Trata-se de tema controverso, havendo diversos critérios para tal. O Locom é um conceito contábil antigo e conservador que, por razões de prudência, determina que o custo de aquisição deverá ser preferido como base de valor a menos que o valor de mercado seja inferior.

Log. Diário, registro. Anotar, registrar.
Registro do uso de um item para fins de controle interno.

Long term.

Long term. Longo prazo.
Expressão que denota uma época ou um período futuro; quão distante no futuro, depende do contexto. Para os operadores que negociam com títulos, longo prazo pode significar mais do que uma hora ou duas. Para a maioria dos administradores, mais do que um ano. Para os formuladores de políticas públicas, uma ou duas décadas.

Long-lived asset. Ativo de longo prazo.
Ativo cujos benefícios a empresa espera usufruir ao longo de vários anos. É um ativo não circulante (*noncurrent asset*) e geralmente inclui investimentos, imobilizados e intangíveis.

Long-term asset. Ativo de longo prazo.
Veja o verbete *long-lived asset* (ativo de longo prazo).

Long-term debt. Dívida de longo prazo.
Consulte o verbete *long-term liability* (passivo não circulante).

Long-term debt ratio. Índice de endividamento de longo prazo.
Índice financeiro que se obtém ao dividir o passivo não circulante (*long-term liability*) pelo ativo total (*total asset*). Informa o grau de endividamento de longo prazo da empresa. Veja *financial statement ratios* (índices financeiros).

Long-term financing. Financiamento de longo prazo.
Consulte o verbete *long-term liability* (passivo não circulante).

Long-term liability (debt). Passivo não circulante. Passivo de longo prazo.
Subgrupo do balanço patrimonial (*balance sheet*) que evidencia as dívidas da empresa com vencimento superior a um ano.

Long-term liquidity risk. Risco de liquidez de longo prazo.
Risco de que, no longo prazo, a empresa não terá dinheiro suficiente para pagar suas dívidas.

Long-term loan. Empréstimo de longo prazo, em geral superior a um ano.

Loophole. Brecha fiscal.
Termo com que se faz referência a alguma tecnicalidade legal que permite que um contribuinte contorne a intenção de uma lei (ou de um princípio contábil) sem caracterizar uma violação.

Loss. Perda ou prejuízo.
Excedente do custo sobre o valor obtido em uma transação específica. Lucro líquido negativo em um dado período. Uma expiração de custo que não gerou receita. Veja também *gain* (ganho) para uma discussão de conceitos correlatos e como distinguir perda (*loss*) de despesa (*expense*).

Loss contingency. Perda contingencial.
Reconhecimento contábil de uma perda potencial futura que poderá resultar de um evento ou acontecimento. Por exemplo, a perda de uma ação judicial. Veja também (*gain contingency*) ganho contingencial.

Lower of cost or market (Locom). Custo ou mercado, o que for menor.
Base para avaliação de inventário, segundo a qual os estoques são avaliados pelo custo de aquisição ou pelo custo de reposição corrente (valor de mercado), o que for menor.

Ltd; Limited. Limitada.
No Reino Unido é uma sociedade por ações privada, limitada.

Lump-sum acquisition. Aquisição por um valor global.
Compra de uma cesta de ativos por um preço único.

MACRS, Modified Accelerated Cost Recovery System. Sistema Modificado de Recuperação Acelerada do Custo.

O Sistema de Recuperação Acelerada de Custo (Accelerated Cost Recovery System (ACRS)) é uma modalidade de depreciação acelerada, para fins tributários, aprovada pelo Congresso norte-americano em 1981. Foi alterada em 1986 e o sistema passou a ser chamado de Sistema "Modificado" de Recuperação Acelerada de Custo.

Maintenance. Manutenção.

Gastos que a empresa realiza para preservar o potencial de serviços de um ativo (*asset*) em correspondência com a sua vida útil original. Constituem despesa do período ou custo do produto. Compare com *improvement* (benfeitoria) e veja também o termo *repair* (conserto).

Majority interest. Participação majoritária em uma sociedade.

Participação de acionistas que possuem mais da metade das ações com direito a voto em uma companhia. No caso de não haver participação suficiente para haver controle, tem-se uma situação de participação minoritária (*minority interest*).

Make-or-buy decision. Decisão de fazer ou comprar.

Decisão corriqueira no ambiente organizacional que consiste em avaliar se se deve fabricar um produto internamente ou comprá-lo no mercado.

Maker of note or of a check. Emitente.

Pessoa que assina uma nota promissória como tomador de um empréstimo ou que assina um cheque. Neste segundo caso, também se usa *drawer* (sacador). Veja *draft* (saque).

Management. Administração; direção; alta gerência.

Autoridades executivas que comandam um negócio.

Management Accounting. Contabilidade Gerencial.

Importante sistema de Contabilidade para uso interno às organizações. Destina-se a suprir os gestores com informações relevantes à direção, planejamento e controle das operações, bem como a uma variedade de decisões empresariais. Para tanto, realiza inúmeras atividades, como identificação, mensuração, acumulação, análise, elaboração, interpretação e comunicação de informações financeiras. Engloba a Contabilidade de Custos (*Cost Accounting*) e apresenta acentuadas diferenças em relação à Contabilidade Financeira (*Financial Accounting*), por esta se dedicar a prover informações, basicamente por meio de demonstrações financeiras (*financial statements*), a acionistas, credores e outros interessados externos à organização.

Management audit. Auditoria administrativa.

Tipo de auditoria que visa confirmar se uma empresa ou se uma de suas unidades operacionais está perseguindo adequadamente seus objetivos, políticas e procedimentos. Geralmente, aplica-se apenas a atividades para as quais os contadores podem especificar padrões qualitativos. Veja *audit* (auditoria) e *internal audit* (auditoria interna).

Management by exception. Administração por exceção.

Abordagem de administração segundo a qual os gestores devem dar atenção e tomar medidas corretivas apenas quanto aos itens de desempenho que se desviarem significativamente dos resultados planejados.

Management by objectives (MBO). Administração por objetivos (APO).

Abordagem administrativa que se concentra na definição e no atingimento de objetivos individuais e globais, envolvendo todos os níveis gerenciais. É esperado que cada gestor tome certas medidas prescritas e alinhe com seus subordinados metas de desempenho, avalie os progressos obtidos e forneça *feedback*.

Management's Discussion and Analysis (MD&A).

Seção do relatório da administração que apresenta a visão dos administradores sobre o desempenho e a perspectiva da companhia. A SEC exige que essa seção seja incluída no *Formulário 10-K* e no relatório anual aos acionistas. Geralmente contém observações sobre itens como liquidez da empresa, resultado das operações, resultado das unidades de negócio e efeitos da inflação.

Management fees. Honorários da administração. Pró-labore.

Remuneração paga a diretores, membros do conselho de administração e do conselho fiscal. Outro sentido para esse verbete é taxa de administração, isto é, o encargo que o banco cobra do investidor pelo gerenciamento de sua carteira de investimentos.

Management Information System (MIS). Sistema de Informações Gerenciais (SIG).

Sistema concebido para fornecer aos níveis gerenciais informações tempestivas e confiáveis, necessárias ao planejamento, controle e avaliação de desempenho. Espera-se que um SIG gere relatórios, auxilie na avaliação de cursos alternativos de ação e forneça apoio à tomada de decisão.

Management reports. Relatórios gerenciais.

Managerial Accounting. Contabilidade Gerencial.

O mesmo que *management accounting*. Veja o verbete respectivo.

Managers. Gerentes, administradores, gestores.

Profissionais com poder de decisão. Nas companhias abertas atuam como agentes dos acionistas, sendo responsáveis pela captação e aplicação eficiente de recursos. Suas funções básicas consistem em planejar, organizar, controlar e tomar decisões, a fim de alcançar os objetivos estabelecidos.

Marginal revenue.

Manpower. Mão de obra. Recursos humanos.

Manufacture. Fabricar. Manufaturar.

Manufacturer. Fabricante.

Manufacturing. Fabricação. Produção.

Manufacturing costs. Custos de fabricação.
Custo de fabricar produtos, geralmente em uma indústria. Compõem-se de três categorias: materiais diretos, mão de obra direta e custos indiretos de fabricação.

Manufacturing expense. Despesa de fabricação.
Denominação incorreta de custos indiretos de fabricação (*manufacturing overhead*), que, aliás, representam custo do produto, e não despesa (*expense*).

Manufacturing firm. Empresa industrial.
Empresa que converte matérias-primas e mão de obra em produtos acabados ou bens intermediários a serem utilizados na fabricação de outros produtos. Difere essencialmente de uma *merchandise firm* (empresa comercial) pelo fato de que esta adquire mercadorias acabadas para revenda.

Manufacturing overhead. Custos indiretos de fabricação.
Custos de fabricação não diretamente associados com produtos específicos, e sim com a capacidade geral de produção. Os custos fixos (*fixed costs*) dessa natureza são tratados como custo do produto sob o custeio por absorção (*absorption cost*).

Margin. Margem.
Receita menos certas despesas. Veja *contribution margin* (margem de contribuição), *gross margin* (margem bruta) e *current gross margin* (margem bruta corrente).

Margin of contribution. Margem de contribuição.
Valor monetário que se obtém ao tomar a receita de vendas menos os custos variáveis dos produtos ou serviços. É um valor útil para conhecer a capacidade da empresa para cobrir os custos fixos e gerar lucros. Contraste com *gross margin* (margem bruta). Por exemplo, se uma empresa apresenta receita de vendas de $ 100.000, custo das mercadorias vendidas de $ 80.000 e custos variáveis de $ 60.000, sua *margem bruta* será de $ 100.000 menos $ 80.000 igual a $ 20.000. E sua *margem de contribuição* será de $ 100.000 menos $ 60.000 igual a $ 40.000. O mesmo que *contribution margin*.

Margin of safety. Margem de segurança.
Excedente das vendas realizadas, ou orçadas, sobre o ponto de equilíbrio (*break-even point*). Em geral, é expressa em valores monetários, em unidades físicas ou ainda em porcentagem. É uma medida do risco operacional.

Marginal analysis. Análise marginal.
Abordagem que utiliza conceitos como receita marginal, custo marginal e lucro marginal para fins de tomada de decisão econômica.

Marginal cost. Custo marginal.
Variação no custo total resultante de variação no volume. Também referido como custo incremental ou custo diferencial da última unidade adicionada. Se uma unidade adicional de produção causa um aumento de $ 50 no custo total, este é o custo marginal.

Marginal costing. Custeio marginal.
Custeio variável (*variable costing*).

Marginal income. Lucro marginal.

Marginal revenue. Receita marginal.
Incremento na receita decorrente da venda de uma unidade adicional de produto.

Marginal tax rate. Alíquota marginal do imposto de renda.
Porcentagem paga sobre a última unidade monetária da renda tributável. Contrapõe-se à alíquota média do imposto de renda (*average tax rate*). Por exemplo: suponha que a renda tributável seja $ 60.000 e que há duas faixas de imposto: 10% até $ 40.000 e 15% sobre o excedente. O valor do imposto devido será: (10% de $ 40.000) + (15% de $ 20.000) = $ 4.000 + $ 3.000 = $ 7.000. As alíquotas de 10% e 15% são as taxas marginais. E a taxa média do imposto será de 12% = $ 7.000 / $ 60.000.

Market. Mercado.
Local onde ocorre o encontro entre compradores e vendedores de produtos e serviços, diretamente, ou por intermediários.

Marketability. Negociabilidade.
Facilidade com que um valor mobiliário pode ser comprado e vendido. Por exemplo, uma ação que é ativamente negociada caracteriza sua negociabilidade.

Market capitalization. Capitalização de mercado.
Valor de uma companhia determinado pelo preço de mercado de suas ações em circulação. Obtém-se multiplicando o número de ações pelo preço de mercado da ação vigente em dado momento.

Markdown. Redução.
Redução do preço original de venda de bens no varejo por diversas razões, tais como: queda nos preços gerais, intensificação da concorrência, excesso de oferta. Veja *markup* (margem) para contraste.

Markdown cancellation. Cancelamento de **markdown**.
Aumento de preço dos bens, após ter realizado um *markdown*. Consulte esse verbete.

Marketable debt securities. Aplicações financeiras em obrigações; em títulos de dívida.
Compare com *marketable securities* (valores mobiliários, títulos negociáveis).

Marketable equity securities. Aplicações financeiras em ações.
Aplicações financeiras que representam participações societárias em outras companhias, em contraste com outros tipos de títulos.

Marketable securities. Valores mobiliários. Títulos negociáveis.
Investimentos de alta liquidez, isto é, que podem ser resgatados a qualquer tempo e que a empresa aplicadora planeja transformar em caixa quando necessitar. Classificam-se como ativo circulante (*current asset*) no balanço patrimonial (*balance sheet*) e são considerados equivalentes de caixa na demonstração dos fluxos de caixa (*cash flows statement*). Se a empresa mantiver as mesmas aplicações com objetivo de longo prazo, eles deverão ser classificados como ativo não circulante (*noncurrent asset*).

Market-based transfer price. Preço de transferência baseado no mercado.
Preço de transferência que se baseia em dados externos obtidos no mercado, e não em dados internos da companhia.

Market interest rate. Taxa de juros de mercado.
A taxa de juros que uma companhia terá que pagar para obter empréstimo em uma dada ocasião.

Market price. Preço de mercado.
Preço pelo qual vendedor e comprador concordam em negociar num mercado aberto. Ou, ainda, preço combinado das ofertas de compra e venda. Veja *fair value* (valor justo).

Materials handling.

Market risk. Risco de mercado.
Parcela do risco de um valor mobiliário que é comum a todos os valores mobiliários da mesma classe, sejam ações ou obrigações, e, portanto, não pode ser eliminado por meio da diversificação. Também chamado de *systematic risk*. A medida do risco sistemático em ações é o coeficiente beta.

Market share. Participação de mercado.
Parcela de mercado detida por uma empresa. Percentual de vendas em um determinado segmento conquistado por uma dada empresa.

Market value. Valor de mercado.
Preço pelo qual um item pode ser negociado. Valor justo (*fair market value*).

Marketing costs. Custos de marketing.
Custos em que a empresa incorre para vender seus produtos. Compreendem os custos de localizar o cliente, persuadi-lo a comprar, entregar-lhe o produto ou serviço, cobrar e receber a quantia da venda.

Mark to market. Marcar a mercado.
Contabilizar um item pelo valor corrente de mercado. Reajustar um valor mobiliário com base nos valores atuais de mercado.

Markup. Margem.
1) Aumento no preço original de venda. Aplica-se em geral à precificação de itens para venda no varejo ou no atacado. 2) Valor adicionado ao custo de um item para chegar ao seu preço de venda. Pode ser expresso como porcentagem do custo ou em valor monetário. Se uma mercadoria custa $ 100 e a empresa aplica um *markup* de lucro de 40% sobre esse custo, o preço de venda será $ 140 = ($ 100 + (0,4 × 100). O valor do *markup* será de $ 40. Já quando a empresa reduz o preço de venda, a diminuição representa um *markdown* ou *markup cancellation* (cancelamento de *markup*).

Markup cancellation. Cancelamento de **markup**.
Veja *markup* (margem) para definição e contraste.

Markup percentage. Percentual de **markup**.
Obtém-se tomando o valor monetário do *markup* dividido pelo custo de aquisição acrescido do *markup*.

Master budget. Orçamento-mestre.
Orçamento que contempla a projeção das demonstrações financeiras (*financial statements*) e seus componentes.

Matching convention. Convenção da confrontação.
No processo de escrituração, é o reconhecimento de despesas no mesmo período contábil em que se reconhecem as receitas. Em outras palavras, significa confrontar receitas e despesas que, conjuntamente, resultam das mesmas transações ou eventos. Com isso garante-se uma melhor medição do resultado.

Material. Material.
Como adjetivo denota algo relativamente importante, capaz de influenciar uma decisão. A esse respeito, veja *materiality* (materialidade). Como substantivo significa matéria-prima ou material, seja direto ou indireto.

Material usage. Consumo de material.

Materiality. Materialidade.
Abordagem segundo a qual a Contabilidade deve evidenciar separadamente apenas os eventos mais importantes para o negócio ou para o entendimento de suas demonstrações financeiras (*finacial statements*). Uma informação é material se "uma pessoa razoável fizer um julgamento diferente, caso a informação lhe seja omitida ou se lhe for apresentada distorcida".

Materials handling. Manuseio de material.

Materials specification.

Materials specification. Especificação dos materiais.
Demonstração das quantidades de material direto que a empresa espera utilizar para fabricar uma determinada quantidade de produtos.

Materials variance. Variação dos materiais.
Variação do preço e da quantidade de materiais diretos, em um sistema de custo-padrão (*standard costing system*).

Maturity date. Data de vencimento.
1. Data em que o principal de uma obrigação (*bond*) ou qualquer outro instrumento de dívida se torna devido. 2. Data em que um empréstimo deve ser pago.

Maturity value. Valor no vencimento.
A quantia que se espera receber quando um empréstimo atingir seu vencimento. A depender do contexto, a quantia em questão pode ser o principal ou o principal mais juros.

MBO. *Sigla de* **Management by objectives.**
Administração por objetivos (APO). Consulte o verbete respectivo.

MD&A. *Sigla de* **Management's Discussion and Analysis.**
Parte importante do relatório da administração. Veja o verbete por extenso.

Measuring unit. Unidade de medida.
Veja o verbete *attribute measured* (atributo medido) para melhor compreensão.

Merchandise. Mercadoria.
Produtos acabados adquiridos por um varejista ou atacadista para revenda. Difere de produtos acabados de uma empresa industrial (*manufacturing firm*), pois estes são fabricados.

Merchandise costs. Custos de merchandise.
Custos em que a empresa incorre para promover um produto, tais como promoção, comissões, propaganda.

Merchandise firm. Empresa comercial.
Empresa que compra e vende mercadorias, em contraste com a empresa industrial (*manufacturing firm*) que adquire insumos, fabrica produtos acabados e os vende. Distingue-se ainda da empresa de serviço (*service firm*).

Merchandise turnover. Rotação das mercadorias.
Rotação ou giro do estoque de mercadorias. Indicador de eficiência obtido dividindo-se o custo das mercadorias vendidas (*cost of goods sold*) pelo valor dos estoques. Quanto maior, melhor. Veja *financial statement ratios* (índices financeiros).

Merged company. Empresa incorporada.

Merger. Fusão.
União de duas ou mais empresas resultando em uma entidade econômica única. Veja *holding* (companhia).

Merging company. Empresa incorporada.

Minority interest. Participação dos minoritários.
1. Participação atribuível àqueles que não controlam a empresa 2. Conta em um balanço consolidado (*consolidated balance sheet*) que mostra que a participação de uma empresa em uma subsidiária é inferior a 100% das ações. Pode ser classificada como patrimônio líquido ou como passivo de prazo indeterminado no balanço consolidado. 3. Na demonstração do resultado consolidada (*consolidated income statement*), a participação dos minoritários no lucro da subsidiária é subtraída, chegando-se ao lucro líquido consolidado do período.

Monetary policy.

Minority investment. Investimento minoritário.
Participação inferior a 50% no capital votante de uma companhia. É contabilizada pelo método da equivalência patrimonial (*equity method*) quando o investidor possui ações suficientes para exercer "influência significativa", e, nos demais casos, como aplicações financeiras.

Minority stockholder. Acionista minoritário.
Veja *minority investment* (investimento minoritário).

Minutes book. Livro de atas.
Registro das medidas tomadas pelo Conselho de Administração ou pela Assembleia de Acionistas.

MIS. *Sigla de* **Management Information System.** Sistema de Informações Gerenciais (SIG).
Consulte o verbete respectivo.

Mix variance. Variação de combinação.
Muitos sistemas de custo-padrão (*standard cost*) especificam combinações de insumos, por exemplo, mão de obra que possui certa habilidade e materiais com certa qualidade. Às vezes, contudo, as combinações utilizadas na produção terminam sendo diferentes das contempladas pelo padrão. A variação de combinações visa destacar a diferença de custo causada pela alteração na combinação de insumos.

Mixed cost. Custo misto.
Custo semifixo ou semivariável.

Modified Accelerated Cost Recovery System (MACRS). Sistema Modificado de Recuperação Acelerada de Custo.
Denominação do sistema de recuperação acelerada de custo, originalmente aprovado pelo Congresso norte-americano em 1981 e modificado em 1986.

Modified cash basis. Regime de caixa modificado.
Variante do regime de caixa, na qual os ativos de longo prazo são contabilizados pelo regime de competência. Muitos dos que usam a expressão regime de caixa estão na verdade se referindo ao regime de caixa modificado.

Monetary assets. Ativos monetários.
Veja itens monetários (*monetary items*).

Monetary gain or loss. Ganho ou perda monetária.
Ganho ou perda de poder de compra geral obtido ou incorrido por uma empresa como resultado de manter ativos ou passivos monetários durante um período em que há inflação. Surgem quando se utiliza a Contabilidade em moeda constante. Durante períodos de inflação, aqueles que mantêm ativos monetários líquidos (isto é, ativos monetários superiores aos passivos monetários) perdem poder de compra. Os que mantêm passivos monetários líquidos (passivos monetários superiores aos ativos monetários) ganham. Durante períodos de deflação, acontece o contrário. Veja *monetary items* (itens monetários).

Monetary items. Itens monetários.
Quantias monetárias fixas, legal ou contratualmente, e, portanto, sujeitas a oscilações de valor em períodos inflacionários. São exemplos caixa, contas a receber, fornecedores a pagar e outras dívidas. A distinção entre itens monetários e itens não monetários é importante na Contabilidade em moeda constante e nos cálculos de ganhos ou perdas cambiais. Veja *monetary gain or loss* (ganho ou perda monetária).

Monetary liabilities. Passivos monetários.
Veja *monetary items* (itens monetários).

Monetary policy. Política monetária.
Conjunto de medidas adotadas pelo governo a fim de adequar os meios de pagamento às necessidades de liquidez da economia. O executor dessas políticas é o Banco Central

Monetary-nonmonetary method.

e os instrumentos clássicos utilizados são: depósito compulsório, redesconto, mercado aberto e seleção do crédito.

Monetary-nonmonetary method. Método dos itens monetários e não monetários.

Método de conversão de demonstrações financeiras (*financial statements*) segundo o qual os itens monetários são convertidos pela taxa de câmbio corrente e os itens não monetários são convertidos pela taxa de câmbio histórica. Veja *monetary items* (itens monetários).

Money. Dinheiro.

Termo utilizado na Contabilidade com o sentido de disponibilidade imediata, isto é, caixa, numerário. Os economistas utilizam o termo tanto para se referir a meio de troca como a reserva de valor.

Money market. Mercado monetário.

Segmento do mercado financeiro (*financial market*) que opera a curto e a curtíssimo prazo. Exemplo típico de instituição que atua nesse mercado são os bancos comerciais (ou múltiplos), negociando títulos e valores e concedendo empréstimos. Já o movimento financeiro de longo prazo compete a outro segmento, o mercado de capitais (*capital market*).

Money order. Ordem de pagamento.

Mortgage. Hipoteca.

Direito concedido pelo devedor hipotecário (mutuário) ao mutuante (credor hipotecário) sobre uma propriedade do primeiro em garantia para o pagamento de um empréstimo. Envolve geralmente imóveis e o vínculo cessa quando a dívida for totalmente quitada.

Mortgage bond. Título de dívida ou obrigação garantida por hipoteca.

Moving average. Média móvel.

Média calculada sobre observações que mudam ao longo do tempo. Quando uma nova observação se torna disponível, a observação mais antiga é excluída. Dessa forma, a média é calculada sempre sobre uma quantidade fixa de observações, das quais somente as mais recentes são utilizadas.

Moving average method. Método da média móvel.

Método da média ponderada (*moving average*).

Multiple-step income statement. Demonstração do resultado com seções múltiplas.

Forma de apresentação da demonstração do resultado que mostra vários subtotais de despesas e perdas, subtraídos das receitas, para exibir itens intermediários. Exemplos: lucro operacional; lucro da atividade (lucro operacional mais receita de juros); lucro para os investidores (lucro da atividade menos imposto de renda); lucro líquido para os acionistas (lucro para os investidores menos despesa de juros); e lucros retidos (lucro para os investidores menos dividendos).

Municipal bond. Obrigação municipal.

Título de dívida emitido por uma prefeitura.

Mutual fund. Fundo mútuo.

Companhia de investimentos que emite suas próprias ações ou quotas para o público e que utiliza os recursos assim levantados para investir em títulos diversos. Os fundos mútuos geralmente possuem menos que 5% ou 10% das ações de cada empresa em que aplicam. As principais vantagens são a diversificação, gestão profissional e possibilidade de investimentos fracionários.

Mutually exclusive projects. Projetos mutuamente excludentes.

Em orçamento de capital (*capital budgeting*), esses são projetos que têm a mesma finalidade, portanto concorrem entre si. A aceitação de um projeto elimina a possibilidade de aceitação dos demais.

Naars. *Sigla de* **National Automated Accounting Research System.**

Nos EUA, sistema computadorizado que permite acessar, entre outros itens, o texto completo do relatório anual e dos formulários 10-K da maioria das sociedades por ações que têm ações listadas em bolsa. O sistema pode ser acessado por meio do AICPA.

Nasdaq. *Sigla de* **National Association of Securities Dealers Automated Quotations.**

É a bolsa de valores eletrônica norte-americana, na qual estão listadas mais de 3 mil companhias, em sua maioria de pequena e média capitalização. Foi fundada em 1971 e caracteriza-se por reunir empresas de alta tecnologia em eletrônica, informática, telecomunicações, biotecnologia etc. É a segunda maior bolsa em capitalização de mercado do mundo, depois da Bolsa de Valores de Nova York, Nyse. Após uma profunda reestruturação em 2000, a Nasdaq converteu-se numa empresa de fins lucrativos com ações negociadas em sua própria bolsa. A sede está localiza na Times Square, na cidade de Nova York.

National Association of Securities Dealers Automated Quotations (Nasdaq).

É a bolsa de valores eletrônica norte-americana, na qual estão listadas mais de 3 mil companhias, em sua maioria de pequena e média capitalização. Foi fundada em 1971 e caracteriza-se por reunir empresas de alta tecnologia em eletrônica, informática, telecomunicações, biotecnologia etc. É a segunda maior bolsa em capitalização de mercado do mundo, depois da Bolsa de Valores de Nova York, Nyse. Após uma profunda reestruturação em 2000, a Nasdaq converteu-se numa empresa de fins lucrativos, com ações negociadas em sua própria bolsa. A sede está localiza na Times Square, na cidade de Nova York.

Natural business year. Ano natural do negócio.

Período de 12 meses que se encerra em um mês de baixa atividade (ou de baixos

Natural classification.

estoques) de uma empresa, e que ela escolhe como seu período contábil.

Natural classification. Classificação natural.

Forma de apresentação da demonstração do resultado (*income statement*), na qual as despesas são classificadas pela natureza do item, isto é, materiais, salários, seguro, depreciação e imposto de renda. Contrapõe-se a classificação funcional (*functional classification*).

Natural resources. Recursos naturais.

Florestas, poços de petróleo, gás e outros produtos naturais que têm valor econômico. A amortização do custo de recursos naturais recebe o nome de *depletion* (exaustão). Os recursos naturais podem ser "não renováveis" (como no caso de petróleo, carvão mineral, depósitos de minérios) ou "renováveis" (caso de florestas).

Negative balance. Saldo negativo.

Negotiable. Negociável.

Algo legalmente passível de ser transferido por endosso. Termo em geral aplicável a cheques e notas promissórias.

Negotiated transfer price. Preço de transferência negociado.

Preço de transferência estabelecido conjuntamente pelas divisões compradora e vendedora.

Net. Líquido.

Valor que se obtém após computadas todas as deduções relevantes. Por exemplo, lucro líquido (*net income*), dado por receitas menos despesas de um período.

Net assets. Ativo líquido.

Ativo total menos o passivo total, ou seja, valor correspondente ao patrimônio líquido. Muitas vezes é útil separar o balanço patrimonial em duas partes: o patrimônio líquido e o "resto", em que este corresponde ao ativo total menos o passivo total.

Net bank position. Posição bancária líquida.

Do ponto de vista de uma empresa, corresponde ao dinheiro existente em determinado banco, menos empréstimos devidos, uma vez que a posição é líquida.

Net book value. Valor contábil líquido.

O valor pelo qual um ativo (*asset*) aparece nos registros contábeis da organização, geralmente na data de apresentação do balanço patrimonial (*balance sheet*). Corresponde ao valor original de compra menos quaisquer deduções cabíveis, como é o caso do ativo fixo deduzido do valor da depreciação acumulada.

Net current asset value (per share). Capital de giro líquido por ação.

O valor do capital de giro líquido dividido pela quantidade de ações em circulação. Alguns analistas consideram que, quando uma ação ordinária está sendo negociada no mercado por um preço inferior ao índice em questão, a ação está subavaliada e os investidores deveriam comprá-la.

Net current assets. Capital circulante líquido.

Capital de giro correspondente a ativo circulante menos passivo circulante.

Net earnings. Lucro líquido. Ganhos líquidos.

Net equity. Patrimônio líquido.

Essa é uma das formas de expressar o patrimônio líquido. Veja outras formas, como, *net worth*, *stockholders' equity* e *shareholders' equity*.

Net income. Lucro líquido.

Excedente das receitas e ganhos de um período sobre as despesas e perdas do mesmo período. É o valor apresentado na última linha da demonstração do resultado (*income statement*) e, por isso, também chamado de *bottom line*.

Net realizable sales value.

Net loss. Prejuízo líquido.
Excedente das despesas e perdas de um período, sobre as receitas e ganhos do mesmo período. Valor apresentado na última linha da demonstração do resultado (*income statement*). É o oposto de lucro líquido (*net income*).

Net margin. Margem líquida.
Veja também *net margin ratio* (índice de margem líquida).

Net margin ratio. Índice de margem líquida.
Lucro líquido dividido pela receita de vendas. Um indicador da lucratividade da empresa. Quanto maior o índice, melhor o desempenho. Há várias expressões equivalentes, como *net profit margin, net profit percentage* e *net profit ratio*.

Net operating profit. Lucro operacional líquido.
Lucro oriundo das operações recorrentes de uma empresa.

Net present value. Valor presente líquido.
Valor presente das entradas e saídas de caixa de um projeto ou de um investimento, após a aplicação de uma dada taxa de desconto. Trata-se de importante método utilizado para avaliar a atratividade de projetos de investimento (*capital budgeting*).

Net price method. Método do preço líquido.
Método de contabilização de descontos sobre compras (ou sobre vendas), segundo o qual a compra (ou a venda) é contabilizada pelo preço de fatura menos todos os descontos disponíveis, na suposição de que serão aproveitados. Descontos não aproveitados são então lançados como despesa. Para as compras, a administração geralmente prefere conhecer o montante dos descontos não aproveitados, que podem estar ligados a uma operação ineficiente, em vez do montante dos descontos aproveitados – razão pela qual a maioria dos administradores prefere o método do preço líquido ao método do preço bruto.

Net proceeds. Resultados líquidos.
Valor recebido em uma operação, depois de subtraídos todos os custos incorridos.

Net profit. Lucro líquido.
O oposto é prejuízo líquido (*net loss*).

Net profit margin. Margem de lucro líquido.
O mesmo que *net margin ratio* (índice de margem líquida). Lucro líquido dividido pela receita de vendas. Um indicador da lucratividade da empresa. Quanto maior o índice, melhor o desempenho.

Net profit percentage. Porcentagem de lucro líquido.
O mesmo que *net margin ratio* (índice de margem líquida).

Net profit ratio. Índice de lucro líquido.
O mesmo que *net margin ratio* (índice de margem líquida).

Net purchase. Compras líquidas.
Custo líquido das compras, ou seja, valor das compras menos devoluções e abatimentos. Este cálculo aparece nos verbetes *cost of goods sold* (custo das mercadorias vendidas) e *income statement* (demonstração do resultado).

Net realizable sales value. Valor de vendas realizável líquido.
Preço de venda corrente menos os custos razoáveis necessários à conclusão da fabricação do produto e a sua venda. Também representa uma base para rateio de custos conjuntos (*joint costs*). Suponha, por exemplo, que os produtos conjuntos A e B tenham um custo de $ 100, que o preço de venda de A seja $ 60 e que o de B seja $ 90. O produto A então receberia $ 40 [= $ 60/($ 60 + $ 90) × $ 100] dos

Net sales.

custos conjuntos; o produto B, $ 60 [= $ 90/($ 60 + $ 90) × 100].

Net sales. Vendas líquidas.
Valor das vendas (pelo preço bruto de fatura) menos as devoluções, provisões, fretes pagos pelos clientes e descontos aproveitados por eles.

Net working capital. Capital de giro líquido.
Os analistas financeiros, às vezes, têm em mente o ativo circulante, quando se referem ao capital de giro. Mas a expressão também é entendida como a diferença entre ativo circulante (*current asset*) e passivo circulante (*noncurrent liability*), podendo ser positiva ou negativa.

Net worth, shareholders' equity, stockholders' equity. Patrimônio líquido.
1. A totalidade dos bens e direitos de uma pessoa ou sociedade corresponde ao seu patrimônio bruto. Ao subtrair desse valor as dívidas, obtém-se o patrimônio líquido. 2. Em termos puramente algébricos, é a diferença entre ativo (*asset*) e passivo (*liability*) de uma empresa, em determinada data, e que, portanto, constitui o direito residual dos seus proprietários. 3. Também chamado capital próprio, o patrimônio líquido tem sua origem nos recursos aportados pelos sócios e nos lucros gerados e acumulados na sociedade. 4. Patrimônio líquido é também o nome do grupo contábil formado, basicamente, pelo capital social e reservas, disposto do lado direito do balanço patrimonial (*balance sheet*). Em conjunto com o grupo do passivo (*liability*), evidencia o total das fontes de recursos ou capitais que financiam a empresa.

Net yield. Rendimento líquido.

New York Stock Exchange, Nyse.
É a bolsa de valores de Nova York, instituição das mais influentes e conhecidas no mercado financeiro mundial. Seus primórdios remontam a 1792, mas o nome atual e a abreviação Nyse datam de 1863. Está localizada na Wall Street, Manhattan, o centro financeiro do país.

Next-in, first-out (Nifo). Próximo a entrar, primeiro a sair.
Veja definição pela sigla Nifo.

Nifo, next-in, first-out. Próximo a entrar, primeiro a sair (Peps).
Uma suposição do fluxo de custos, que, como o nome indica, requer que os estoques sejam baixados com base no preço que se pagará pelas próximas compras. Ao tomar decisões, muitos administradores consideram o custo de reposição (em vez do custo histórico) e se referem a ele como custo Preps.

Nominal accounts. Contas nominais.
Contas temporárias, tais como as contas de receitas (*revenues*) e as contas de despesas (*expenses*). Contrapõem-se às contas de balanço, que são permanentes. A empresa deve encerrar todas as contas nominais no final de cada período contábil.

Nominal amount. Valor nominal.
Quantia denominada em valor monetário, e não em em moeda constante. Contrapõe-se a valor real.

Nominal dollars. Dólares nominais.
Unidade de medida que não leva em conta as alterações no poder de compra geral da moeda, ou seja, a inflação. Por exemplo, o valor de face de uma cédula, de uma obrigação, de uma fatura ou de uma conta a receber representa uma quantia nominal. Quando o analista ajusta essa quantia pela alteração no poder de compra geral, a quantia torna-se uma quantia real.

Nominal interest rate. Taxa de juros nominal.
Taxa especificada em um instrumento de dívida, geralmente diferente da taxa de juros de mercado ou da taxa de juros efetiva. Também refere-se à taxa anual de juros

Normal costing.

cotada. Quando os juros são capitalizados mais do que uma vez por ano, a taxa efetiva torna-se superior à taxa nominal.

Noncancelable. Não cancelável.
Veja *lease* (arrendamento).

Nonconsolidated subsidiary. Subsidiária não consolidada.
Investimento intercompanhias no qual a investidora possui mais de 50% das ações da subsidiária, mas o contabiliza de acordo com o método do custo (*cost method*).

Noncontrollable cost. Custo não controlável.
Custo que o administrador não consegue controlar.

Noncurrent asset. Ativo não circulante.
1. Ativo cujos benefícios se estendem por mais de um ano ou de um ciclo operacional. 2. Subgrupo do balanço patrimonial (*balance sheet*) em que se classificam os ativos realizáveis após o término do exercício social seguinte, tais como investimentos permanentes, imobilizados e intangíveis.

Noncurrent liability. Passivo não circulante.
1. Passivo que vence em prazo superior a um ano ou a um ciclo operacional. 2. Subgrupo do balanço patrimonial (*balance sheet*) em que se classificam as dívidas com vencimento após o término do exercício social seguinte, tais como financiamentos, debêntures, encargos financeiros a pagar etc.

Noninterest-bearing note. Nota promissória sem juros.
Nota promissória que não contém juros explícitos. Antes do vencimento, seu valor de face é superior a seu valor presente, desde que a taxa de juros seja positiva.

Nonmanufacturing costs. Custos não fabris.
Todos os outros custos em que uma empresa incorre, além dos custos necessários à fabricação de produtos. Como regra geral, somente as empresas industriais utilizam essa designação.

Nonoperating. Não operacional.
Na demonstração do resultado (*income statement*), receitas e despesas que se originam de transações alheias à(s) principal(is) linha(s) de negócio da companhia. Na demonstração do fluxo de caixa (*cash flow statement*), as entradas e saídas de caixa relacionadas com o financiamento e com os investimentos, em oposição ao fluxo de caixa operacional. Veja *operations* (operações).

Nonmonetary items. Itens não monetários.
Todos os itens que não são monetários. Veja *monetary items* (itens monetários).

No par. Sem valor nominal.
Referência a ações que não têm valor nominal.

Nonprofit corporation. Empresa sem fins lucrativos.
Entidade, como um hospital, cujos lucros não são compartilhados pelos respectivos proprietários. Geralmente enfatiza a prestação de serviços, e não a maximização do lucro.

Nonrecurring. Não recorrente.
Evento que não se espera que aconteça frequentemente do ponto de vista de determinada empresa. É o mesmo que item extraordinário.

Nonvalue-added activity. Atividade que não agrega valor.
Atividade que acarreta custos, mas não aumenta o valor de um produto ou serviço para o cliente.

Normal costing. Custeio normal.
Método de atribuição de custos aos produtos, segundo o qual os produtos recebem o material direto realmente empregado, a mão de obra realmente utilizada e os custos indiretos de fabricação segundo taxas predeterminadas.

Normal costing system.

Normal costing system. Sistema de custeio normal.
　Modalidade que se baseia no material direto realmente empregado e na mão de obra realmente utilizada, mas aplica os custos indiretos de fabricação segundo taxas predeterminadas, por unidade de alguma base de atividade (horas de mão de obra direta ou horas-máquinas, por exemplo). A administração decide a taxa de aplicação no início do período. No final do período, o contador multiplica essa taxa pela quantidade de unidades da base de atividade que realmente aconteceu, chegando aos custos indiretos de fabricação a serem aplicados aos produtos.

Normal spoilage. Desperdício normal.
　Custo de quantidades normais de desperdício. É rateado entre as unidades produzidas como custo do produto. Opõe-se a desperdício anormal (*abnormal spoilage*).

Normal standard cost. Custo-padrão normal.
　Custo em que a empresa espera incorrer, em condições operacionais razoavelmente eficientes e com previsão adequada de retrabalho, de desperdício e outros.

Note. Nota.
　Nota promissória ou nota explicativa, conforme o contexto.

Note payable. Nota promissória a pagar.
　Promessa incondicional, por escrito, de que o tomador irá pagar certa quantia quando exigida ou em determinada data. Veja *promissory note* (nota promissória).

Note receivable. Nota promissória a receber.
　Veja *promissory note* (nota promissória).

Note receivable discounted. Nota promissória descontada.
　Uma nota promissória vendida pelo titular a um terceiro. O novo titular geralmente paga uma quantia inferior ao valor de face da nota, daí o uso do termo "descontada". Se o antigo titular vender a nota promissória com recurso, terá um passivo contingente, até que o emitente pague a dívida.

Notes. Notas explicativas.
　Informação mais detalhada do que as contidas nas demonstrações financeiras (*financial statements*). São parte integrante das demonstrações e vêm acompanhadas do parecer dos auditores independentes.

NOW, *Sigla de* **Negotiable Order of Withdrawal Account.** Conta NOW.
　Ordem de saque negociável. Instrumento de saque em contas de depósito bancário ou de poupança, de forma similar a um cheque.

Number of days sales in inventory. Número de dias de venda em estoque.
　Período médio de estocagem. Veja *financial statement ratios* (índices financeiros). Obtém-se o indicador fazendo: estoques divididos pelo CMV médio diário. Quanto menor, melhor.

Number of days sales in receivables. Número de dias de venda em contas a receber.
　Período médio de recebimento. Veja *financial statement ratios* (índices financeiros). Obtém-se o indicador fazendo: contas a receber divididas pelas vendas realizadas médias diárias. Quanto menor, melhor.

Nyse. *Sigla de* **New York Stock Exchange.**
　É a bolsa de valores de Nova York, instituição das mais influentes e conhecidas no mercado financeiro mundial. Seus primórdios remontam a 1792, mas o nome atual e a abreviação Nyse datam de 1863. Está localizada na Wall Street, Manhattan, o centro financeiro do país.

Objectivity. Objetividade.

Política de elaboração e apresentação de demonstrações financeiras (*financial statements*), segundo a qual a empresa somente reconhece um evento e o contabiliza se puder medir a sua magnitude com precisão razoável, e se essa medida puder ser verificada por um terceiro, independente.

Obsolescence. Obsolescência.

Queda no valor de mercado de um ativo (*asset*) causada por deterioração física ou pelo surgimento de ativos alternativos mais eficientes. A queda no valor de mercado não necessariamente se relaciona com alterações físicas no ativo. Computadores, por exemplo, tornam-se obsoletos muito antes de sofrer desgaste físico relevante.

Off-balance-sheet financing. Financiamento fora do balanço.

Obrigação que atende a todos os critérios para sua caracterização como um passivo (*liability*), exceto que deriva de um contrato executório e, portanto, não constitui um passivo no sentido rigoroso do termo.

Off-balance-sheet risk. Risco fora do balanço.

Contrato que expõe uma empresa à possibilidade de perda, mas que não aparece nas demonstrações financeiras (*financial statements*). Um contrato de câmbio a termo, por exemplo, geralmente não aparece no balanço patrimonial, porque constitui um contrato executório. O contrato pode reduzir ou aumentar a exposição da empresa ao risco cambial ou ao risco de crédito.

Office expenses. Despesas de escritório.

Despesas com materiais diversos de uso em escritório.

Office supplies. Materiais de escritório.

Officer. Funcionário de alto escalão, diretor, executivo.

Exemplo: chief executive officer (CEO); chief financial officer (CFO).

Offshore. Atividades realizadas no exterior, como em paraísos fiscais.

On account. A prazo. A crédito.

Referência a uma compra (ou venda) cujo pagamento o vendedor receberá no futuro, após entregar a mercadoria vendida, e para a qual o comprador não emite nenhuma nota promissória, evidenciando a dívida. O comprador geralmente assinou um contrato no passado, prometendo pagar as compras de acordo com um determinado cronograma. Quando a empresa vende a prazo, ela debita contas a receber (*accounts receivable*). Quando ela compra a prazo, ela credita fornecedores (*accounts payable*).

On consignment. Em consignação.

Referência a bens entregues pelo proprietário (o consignador) a um terceiro (o consignatário) para que este os venda. O acordo possibilita ao proprietário obter o bem de volta ou receber o pagamento de uma quantia determinada. Os bens constituem um ativo do consignador. Tal arranjo propicia ao consignador maior proteção do que se ele fizesse uma venda a prazo ao consignatário, e este viesse a enfrentar dificuldades.

One-line consolidation. Consolidação em uma única linha.

Referência a um investimento intercompanhias contabilizado pelo método da equivalência patrimonial (*equity method*).

Open account. Conta aberta.

Qualquer conta que esteja com um saldo credor ou devedor diferente de zero.

Opening balance. Saldo de abertura; saldo inicial do período.

Opening entry. Lançamento inicial ou de abertura.

Operating. Operacional.

Termo que designa receitas e despesas referentes à(s) linha(s) principal(is) do negócio da companhia. O conceito de operacional às vezes não é consensual.

Operating accounts. Contas operacionais.

Contas de receita, despesa e custo de produção. Contrastar com balanço patrimonial (*balance sheet*).

Operating activities. Atividades operacionais.

Para fins de elaboração da demonstração do fluxo de caixa (*cash flow statement*), são todas as transações e eventos que não se definem como atividades de financiamento (captação de fundos) ou atividades de investimento (aplicação de fundos). Veja *operating cash flow* (fluxo de caixa operacional).

Operating budget. Orçamento operacional.

Orçamento que cobre o ciclo operacional ou um ano. Geralmente exclui as atividades de investimento e de financiamento.

Operating capacity. Capacidade operacional.

Operating cash flow. Fluxo de caixa operacional.

Recebimentos de clientes e de investimentos, menos desembolsos com aquisição de estoques, de mão de obra e de serviços utilizados nas atividades usuais da empresa, menos os pagamentos de juros. Por exemplo, a diferença entre as receitas recebidas e as despesas pagas. Muitas vezes, o fluxo de caixa operacional aparece como lucro líquido adicionado das despesas que não exigem

Operating margin based on current costs.

saída de caixa (depreciação, por exemplo) subtraído das receitas que não são recebidas (receita reconhecida de acordo com o método da equivalência patrimonial, por exemplo). Veja *cash flow statement* (demonstração dos fluxos de caixa).

Operating cost. Custo operacional.

Operating cycle. Ciclo operacional.
Tempo médio entre comprar estoques, vendê-los e receber pela venda. Indicador dado pela soma do prazo médio de estocagem com o prazo médio de recebimento de clientes. Quanto menor, melhor.

Operating expenses. Despesas operacionais.
Despesas incorridas no curso das atividades regulares de uma entidade. Geralmente é uma classificação adotada na demonstração do resultado (*income statement*) que engloba apenas despesas de vendas, administrativas e gerais, portanto excluindo o custo das mercadorias vendidas, a despesa de juros e a despesa do imposto de renda.

Operating income. Lucro ou resultado operacional.
Veja *operating expenses* (despesas operacionais).

Operating lease. Arrendamento mercantil ou **leasing** operacional.
Modalidade de arrendamento que não implica reconhecimento de ativo (pelo direito de uso do bem arrendado) ou passivo (pelas prestações a pagar) na Contabilidade do arrendatário. O arrendatário contabiliza apenas as prestações do arrendamento como despesa do período. O ativo permanece nos livros do arrendador, em que as prestações são reconhecidas como receita. Não confundir com o arrendamento financeiro (*capital lease*).

Operating leverage. Alavancagem operacional.
Variações nas vendas poderão ocasionar variações mais do que proporcinais no lucro, a depender da magnitude dos custos fixos na estrutura de resultados da empresa. A esse efeito denomina-se alavancagem. Quando se refere à parte operacional do resultado, chama-se alavancagem operacional. Exemplo: preço de venda unitário, p = \$ 10, custo variável unitário, cv = \$ 5, e custo operacional fixo, CF = \$ 3.000. Se as vendas alcançarem 1.000 unidades, o lucro da empresa (antes dos juros e do imposto de renda) será \$ 2.000, isto é, (\$ 10 × 1.000) − [(\$ 5 × 1.000) + \$ 3.000]. Supondo-se que as vendas aumentem 20%, indo de 1.000 para 1.200 unidades, o lucro da empresa irá para \$ 3.000, isto é, (\$ 10 × 1.200) − [(\$ 5 × 1.200) + \$ 3.000], uma elevação de 50%. Na hipótese de queda nas vendas, pelos mesmos 20%, o lucro cairia 50%, ou seja, para \$ 1.000. Esse efeito mais do que proporcional ocorrido no lucro, da ordem de 2,5 vezes, para mais e para menos, quando de variações nas vendas, decorre da presença de custos fixos e constitui a alavancagem operacional. Veja também *financial leverage* (alavancagem financeira) para comparação e definição de custos fixos (*fixed cost*).

Operating loss. Prejuízo operacional.
Veja *operating expenses* (despesas operacionais).

Operating margin. Margem operacional.
Receita de vendas menos custo das mercadorias vendidas e despesas operacionais.

Operating margin based on current costs. Margem operacional baseada em custos correntes.
Tipo de margem que considera o custo das mercadorias vendidas em bases correntes e

Operational control.

não pelo custo histórico. Trata-se de uma medida de eficiência operacional que independe da suposição do fluxo de custos. Às vezes é denominada "margem corrente".

Operational control. Controle operacional.

Operational risk. Risco operacional.

Operations. Operações.
Termo não definido com precisão em Contabilidade. Como regra geral, os analistas distinguem as atividades operacionais (produzir e vender mercadorias ou serviços) das atividades de financiamento (levantamento de fundos) e das atividades de investimento (aplicação de fundos). A aquisição de mercadorias a prazo geralmente é caracterizada como atividade operacional, mas note que têm características de atividade de financiamento.

Opinion. Parecer.
Parecer dos auditores independentes.

Opinion paragraph. Parágrafo do parecer.
Seção do parecer dos auditores independentes, geralmente colocada após o parágrafo de escopo, no qual eles apresentam sua conclusão de que as demonstrações financeiras (*financial statements*) se encontram (raramente não se encontram) de acordo com os princípios contábeis geralmente aceitos (PCGA), e que apresentam adequadamente a posição financeira, as alterações na posição financeira e os resultados das operações.

Opportunity cost. Custo de oportunidade.
Importante conceito em economia e finanças que muitas vezes não recebe a devida atenção/compreensão. Trata-se da taxa de retorno que uma empresa (ou indivíduo) poderia obter caso optasse por outro investimento com risco semelhante. Ou seja, valor presente do lucro (ou custos) que a empresa poderia auferir (ou economizar) se utilizasse um ativo na melhor alternativa possível.

Opportunity cost of capital. Custo de oportunidade do capital. Custo de capital.
Veja *opportunity cost* (custo de oportunidade).

Option. Opção.
1. O direito legal de comprar ou vender algo (ações, por exemplo) durante determinado período e por um preço específico, denominado preço de exercício. Se o direito é válido durante determinado período, tem-se uma "opção norte-americana". Se existe somente em uma data determinada, "opção europeia". 2. Também se aplica às opções de compra de ações concedidas a empregados, como incentivo e remuneração extra. Consulte também o verbete *stock call option* (opção de compra de ações).

Option holder. Titular da opção.
Adquirente de uma opção de compra (*call option*) ou de uma opção de venda (*put option*). O adquirente tem o direito, mas não a obrigação, de comprar ou vender. Contraste com *option writer* (lançador de opções).

Option writer. Lançador de opções.
Agente econômico que vende opções de venda (*put option*) e opções de compra (*call option*). O lançador assume a obrigação de vender ou comprar e, para tanto, cobra um preço do interessado (*option premium*) no ato da negociação. Este valor não é reembolsável.

Ordinary annuity. Anuidade convencional. Anuidade postecipada.
Os pagamentos ou recebimentos ocorrem ao final do período.

Ordinary general meeting. Assembleia geral ordinária.

Overapplied overhead.

Ordinary income. Renda corrente.
Para fins de cálculo do imposto de renda, é a renda que não se qualifica como ganho de capital.

Ordinary stock. Ação ordinária.
Ações pertencentes à classe de proprietários que têm direito residual sobre o ativo e sobre o lucro de uma sociedade por ações, após ela satisfazer todos os direitos cabíveis aos detentores de obrigações e de ações preferenciais. Por outro lado, as ações ordinárias concedem direito de voto.

Organization costs. Custos de organização.
Custos incorridos no planejamento e estabelecimento de uma entidade. Constitui exemplo de ativo intangível. A empresa tem que tratar esses custos como despesa do período, apesar de eles claramente fornecerem benefícios futuros e atenderem aos critérios para reconhecimento de ativos.

Organization goals. Objetivos organizacionais.
Objetivos amplos de uma organização fixados pelos administradores.

Original cost. Custo original.
Custo de aquisição ou custo histórico.

Original entry. Lançamento original.
Lançamento em um diário (*journal*).

Original entry book. Diário.
Livro de lançamento original.

Other comprehensive income.
Outros itens do lucro compreensivo.
De acordo com o Fasb, itens do lucro compreensivo que não fazem parte do lucro. Veja *comprehensive income* (resultado abrangente).

Outlay. Saída.
Quantia despendida em um investimento de capital, por exemplo.

Out-of-pocket. Desembolso.
Referência a um investimento de capital ou a outro gasto pago com dinheiro.

Out-of-pocket expenses. Desembolso.
Despesas que requerem pagamento imediato.

Output. Resultado.
Quantidade física ou monetária de bens e serviços produzidos. Contrapõe-se a *input*.

Outside director. Diretor externo.
Membro de um Conselho de Administração que não é empregado da empresa e não participa da administração no dia a dia.

Outstanding. Em circulação. Em aberto.
Valor não pago ou recebido. No caso de ações, refere-se às ações existentes, isto é, emitidas menos as ações em tesouraria. No caso de cheques, refere-se a um cheque emitido que, até a data do extrato bancário, ainda não tinha sido apresentado ao banco sacado.

Outstanding capital stock. Ações em circulação.
Isto é, nas mãos do público.

Outstanding loans. Empréstimos em aberto.

Outstanding receivables or payables.
Contas a receber ou a pagar.

Outstanding stocks. Ações existentes.
Ações em poder dos acionistas. Compreende as ações emitidas menos as ações mantidas em tesouraria.

Over-and-short. Conta de diferenças.
Título de conta de despesa na qual se lançam pequenas diferenças entre o saldo contábil e o saldo real do caixa pequeno (*petty cash*).

Overapplied overhead. Custos indiretos de fabricação superaplicados.
1. Custos aplicados a um produto, superiores aos custos indiretos de fabricação que

Overdraft.

realmente ocorreram durante um período. 2. Saldo credor em uma conta de custos indiretos, após a aplicação aos produtos.

Overdraft. Saque a descoberto.

Cheque emitido contra uma conta bancária cujo saldo é inferior ao valor do cheque.

Overdue. Vencido.

Vencido e não pago.

Overhead. Gastos gerais.

São os gastos indiretos de uma organização. Geralmente são classificados em *overhead* de produção; de administração; de vendas; de distribuição e de pesquisa e desenvolvimento.

Overhead costs. Custos indiretos.

Qualquer custo não diretamente associado com a produção ou venda de produtos e serviços identificáveis. A expressão muitas vezes refere-se apenas a custos de fabricação. Veja *central corporate expenses* (despesas do corporativo) e *factory overhead* (custos indiretos de fábrica).

Overhead rate. Taxa de custos indiretos.

Padrão ou taxa predeterminada segundo os quais a empresa aplica custos indiretos a produtos ou serviços.

Over-the-counter (OTC). De balcão.

Título negociado fora da bolsa de valores.

Over-the-counter (OTC) market. Mercado de balcão.

Mercado onde ocorre a compra e venda de títulos não cotados ou listados nas bolsas de valores organizadas. É tipicamente um mercado por telefone ou internet.

Overtime. Horas extras.

Owners' equity, shareholders' equity, stockholders' equity. Patrimônio líquido.

Há diversas formas aceitas para definir patrimônio líquido: 1. ativo menos passivo; 2. capital integralizado mais lucros retidos; 3. contas de capital dos sócios, em uma sociedade por quotas; 4. conta de capital do proprietário em uma empresa individual.

Ownership interest. Participação do proprietário no capital da empresa.

Packing. Embalagem.

Packing material. Material de embalagem.

Paid-in. Pago.

Paid-in capital. Capital integralizado.
O mesmo que c*ontributed capital.* Conta do patrimônio líquido (*stockholder's equity*) que abriga diversos eventos, tais como: 1. o valor monetário das ações emitidas pela empresa; 2. o prêmio ou desconto resultante da venda das ações; 3. as ações recebidas em doação; e 4. a revenda de ações em tesouraria (*treasury stock*). Lembre-se que o patrimônio líquido, como grupo, consiste do capital integralizado e dos lucros retidos (*retained earnings*).

Paper profit. Lucro escritural.
Ganho que ainda não se realizou por meio de uma transação. Por exemplo, ganho de estocagem não realizado.

Par. Par.
Veja *face amount* (valor de face).

Par, nominal or stated value. Valor ao par.
Valor de face de um título.

Parent. Controladora.
Companhia controladora. Aquela que controla uma ou mais empresas por possuir mais do que a metade do capital votante.

Parent company. Companhia controladora; matriz.
Companhia que possui mais de 50% das ações com direito a voto de uma outra, denominada subsidiária ou controlada.

Partial obsolescence. Obsolescência parcial.
Uma das causas de declínio no valor de mercado de um ativo. À medida que a tecnologia avança, o valor econômico dos ativos existentes cai. Em muitos casos, entretanto, não compensa substituir o mo-

Participating dividend.

delo existente por um novo. Nesse caso, o contador teoricamente deveria reconhecer uma perda por obsolescência parcial pelo fato de a empresa possuir um ativo antigo, ultrapassado. Mas há controvérsias. Veja *obsolescence* (obsolescência).

Participating dividend. Dividendo de participação.

Dividendo pago aos portadores de ações preferenciais, em adição ao dividendo mínimo, quando o correspondente contrato assim o estabelece. Geralmente, os dividendos para os acionistas ordinários devem atingir um nível predeterminado para que os acionistas preferenciais tenham direito a dividendo de participação.

Participating preferred stock. Ação preferencial de participação.

Ação preferencial com direito ao dividendo de participação (*participating dividend*).

Partner's drawing. Retirada de sócio.

1. Pagamento feito a um sócio de uma sociedade por quotas, debitado à sua participação no lucro ou no capital. 2. Nome de uma conta temporária, encerrada contra a conta de capital do sócio, e que é debitada pelos pagamentos em questão.

Partnership. Sociedade por quotas.

Contrato entre indivíduos, chamados sócios (*partners*), para o compartilhamento de recursos e operações, em um negócio conduzido conjuntamente.

Past due. Vencido. Prazo esgotado.

Patent. Patente.

Direito concedido pelo governo, segundo o qual terceiros ficam excluídos, por certo número de anos, da fabricação, utilização ou venda de um produto ou processo de fabricação. Constitui um ativo da empresa que a adquire mediante compra. Se a empresa desenvolver a patente internamente, os princípios contábeis (PCGA) atuais exigem que os correspondentes gastos sejam considerados despesa do período em que foram incorridos, mas pode capitalizar às custas legais e as taxas de registro.

Payable. A pagar.

Obrigação não paga, mas não necessariamente devida ou em atraso.

Pay-as-you-go. Em bases correntes.

No Reino Unido, referência a esquema de imposto de renda no qual o contribuinte faz pagamentos periódicos do imposto, durante o período em que está auferindo a renda a ser tributada. Opõe-se ao esquema em que o contribuinte somente faz algum pagamento no final do período em que está auferindo a renda, ou depois, denominado *pay-as-you-earn* (*paye*).

Payback period. Período de recuperação do investimento. Reembolso.

Tempo (em meses ou anos) transcorrido até que as entradas de caixa acumuladas de um projeto de investimento de capital se igualem às saídas de caixa acumuladas. É um indicador de risco, pois, quanto mais longo o período de recuperação, maior a incerteza.

Paye, pay-as-you-earn. Pagamento na fonte.

Pagamento à medida que se recebe. Veja *pay-as-you-go* (em bases correntes) para contraste.

Payee. Recebedor.

Pessoa ou entidade que recebe um pagamento ou que irá receber a quantia especificada num cheque.

Payment in advance. Pagamento antecipado.

Payment in kind. Pagamento em espécie.

Popularmente, refere-se a pagamento em "dinheiro vivo". Apesar de contraditório, outras vezes é empregado com o sentido de pagamento em produtos ou serviços, portanto não em dinheiro.

Periodic inventory method.

Payout ratio. Taxa de distribuição.
Indicador resultante da divisão dos dividendos cabíveis às ações ordinárias, declarados em determinado ano, pelo lucro líquido do ano. Expressão utilizada por analistas financeiros. Contrastar com *dividend yield* (rendimento em dividendos).

Payroll. Folha de pagamento.

Payroll taxes. Encargos sociais.
Encargos associados ao pagamento de salários. Geralmente o empregador paga uma parte dos encargos e desconta dos salários a parte devida pelos empregados.

P&L. Profit-and-Loss statement. Demonstração de lucros e perdas; demonstração do resultado (income statement).
A sigla P&L é bastante popular, embora muito antiga.

P/E ratio. Índice P/L. Índice preço/lucro.
Em determinada data, o preço de mercado da ação ordinária de uma companhia dividido pelo lucro por ação ordinária do período anterior. Quanto maior esse indicador, melhor.

Penalty interest. Juros de mora.

Pension fund. Fundo de pensão.
Fundo do qual serão pagos benefícios a empregados aposentados, geralmente como uma anuidade vitalícia. Normalmente não constitui um ativo do empregador.

Pension plan. Plano de pensão.
Contrato entre empregador e seus empregados para o pagamento de anuidades ou outros benefícios de aposentadoria.

Per books. Pelos livros.
Expressão utilizada para se referir ao valor de carregamento de um item numa data específica.

Percentage depletion. Percentual de exaustão.
Despesa que a legislação do imposto de renda federal aceita e considera dedutível, em certos casos. É calculada como um percentual do lucro bruto originário da exploração de recursos naturais, independentemente do custo ainda não amortizado.

Percentage statement. Demonstração percentual.
Demonstração elaborada em percentuais, em complemento ou em substituição a valores monetários. Em uma demonstração do resultado percentual, a base 100 geralmente são as receitas líquidas ou as receitas totais. Em um balanço percentual, a base 100 costuma ser o ativo total.

Percentage-of-completion method. Método do percentual completado.
Reconhecimento de receitas e despesas de um trabalho, encomenda ou contrato (1) na proporção dos custos incorridos no período divididos pelos custos totais esperados ("custo a custo") ou (2) na proporção de estimativas técnicas do grau incremental de conclusão no período.

Period. Período.
Período contábil. Exercício social.

Period cost. Custo do período, custo do exercício.
Melhor utilizar a expressão "despesa do período" (*period expense*).

Period expense. Despesa do período.
Gasto geralmente baseado no decurso do tempo, que é debitado às operações do período, em vez de ser capitalizado como ativo (*asset*). Contraste com *produt cost* (custo do produto).

Periodic inventory method. Método do inventário periódico.
Método de contabilização de estoques que utiliza dados sobre o estoque inicial, as

Periodic procedures.

adições ao estoque e o estoque final, para calcular o custo das saídas do estoque. Contrasta com o método do inventário perpétuo (*perpetual inventory method*).

Periodic procedures. Procedimentos periódicos.

Referência a lançamentos de ajuste e lançamentos de encerramento feitos durante a preparação das demonstrações financeiras (*financial statements*), geralmente com o apoio de balancetes e folhas de trabalho.

Permanent account. Conta permanente.

Conta que figura no balanço patrimonial (*balance sheet*). São contas cujos saldos são transferidos de um período a outro. Opõe-se a *temporary account* (conta temporária), que figura na demonstração do resultado (*income statement*). Estas últimas são encerradas ao final de cada período.

Perpetual inventory method. Método do inventário perpétuo.

Registro da quantidade e valor monetário dos estoques, atualizados a cada movimentação. Os registros mostram as quantidades e, frequentemente, o valor monetário do estoque que a empresa deve ter em cada instante. O custo das mercadorias vendidas (CMV) é obtido explicitamente, o que permite à empresa utilizar a equação dos estoques para saber qual o estoque final que deveria existir. A empresa pode então comparar o estoque final assim calculado com o estoque final obtido por verificação física. Dessa forma, terá controle do volume de quebras, roubos, desvios etc. Contraste com o método do inventário periódico (*periodic inventory method*).

Perpetuity. Perpetuidade.

Anuidade cujos pagamentos se estendem indefinidamente. O valor presente de uma perpetuidade postecipada é igual a **p / r**, em que **p** é o pagamento periódico e **r** é a taxa de juros por período. Por exemplo, o valor presente de uma perpetuidade que paga $ 100 ao final de cada ano, à taxa de juros de 8% ao ano, é igual a $ 100 / 0,08 = $ 1.250.

Personnel cost. Custo de pessoal.

Petty cash. Caixa pequeno.

Veja *petty cash fund* (recursos do caixa pequeno). Pequena quantia de dinheiro mantida para fazer face a gastos gerais. Também chamada de fundo de caixa.

Petty cash fund. Recursos do caixa pequeno.

Dinheiro em mãos para pequenos gastos do dia a dia da empresa, tais como passagens de ônibus e metrô, corrida de táxi, postagem de correspondência etc.

Physical verification. Verificação física.

Verificação, por um auditor, da existência física de itens de estoque, bens imobilizados e outros ativos, em oposição à simples conferência de registros contábeis. O auditor pode utilizar procedimentos estatísticos de amostragem.

Planning and control process. Processo de planejamento e controle.

Nome geral das técnicas administrativas que compreendem (i) o estabelecimento de objetivos, do plano estratégico, do orçamento de investimentos e do orçamento operacional da organização, e (ii) comparação dos planos com os resultados realizados, avaliação do desempenho e tomada de ações corretivas.

Plant. Fábrica, instalações fabris.

Plant assets. Ativos imobilizados.

Ativos utilizados no processo de geração de receitas, compreendendo edificações, máquinas, equipamentos, terrenos e recursos naturais. *Plant*, às vezes, é usada para designar as edificações.

Precise presentation.

Plant asset turnover. Rotação ou giro do ativo imobilizado.
Valor monetário de vendas geradas por cada unidade monetária de ativo imobilizado. É igual à receita de vendas dividida pelo ativo imobilizado médio do período.

Pledge. Caucionar.
O tomador de recursos fornece ativos (*assets*) como colateral de um empréstimo.

Pledging of receivables. Caucionamento de contas a receber.
O processo de utilizar contas a receber (*accounts receivable*) como colateral de um empréstimo. O tomador permanece responsável pela cobrança das contas a receber e compromete-se a utilizar os correspondentes recebimentos para liquidar o empréstimo.

Plow back. Reinvestir.
Reter e reaplicar os lucros na própria empresa.

Plug. Plug.
Processo de cálculo por uma quantia por diferença. Conhecendo-se as demais variáveis, o *plug* é o valor que fecha a conta. Por exemplo, para qualquer conta, faz-se: saldo inicial + adições − subtrações = saldo final. Conhecendo-se quaisquer três dos quatro itens, pode-se obter o último, ou seja, o *plug*.

Point of sale. Ponto da venda.
A ocasião ou o local em que uma venda ocorre.

Policy. (a) Apólice.
De seguros, por exemplo.

Policy. (b) Política, diretriz.

Pooling of interests. Combinação de interesses, de participação.
Veja o verbete *pooling-of-interests method* (método de combinação de interesses).

Pooling-of-interests method. Método da combinação de interesses.
Contabilização de uma combinação de empresas mediante a soma dos valores contábeis dos ativos, passivos e patrimônios líquidos das empresas individuais. Geralmente leva a um maior lucro líquido combinado do que resultaria se a combinação fosse contabilizada como uma compra, pois o valor de mercado dos ativos geralmente é superior a seu valor contábil.

Post. Postar; registrar.
O processo de efetuar lançamentos no livro-razão (*ledger*) a partir de transferências do livro diário (*journal*).

Post-closing trial balance. Balancete encerrado.
Balancete de verificação levantado após todas as contas temporárias terem sido encerradas. Contas temporárias são as contas de resultado: receitas (*revenues*) e despesas (*expenses*).

Post-statements events. Eventos pós-demonstrações.
Eventos que têm impacto material e que ocorreram após o final do período contábil, mas antes da publicação formal das demonstrações financeiras (*financial statements*). A empresa deve informar esses eventos em notas explicativas (*notes*).

Posting. O mesmo que post. Postar; registrar.

Practical capacity. Capacidade prática.
Nível máximo no qual uma fábrica ou departamento pode operar com eficiência.

Precise presentation. Apresentação precisa.
Objetivo qualitativo que sugere que a informação relatada nas demonstrações financeiras (*financial statements*) deve corresponder, tão precisamente quanto possível, aos

Preclosing trial balance.

efeitos econômicos causados pelas transações e eventos nelas contemplados.

Preclosing trial balance. Balancete pré-encerramento.

Balancete de verificação levantado no final do período, antes dos lançamentos de encerramento. Nesse sentido, coincide com balancete ajustado. A expressão também é utilizada para balancete antes dos lançamentos de ajuste e, nesse caso, coincide com o balancete de verificação não ajustado (*unadjusted trial balance*).

Predatory prices. Preços predatórios.

Preços que são estabelecidos abaixo do custo, visando à eliminação da concorrência e com a expectativa de que os prejuízos serão recuperados posteriormente, mediante a cobrança de preços monopolísticos.

Predetermined factory overhead rate. Taxa predeterminada de custos indiretos de fabricação.

Ou seja, taxa utilizada na aplicação de custos indiretos de fabricação aos produtos ou departamentos. É calculada no início do período, dividindo-se os custos indiretos de fabricação estimados para o período pela quantidade estimada de unidades da base de rateio. Veja também *normal costing* (custeio normal).

Preemptive right. Direito de subscrição.

Privilégio de um acionista em manter constante a proporção de sua participação no capital de uma empresa, mediante o direito de compra da mesma proporção sobre quaisquer novas ações emitidas.

Preference as to assets. Preferência sobre os ativos.

O direito de os acionistas preferenciais receberem certos pagamentos antes que os acionistas ordinários recebam, caso o Conselho de Administração decida pela dissolução da companhia.

Preferred capital stock. Ação preferencial.

Títulos "intermediários" entre as ações ordinárias e as obrigações emitidas por uma empresa no que se refere a seu lucro e ativos. São privilegiadas em relação às ações ordinárias, mas subordinadas em relação aos títulos de dívidas (*bonds*).

Preferred shareholders, preferred stockholders. Acionistas preferenciais.

Acionistas que detêm ações preferenciais de uma sociedade por ações.

Preferred shares (stocks). Ações preferenciais.

Títulos "intermediários" entre as ações ordinárias e as obrigações emitidas por uma empresa no que se refere a seu lucro e ativos. São privilegiadas em relação às ações ordinárias, mas subordinadas em relação aos títulos de dívidas (*bonds*).

Premium. Ágio.

Excedente do preço de emissão (ou preço de mercado) de um título sobre o seu valor de face ou valor nominal.

Prepaid expenses. Despesas pagas antecipadamente.

Gastos que se transformarão em despesas em futuros períodos, quando expirarem os serviços que eles representam. Exemplo: aluguel e seguros pagos antecipadamente. Notar que a expressão é imprecisa, pois se trata de ativos pré-pagos e que ainda irão transformar-se em despesas. *Prepayment* (pagamento antecipado) é um melhor título.

Prepayments. Pagamentos antecipados.

Ativos correspondentes a gastos que beneficiarão períodos futuros. São exemplos típicos: aluguéis pagos antecipadamente e prêmios de apólices de seguro.

Prior-period adjustment.

Present value. Valor presente.
Valor hoje (ou em alguma outra data especificada) de quantia(s) a serem pagas ou recebida no futuro (ou em outras datas diferentes da data especificada), descontadas por certa taxa de juros. Em outras palavras, é a quantia que, investida hoje a certa taxa de juros, resultará no montante a ser pago ou recebido no futuro.

Pretax income. Lucro antes do imposto de renda.
Quantia na demonstração do resultado do exercício (*income statement*) da qual é subtraído o imposto de renda para chegar ao lucro líquido (*net income*).

Price-earnings ratio, P/E. Índice preço/lucro, P/L.
Em determinado instante, o preço de mercado da ação ordinária de uma companhia dividido pelo lucro por ação ordinária do período anterior. Quanto maior esse indicador, melhor.

Price index. Índice de preço.
Número que indica a média de preços de uma série de períodos em relação a um período-base.

Price level. Nível de preços.
O número que um índice de preços indica, para determinada data ou período.

Price-level adjustment. Ajuste pela variação do nível de preços; pela inflação.

Price level-adjusted statements. Demonstrações financeiras ajustadas pelo nível geral de preços.
Demonstrações financeiras (*financial statements*) expressas em unidades monetárias de mesmo poder aquisitivo. Os itens não monetários (*nonmonetary items*) são corrigidos com base na alteração no nível geral de preços desde a data de sua aquisição (ativos) ou incorrência (passivos). As demonstrações revelam um ganho ou uma perda sobre os itens monetários (*monetary items*), decorrente da alteração do poder de compra desses itens. Aliás, as demonstrações financeiras convencionais apresentam os itens com base nos custos históricos e por isso ignoram variações do poder de compra.

Price variance. Variação de preço.
Em um sistema de *standard-costs* (custo-padrão), é a quantia resultante da diferença entre o custo unitário que realmente aconteceu e o custo-padrão unitário, multiplicado pela quantidade realmente utilizada.

Prime rate. Taxa preferencial de juros.
Taxa de juros no mercado internacional que bancos comerciais cobram de clientes com as melhores avaliações de crédito. Alguns clientes chegam até a pagar menos do que essa taxa.

Principal. Principal.
1. A quantia sobre a qual incidem os juros, sejam uma despesa (para o tomador) ou uma receita (para o credor). É, ainda, o valor de face de um empréstimo. 2. Também designa o proprietário (o principal) que contrata um administrador (o agente), em uma relação "principal-agente".

Principle. Princípio.
Princípios contábeis são preceitos básicos que, em conjunto com os postulados e convenções, orientam os registros contábeis. Exemplos: custo histórico, denominador comum monetário, realização da receita e confrontação da despesa. Veja Generally Accepted Accounting Principles (Gaap), (Princípios contábeis geralmente aceitos (PCGA)).

Prior-period adjustment. Ajuste de períodos anteriores.
Débito ou crédito feito diretamente em conta do patrimônio líquido. Como tal, não afeta o lucro do período, ao ajustar o lucro de algum período anterior.

Private offering. Oferta privada de títulos.

Proceeds. Recebimentos.
Fundos recebidos em decorrência de certas transações, como venda de ativos, emissão de títulos ou quitação de contas a receber pelos clientes.

Process costing. Custeio por processo.
Método empregado pela Contabilidade de Custos que se baseia no custo médio (custo total dividido pelas unidades equivalentes trabalhadas em determinado período). Geralmente, é utilizado em linhas de montagem ou em produtos que a empresa fabrica em uma série de etapas que se desenvolvem continuamente.

Procurement. Obtenção, aquisição.
Termo geralmente usado em referência à área ou processo de obtenção de suprimentos e compras.

Product. Bens ou serviços produzidos.

Product cost. Custo do produto.
Qualquer custo de fabricação que a empresa pode – ou, em algumas circunstâncias, deve – debitar a uma conta de estoque. Veja *flow of costs* (fluxo dos custos) para exemplo. Contrapõe-se à despesa do período.

Product life cycle. Ciclo de vida do produto.
Intervalo de tempo entre a concepção de um produto ou serviço, que geralmente se inicia com pesquisa e desenvolvimento, e a época em que a empresa deixa de atender a clientes que o compraram.

Production cost. Custo de produção.
Custo de fabricação.

Production cost account. Conta de custo de produção.
Conta temporária na qual se acumulam os custos de fabricação de determinado período.

Production department. Departamento de produção.
Departamento que fabrica bens ou serviços. Compare com *service department* (departamento de serviços).

Production volume variance. Variação do volume de produção.
Taxa-padrão de aplicação dos custos indiretos de fabricação fixos (calculada com base em um nível de atividades normal para o período) vezes o nível de atividade orçada ou planejada para o período, menos o nível de atividade realmente atingido durante o período. Também conhecida como *volume variation* (variação de volume).

Productive capacity. Capacidade produtiva.
Uma medida atribuída aos ativos.

Profit. Lucro.
Excedente de receitas sobre as despesas em uma transação ou negócio, em dado período. Sinônimo de *net income* (lucro líquido).

Profitability. Lucratividade.

Profitable. Lucrativo, rentável.

Profit-and-loss account. Conta de lucros e perdas.
No Reino Unido, referência a lucros acumulados.

Profit-and-loss statement. Demonstração de lucros e perdas.
Denominação usual em inglês, mas não no Brasil, que dá preferência para demonstração do resultado (*income statment*).

Profit-and-loss statement (P&L). Demonstração de lucros e perdas.

Profit center. Centro de lucro.
Centro de responsabilidade no qual a empresa acumula receitas e despesas. Contrapõe-se a centro de custos (*cost center*) e centro de investimento (*investment center*).

Project financing arrangement.

Profit margin. Margem de lucro.
Valor monetário das receitas de vendas menos as despesas correspondentes.

Profit margin percentage. Margem de lucro percentual.
Valor monetário da margem de lucro dividida pela receita de vendas líquidas.

Profit maximization. Maximização do lucro.
Doutrina segundo a qual a empresa deveria contabilizar suas operações de forma tal que o lucro líquido relatado fosse o maior possível. Opõe-se ao conservadorismo. E difere da visão de maximização do lucro adotada em economia, segundo a qual a empresa deveria administrar suas operações de forma que maximizasse o valor presente da riqueza da empresa, geralmente igualando os custos marginais às receitas marginais.

Profit variance analysis. Análise da variação do lucro.
Análise das causas da diferença entre o lucro orçado no orçamento-mestre e o lucro realmente obtido.

Profit-volume analysis. Análise lucro-volume.
Análise dos efeitos que alterações no volume, na margem de contribuição unitária ou nos custos fixos causam nos lucros. Veja *breakeven chart* (gráfico do ponto de equilíbrio).

Profit-volume equation. Equação do lucro-volume.
Veja *profit-volume analysis* (análise lucro-volume).

Profit-volume graph. Gráfico do lucro-volume.
Veja *break-even chart* (gráfico do ponto de equilíbrio).

Profit-volume ratio. Razão lucro/volume.
Lucro líquido dividido pelo valor das vendas líquidas.

Pro forma. Apenas para fazer constar; pró-forma.

Pro forma statements. Demonstrações pró-forma ou projetadas.
Demonstrações financeiras simuladas. Demonstrações que resultariam se algum evento – uma fusão, um aumento na produção ou nas vendas, por exemplo – tivesse acontecido ou viesse a acontecer.

Program budgeting (PPB). Orçamento-programa.
Especificação e análise dos *inputs*, *outputs*, custos e alternativas que ligam os planos aos orçamentos.

Programmed cost. Custo programado.
Custo fixo não essencial à realização das operações. Uma empresa pode controlar seus custos de pesquisa e desenvolvimento, P&D, e de propaganda, por exemplo, mas, depois que ela decide incorrer neles, eles se tornam custos fixos. Custos dessa natureza também são conhecidos como custos administrados ou custos discricionários. Compare com *capacity costs* (custos de capacidade).

Progressive tax. Imposto progressivo.
Imposto cuja alíquota cresce à medida que a base tributável cresce, como é o caso do imposto sobre o lucro, por exemplo.

Projected financial statements. Demonstrações financeiras projetadas.
O mesmo que demonstrações financeiras *pró-forma*.

Project financing arrangement. Acordo para financiamento de projeto.
Esquema de financiamento de um projeto de investimento no qual o credor

Projection.

analisa principalmente o fluxo de caixa e os lucros projetados como fonte de fundos para a liquidação do empréstimo, assim como os ativos do projeto, como colateral do empréstimo.

Projection. Projeção.
Veja *financial projection* (projeções financeiras) para definição e contraste.

Promissory note. Nota promissória.
Promessa, escrita e incondicional, de pagamento de certa quantia, feita por um devedor. O documento estabelece a data do pagamento, ou que o pagamento se fará quando o credor assim exigir. Na Contabilidade do credor, aparece como "nota promissória a receber"; na do devedor, "nota promissória a pagar".

Property dividend. Dividendos em bens.
Dividendos em espécie.

Property, plant, and equipment (PPE). Propriedades, fábricas e equipamentos.
Item do balanço patrimonial (*balance sheet*), subgrupo ativo imobilizado (*fixed asset*). Compõe-se de ativos utilizados nas atividades da empresa. Veja *plant assets* (ativos imobilizados).

Proprietary theory. Teoria da propriedade.
Visão da empresa segundo a qual os ativos (*assets*) pertencem ao proprietário e os passivos (*liabilities*) são devidos por ele. Assim, a equação contábil (*accounting equation*) se apresenta como: Ativo – Passivo = Capital. Este é o valor líquido do negócio para o proprietário. Para contraste, veja *entity theory* (teoria da entidade).

Prorate. Pro-rata.
Base para alocar um valor proporcionalmente aos itens envolvidos. Por exemplo, ratear os custos dos departamentos de serviço proporcionalmente às horas de serviço utilizadas pelos departamentos beneficiados; ou, ratear variações aos produtos vendidos e aos produtos adicionados ao estoque final.

Prorating variances. Pro-rateamento de variações.
Veja *prorate* (pro rata).

Prospectus. Prospecto.
Documento formal, escrito, que descreve os títulos que uma empresa irá emitir. Veja *proxy* (procuração).

Protest fee. Taxa de protesto.
Taxa cobrada por bancos ou outras agências financeiras, quando estes não conseguem receber itens (cheques, por exemplo) que um cliente lhe apresentou para cobrança.

Provision. Provisão.
Muitas vezes a empresa precisa reconhecer uma despesa, mesmo sem saber a quantia exata. Por exemplo, a provisão para o imposto de renda significaria a estimativa da despesa do imposto de renda.

Proxy. Procuração.
Autorização escrita que uma pessoa dá a outra para que esta possa agir em nome dela, por exemplo, votar em uma assembleia de acionistas.

Public accountant. Contador certificado.
Geralmente este título é sinônimo de *certified public accountant* (CPA), ou *chartered accountant*. Ou seja, contador público certificado.

Public accountant's opinion. Parecer de auditor independente.

Publicly held company. Empresa aberta; empresa com ações negociadas em bolsa de valores.
Sua propriedade pertence ao público em geral. Contrasta com a empresa fechada (*privately held company*), por esta pertencer a poucos acionistas.

150

Put option.

Purchase allowance. Desconto comercial sobre compras.
Redução concedida no preço de fatura de uma mercadoria por esta divergir daquela que o comprador encomendou. Para ficar com a mercadoria, o comprador exige o desconto em questão.

Purchase discount. Desconto financeiro sobre compras.
Redução no preço de fatura de uma mercadoria por pronto pagamento. Difere de *purchase allowance* (desconto comercial). Para contraste, veja também *sales discount* (desconto sobre vendas) e *terms of sale* (termos de venda).

Purchase investigation. Investigação com intenção de compra.
Investigação dos negócios financeiros de uma companhia com o objetivo de evidenciar aspectos que possam influenciar os termos ou a conclusão de sua aquisição.

Purchase method. Método da compra.
Forma de contabilização de incorporação societária (*business combination*), segundo a qual os ativos da companhia adquirida são avaliados pelo preço por eles pago, para fins de adição aos ativos da adquirente. Opõe-se ao método da combinação de interesses (*pooling of interests*). Nesta, os ativos adquiridos são avaliados por seu valor corrente, e não pelo custo original. As despesas de amortização subsequentes geralmente são superiores (e, consequentemente, o lucro é inferior) às que seriam obtidas se o método da combinação de interesses fosse utilizado.

Purchase order. Pedido de compra.
Documento emitido por um comprador autorizando o vendedor a entregar-lhe mercadorias, que posteriormente serão pagas.

Purchase power gain or loss. Ganho ou perda em poder de compra.
Ganho ou perda monetária decorrentes da variação de preços.

Push-down accounting.
Método de contabilização utilizado em algumas incorporações societárias, segundo o qual as demonstrações financeiras (*financial statements*) de uma subsidiária são apresentadas para refletir os custos incorridos pela companhia-mãe ao adquiri-la em vez dos seus custos históricos. Os custos de aquisição da companhia-mãe são evidenciados nas demonstrações da subsidiária.

Put option. Opção de venda.
Título pelo qual uma pessoa adquire o direito de vender ações de empresas listadas em bolsa ou negociadas no mercado de balcão por preço predeterminado, durante período predeterminado ou em data predeterminada. Compare com *call option* (opção de compra).

Qualified. Com exceção, ressalvado.
Refere-se ao parecer de auditoria. A respeito, veja *qualified opinion* (parecer com ressalva).

Qualified opinion. Parecer com ressalva.
Tipo de parecer no qual o auditor externo indica que, "exceto por determinado aspecto", as demonstrações financeiras (*financial statements*) refletem adequadamente a situação financeira e os resultados operacionais da empresa auditada. A exceção relaciona-se a uma limitação existente no escopo da análise. Por exemplo, o auditor não conseguiu obter evidências suficientes para comprovar certos valores e transações. Veja também *adverse opinion* (parecer contrário) e *unqualified opinion* (parecer sem ressalvas).

Qualified report. Relatório com ressalva.
Parecer dos auditores independentes que contém declaração de que eles não conseguiram completar um exame satisfatório de todos os aspectos relevantes da auditoria ou que têm dúvidas a respeito do impacto financeiro de determinado item material relatado nas demonstrações financeiras (*financial statements*).

Quality of earnings. Qualidade do lucro.
Expressão que não tem significado único ou sobre o qual haja consenso. Em geral, refere-se à extensão com a qual o lucro líquido (*net income*) retrata de forma realista o desempenho de uma empresa. Em Contabilidade, às vezes é usada em referência ao fato de que os gestores podem fazer escolhas de procedimentos ou critérios quando da apuração e divulgação dos resultados. Assim, qualidade dos lucros refere-se ao grau com o que os gestores podem afetar o lucro, ao optar entre diferentes estimativas, princípios ou época para contabilizar transações.

Quoted company.

Quality of financial position. Qualidade da posição financeira.

Tendo em vista a articulação da demonstração do resultado (*income statement*) com o balanço patrimonial (*balance sheet*), os fatores que implicam alta (baixa) qualidade do lucro também afetam o balanço. Aqueles que utilizam a expressão têm em mente as mesmas questões contábeis associadas à expressão *quality of earnings* (qualidade do lucro).

Quantitative performance measure. Medida quantitativa de desempenho.

Medida do *output* que se baseia em uma quantidade observável, como, por exemplo, unidades produzidas ou custos diretos incorridos, em vez de em uma medida não observável ou observável apenas subjetivamente, como no caso da qualidade do serviço prestado, por exemplo.

Quantity discount. Desconto por quantidade.

Redução no preço de compra, à medida que a quantidade comprada aumenta. Não confundir com *purchase discount* (desconto financeiro sobre compras).

Quantity variance. Variação da quantidade.

Variação de eficiência. Em sistemas de custo-padrão (*standard cost*), corresponde ao preço padrão unitário multiplicado pela quantidade realmente utilizada, após deduzir a quantidade-padrão que deveria ter sido utilizada.

Quarterly financial information. Informação financeira trimestral.

Quasi-reorganization. Quase reorganização.

Reorganização na qual não surge nenhuma companhia nova, ou na qual os tribunais não intervêm, como aconteceria no caso de uma falência. Tem como objetivo principal fazer com que a companhia não mais apresente lucros acumulados negativos, propiciando-lhe "um recomeço".

Quick assets. Ativos rápidos.

Ativos prontamente conversíveis em caixa. Tipicamente inclui dinheiro, aplicações financeiras de alta liquidez e contas a receber de clientes. Veja *quick ratio* (índice de liquidez seca).

Quick ratio. Índice de liquidez seca.

Soma de caixa, aplicações financeiras de alta liquidez e contas a receber de clientes, dividida pelo passivo circulante. Muitas vezes é denominado *acid test ratio*. O analista poderá excluir do denominador itens que considere menos líquidos, como algumas contas a receber, por exemplo. Reflete a capacidade de pagamento da empresa: quanto maior o índice, melhor a situação sob o ponto de vista da liquidez. Veja *financial statement ratios* (*índices financeiros*).

Quoted company. Empresa aberta ou com ações negociadas em bolsa de valores.

O mesmo que *public company* ou *listed company*.

Rate. Taxa, alíquota.

Rate of exchange. Taxa de câmbio.

Rate of inflation. Taxa de inflação.

Rate of interest. Taxa de juros.

Rate of return. Taxa de retorno. Taxa de rentabilidade.
> Indicador de desempenho que, em geral, resulta da comparação dos rendimentos auferidos em um período com o capital aplicado nesse mesmo período.

Rate of return on assets (ROA). Taxa de retorno sobre o ativo.
> Indicador de desempenho geral da companhia, obtido pela divisão do lucro líquido pelo ativo total. Veja *financial statement ratios* (índices financeiros).

Rate of return on common equity (ROCE). Taxa de retorno sobre o capital próprio.
> Índice financeiro que mede a rentabilidade da companhia aos seus acionistas ordinários. É obtido pela divisão do lucro líquido pelo patrimônio líquido constituído pelas ações ordinárias. Veja *financial statement ratios* (índices financeiros).

Rate of return on invested capital (ROIC). Taxa de retorno sobre o capital investido.
> Indicador de desempenho da companhia, obtido pela divisão do lucro operacional líquido após impostos pelo capital operacional aplicado.

Rate of return on shareholders' equity (ROE). Taxa de retorno sobre o patrimônio líquido.
> Indicador de desempenho da companhia obtido pela divisão do lucro líquido pelo patrimônio líquido. Veja *financial statement ratios* (índices financeiros).

Realization.

Rating. Classificação.
É o caso, por exemplo, da classificação de risco de crédito de países e de empresas, efetuada por agências especializadas, atribuindo-se um conceito ou nota, composto por letras. O conceito máximo é o triplo A: AAA. As agências mais renomadas são Standard and Poor's, Fitch Ratings e Moody's. Cada uma adota seu próprio método de avaliação e classificação.

Ratio. Razão.
Relação entre dois valores. Quociente. A razão pode ser calculada relacionando itens do balanço patrimonial (*balance sheet*), itens da demonstração do resultado (*income statement*) ou itens de ambas. Há inúmeros deles e são utilizados para avaliar a saúde financeira da empresa, os resultados operacionais e as perspectivas de crescimento. Por exemplo, o ativo circulante (*current asset*) dividido pelo passivo circulante (*current liability*) fornece uma medida da liquidez da empresa; quanto maior, melhor. O lucro líquido (*net income*) dividido pelo patrimônio líquido (*stockholders' equity*) informa a taxa de retorno sobre o capital próprio; quanto maior, melhor. Para mais informações, consulte o verbete *financial statement ratios* (índices financeiros).

Ratio analysis. Análise com base em índices, quocientes ou razões.
Veja *financial statement ratios* (índices financeiros).

Raw material. Matérias-primas.
Insumos adquiridos para utilização na fabricação de um produto. É um custo variável (*variable cost*), pois seu consumo varia diretamente com o volume de produção. É também um custo direto (*direct cost*), pois é possível estabelecer uma associação direta com o produto feito.

R&D. *Sigla de* **Research and Development.** Pesquisa e Desenvolvimento (P&D).

Reacquired stock. Ação recomprada.
Ação em tesouraria (*treasury shares*).

Real accounts. Contas reais.
Contas de balanço, em oposição às contas nominais (*nominal accounts*). Veja também *permanent accounts* (contas permanentes).

Real amount (value). Quantia ou valor real.
Quantia expressa em moeda constante. Por exemplo, suponha que uma mercadoria tenha custado $ 100 a uma empresa. Se a empresa vender essa mercadoria por $ 130 e tiver havido uma inflação de 10% entre a data da aquisição e a data da venda, o ganho nominal terá sido de $ 30 = $ 130 − $ 100, mas o ganho real de $ 20 = $ 130 − ($ 100 × 1,10).

Real estate. Bens imóveis.
Terrenos e todas as propriedades físicas a eles relacionadas, tais como paisagismo, vias de acesso, cercas etc.

Real interest rate. Taxa de juros real.
Taxa de juros que reflete a produtividade do capital. Inclui um prêmio pela inflação projetada para o período do empréstimo.

Realizable value. Valor realizável.
Valor justo ou, algumas vezes, valor realizável líquido.

Realization. Realização.
Termo muito significativo em Contabilidade. Define o momento em que as receitas (*revenues*) devem ser reconhecidas. Ou seja, na empresa comercial, a receita é realizada no momento da venda da mercadoria. Na empresa de serviços, ocorre no momento da prestação do serviço. Esse entendimento é coerente com o fato de que, na realização, o processo de apuração do lucro está completo, a transação foi consumada. Veja também *realization convention* (convenção da realização).

Realization convention.

Realization convention. Convenção da realização.
Procedimento contábil de postergar o reconhecimento de ganhos e perdas (*gain or loss*) decorrentes de alterações no preço de mercado de ativos, até que a empresa os venda. Entretanto, perdas não realizadas com estoques, ou sobre aplicações financeiras classificadas, como títulos para negociação (*marketable securities*), poderão ser reconhecidas antes da venda. Isto no caso de os estoques serem avaliados com base no custo ou mercado, dos dois o menor, e as aplicações financeiras serem avaliadas pelo valor justo.

Real rate of interest. Taxa de juros real ou efetiva.

Real rate of return. Taxa de retorno real ou efetiva.

Realize. Realizar.
No sentido mais popular, realizar é converter em fundos. Quando relacionado a ganho ou perda (*gain or loss*), implica que uma transação *arm's-length* tenha ocorrido. Opõe-se ao termo *recognize* (reconhecer). A empresa pode "reconhecer" uma perda (sobre investimentos *em ações*, por exemplo) em suas demonstrações financeiras (*financial statements*), apesar de a perda ainda não ter-se realizado, mediante uma transação com terceiros.

Realized gain (or loss) on marketable equity securities. Ganho (ou perda) realizado sobre investimentos em ações.
Conta da demonstração do resultado (*income statement*) que mostra a diferença entre o preço de venda e o custo original de aplicações em ações.

Realized holding gain. Ganho de estocagem realizado.
Para melhor compreensão, consulte também *inventory profit* (lucro de estocagem) enquanto em mãos da empresa.

Rearrangement costs. Custos de realocação.
Custos de reinstalação de ativos, geralmente em local diferente. Podem ser capitalizados como parte do custo do ativo, a exemplo do que é feito com os custos originais de instalação. Serão tratados como despesa (*expense*) quando simplesmente mantêm os benefícios futuros do ativo nos níveis que tinham antes da realocação.

Recapitalization. Recapitalização.
Mudança na estrutura de capital da empresa, por meio de alteração na composição de financiamento entre dívida e capital próprio, sem modificação do total de fundos. Geralmente ocorre como parte do processo de reorganização judicial.

Recapture. Recaptura.
Recuperação, pelo governo, de benefícios tributários anteriormente concedidos. A legislação do imposto de renda exige que o contribuinte, sob certas condições, restitua ao governo vantagens tributárias que anteriormente havia auferido, como no caso de economia de imposto associada à depreciação acelerada de ativos que o contribuinte vende prematuramente.

Receipt. Recebimento ou recibo.
No primeiro sentido, ingresso de dinheiro. No segundo, documento escrito no qual o signatário declara haver recebido algo, seja dinheiro, um bem ou serviço.

Receivable. Recebível.
Qualquer título ou conta que poderá ser cobrado, no presente ou em alguma data futura. Direito a receber pela empresa que realizou a venda de bens ou a prestação de serviços a prazo. Se a cobrança é esperada para os próximos 12 meses ou menos, classifica-se no ativo circulante (*current asset*). Se em prazo maior, no ativo não circulante (*noncurrent asset*).

Registrar.

Receivable turnover. Rotação ou giro dos recebíveis.
Veja *financial statements* (índices financeiros).

Reciprocal holdings. Participações societárias recíprocas.
Por exemplo, a companhia A possui ações da companhia B, que, por sua vez, possui ações da companhia A. Ou a companhia B possui ações da companhia C, que possui ações da companhia A.

Recognize. Reconhecer.
Não é sinônimo de *realize* (realizar). O sentido técnico do termo é o de contabilizar uma transação, de reconhecê-la nos registros, ainda que a realização (venda) não tenha ocorrido.

Reconciliation. Conciliação.
Conciliação de contas, ato de conferir os lançamentos efetuados numa conta por meio da confrontação com o extrato bancário.

Record date. Data de registro.
Data na qual a empresa paga dividendos aos detentores de ações.

Recourse. Recurso.
Capacidade de exigir que uma pessoa cumpra uma obrigação. Por exemplo, os direitos do credor no caso de o devedor não pagar a dívida. Um empréstimo com recurso dá ao credor o direito de tomar qualquer ativo do devedor, a não ser que vedado por contrato. Veja *note receivable discounted* (nota promissória descontada).

Recovery of unrealized loss on trading securities. Recuperação de perdas não realizadas sobre títulos para negociação.
Conta da demonstração do resultado (*income statement*) que mostra o ganho auferido com títulos para negociação durante o período corrente.

Recurring. Recorrente.
Que ocorre novamente; repetidamente. Em Contabilidade, o termo é muitas vezes utilizado para qualificar receitas ou lucro.

Redeemable. Resgatável.

Redemption. Resgate.
Retirada de circulação de ações e obrigações, pela emissora, geralmente por recompra ou exercício de opção de recompra.

Redemption premium. Prêmio de recompra.
Prêmio pela opção de resgate antecipado.

Redemption value. Preço de resgate antecipado.
Preço que a emissora pagará se resgatar antecipadamente obrigações ou ações preferenciais.

Refinancing. Reestruturação financeira.
Ajuste na estrutura de capital de uma sociedade, envolvendo alterações na natureza e nos valores de várias classes de dívidas e, em alguns casos, dos componentes do patrimônio líquido.

Refunding. Refinanciamento.
Substituir dívida existente pela emissão de novos valores mobiliários, geralmente para reduzir os custos dos juros ou alongar o vencimento, ou ambos. No comércio o termo é usado com o sentido de reembolso ou devolução do dinheiro ao comprador.

Register. Livro de registro.
Coleção de lançamentos (ou outra informação) em ordem cronológica, tais como cheques emitidos, apólices de seguro adquiridas etc. O termo também pode denotar cadastro, arquivo, notas.

Registrar. Agente de registro e pagamento.
Agente, geralmente um banco, que uma sociedade por ações contrata para acompanhar

Registration statement.

os nomes de seus acionistas e pagar-lhes dividendos. Outros sentidos são: escrivão, notário, tabelião.

Registration statement. Pedido de registro.

Conjunto de informações que a Securities and Exchange Commission (SEC), nos EUA, exige, para considerar pedidos de abertura de capital. Contém dados financeiros e outros itens de interesse para os potenciais investidores.

Regressive tax. Imposto regressivo.

Imposto cuja alíquota cai à medida que a base respectiva sobe (lucro, por exemplo). Contrapõe-se a *progressive tax* (imposto progressivo).

Regulation S-K. Regulamento S-K.

Conjunto de normas emitidas pela Securities and Exchange Commission (SEC), nos EUA, que especificam as exigências de *disclosure* (evidenciação) de informações outras que não as demonstrações financeiras das companhias.

Regulation S-T. Regulamento S-T.

Regulamentação referente aos tipos de documentos exigidos das companhias pela Securities and Exchange Commission, (SEC), nos EUA, a serem apresentados em forma eletrônica.

Regulation S-X. Regulamento S-X.

Conjunto de notas emitidas pelas companhias registradas nas Securities and Exchange Commission (SEC), nos EUA.

Rehabilitation. Retífica.

Melhoria realizada em um ativo usado por meio de extenso conserto. Observar que uma retífica eleva o potencial de serviços do ativo a um nível superior ao que ele tinha antes. Gastos dessa natureza são capitalizados, isto é, lançados no ativo (*asset*), a exemplo do que acontece com melhorias e benfeitorias. Em contraste, reparos e manutenções normais recuperam ou mantêm o potencial de serviços de um ativo e são tratados como despesa do período (*expense*).

Reinvestment rate. Taxa de reinvestimento.

No âmbito da análise de investimentos, é a taxa à qual a empresa investe as entradas de caixa geradas antes do final do projeto. Se o analista pressupuser certa taxa de reinvestimento, nenhum projeto apresentará taxas internas de retorno múltiplas.

Related parties. Partes relacionadas.

As partes, os dois lados, coligadas.

Related party transactions. Transações entre partes relacionadas.

Relevance; relevant. Relevância, relevante.

Objetivo presente na elaboração das demonstrações financeiras (*financial statements*) no sentido de que a informação contábil veiculada deva ser apropriada ou de valia aos propósitos visados.

Relevant cost. Custo relevante.

Custo que um analista considera ao tomar uma decisão. As variações de nome são: *incremental cost* (custo incremental); e *opportunity cost* (custo de oportunidade).

Relevant range. Intervalo relevante.

Níveis de atividade da empresa para os quais os custos são lineares ou para os quais gráficos do ponto de equilíbrio (*break-even chart*) e estimativas associadas a orçamentos flexíveis permanecem válidos.

Reliability. Confiabilidade.

Objetivo concernente à elaboração das demonstrações financeiras (*financial statements*) no sentido de que a informação contábil veiculada deva representar o que ela se propõe a representar.

Research & Development (R&D).

Rent. Aluguel. Locação.
Encargo cobrado pelo uso temporário de imóveis, veículos, equipamentos ou outros ativos pertencentes a terceiros.

Reorganization. Reorganização.
Alteração substancial na estrutura de capital de uma sociedade, levando a alterações significativas nos direitos relativos dos diversos detentores de títulos por ela emitidos. Geralmente, resulta de: 1. Uma fusão ou de; 2. negociação entre os detentores dos títulos sênior para evitar a falência da sociedade.

Repair. Conserto, reparo.
Gasto para recompor o potencial de serviços de um ativo (*asset*) após dano ou uso prolongado. No sentido de uso prolongado, a diferença entre conserto e manutenção é uma questão de grau, e não de natureza. Um conserto é tratado como uma despesa do período (*expense*) em que ele é realizado. Uma vez que consertos e manutenção são tratados como despesa, a distinção entre eles não é importante. Um conserto ajuda a manter a capacidade no nível planejado pela empresa quando adquiriu o ativo. Contrapõe-se a *improvement* (benfeitoria).

Replacement cost. Custo de reposição.
Quando aplicado a um ativo (*asset*), refere-se ao preço corrente de mercado para adquirir um ativo similar, isto é, com o mesmo benefício futuro ou potencial de serviço.

Replacement cost method of depreciation. Método do custo de reposição para a depreciação.
Método de cálculo no qual a despesa de depreciação do período é dada pela depreciação sobre o custo original do ativo mais uma quantia que se baseia na diferença entre seu custo de reposição corrente e o custo original.

Report. Relatório.
O termo pode se referir tanto a uma demonstração financeira (*financial statement*) quanto a um parecer dos auditores independentes.

Report form. Formato de relatório.
Formato do balanço patrimonial (*balance sheet*) no qual o ativo menos o passivo é apresentado como um total. Abaixo desse valor aparecem os itens do patrimônio líquido cuja soma perfaz esse mesmo total. Às vezes, a seção superior mostra o ativo circulante menos o passivo circulante, antes do ativo não circulante menos o passivo não circulante. Contrapõe-se ao *account form* (formato de conta).

Reporting objectives (policies). Objetivos (políticas) das demonstrações financeiras.
Objetivos gerais a serem atendidos por ocasião da elaboração e divulgação das demonstrações financeiras (*financial statements*).

Reproduction cost. Custo de reprodução.
Custo necessário para adquirir um ativo semelhante – do ponto de vista físico – a outro ativo cujo valor corrente o analista está tentando estimar. Para contraste, veja também *replacement cost* (custo de reposição) e *productive capacity* (capacidade produtiva).

Required rate of return (RRR). Taxa de retorno requerida.
Custo de capital. Retorno exigido por investidores antes de comprometer fundos em um investimento de risco. Em princípio, o investimento só será realizado se o retorno esperado exceder o retorno exigido.

Resale value. Valor de revenda.
Valor de saída; valor realizável líquido.

Research & Development (R&D). Pesquisa & Desenvolvimento (P&D).
Atividade econômica que segue regras contábeis especiais. As empresas realizam pesquisas com a expectativa de descobrir novos conhecimentos que permitam criar novos produtos, processos ou serviços, ou aperfeiçoar os já existentes. O *desenvolvimento* converte os resultados das pesquisas (ou outro conhecimento) em

Reserve.

novos produtos, processos ou serviços, ou os aperfeiçoa. Há controvérsia se P&D deve ser tratada como uma despesa do período (*expense*) ou ser capitalizada como ativo (*asset*), visto que os benefícios futuros de tais atividades são incertos.

Reserve. Reserva.
Termo a ser interpretado com cuidado. Por exemplo, é frequente supor que reservas representam caixa ou outros ativos que a empresa destaca para uso emergencial ou quando conveniente. Não procede. Em Contabilidade, caixa é representada no balanço por um saldo devedor; reservas, por um saldo credor. Quando bem utilizado, o termo "reserva" refere-se a uma apropriação de lucros retidos para um propósito específico, tal como expansão dos negócios. Se uma companhia separar caixa (ou fizer aplicações financeiras) visando a algum objetivo particular, como aproveitar um desconto promocional em compras, a quantia separada será denominada fundo. Reservas não representam fundos.

Reset Bond. Título de dívida com cupom reajustável.
Obrigação, geralmente de alto risco (*junk bond*), cujo cupom (*coupon*) é reajustado periodicamente, de forma que passe a ser negociada ao par. Os bancos de investimento criaram esse tipo de instrumento para assegurar que os compradores desse título obtenham um retorno justo, dado o risco da emissora. Se a emissora enfrentar dificuldades financeiras, os títulos em questão serão negociados abaixo do par, isto é, com deságio. A emissora promete, então, elevar o cupom para manter o valor dos títulos ao par.

Residual income. Lucro residual.
Em Contabilidade Financeira, a expressão refere-se ao lucro líquido disponível aos acionistas ordinários, isto é, lucro líquido menos dividendos cabíveis às ações preferenciais.

Residual value. Valor residual.
1. O valor realizável líquido de um ativo fixo, seja real ou estimado, em determinado instante, isto é, as entradas de caixa que seriam obtidas com sua venda, menos os custos de remoção. 2. Em se tratando do cálculo da depreciação, é o valor realizável líquido do ativo no final de sua vida útil.

Resources supplied. Recursos supridos.
Gastos ocorridos em uma atividade.

Resources used. Recursos utilizados.
Taxa de aplicação de um direcionador de custo multiplicado pelo volume do direcionador.

Responsibility accounting. Contabilidade por responsabilidade ou contabilidade por atividade.
Modalidade de contabilização de um negócio que considera várias unidades como entidades separadas, os chamados centros de responsabilidade, seja de lucro, de receita, de custo ou de investimento. O gestor de cada unidade é responsável pelas correspondentes receitas e despesas. Veja também *transfer price* (preço de transferência).

Responsibility center. Centro de responsabilidade.
Unidade ou segmento de uma organização que a alta administração considera responsável por um conjunto de atividades. A respeito, veja também *cost center* (centro de custos), *investment center* (centro de investimentos), *profit center* (centro de lucro) e *revenue center* (centro de receitas).

Restated financial statements. Demonstrações financeiras reformuladas, refeitas, reapresentadas.

Restricted retained earnings. Lucros acumulados restritos.
Parte dos lucros acumulados que não pode legalmente ser distribuída como dividendos. Escrituras de obrigações e outros contratos

Return on invested capital (ROIC).

de empréstimo muitas vezes restringem a capacidade legal de a companhia declarar dividendos, sem que formalmente aproprie lucros acumulados. Se houver restrições dessa natureza, a companhia deve evidenciá-las.

Retail. Varejo.
Atividade comercial cuja atividade principal se caracteriza pela compra e venda de mercadorias. Podem atuar no ramo de vestuário, alimentos, cosméticos, calçados, eletroeletrônicos, móveis etc.

Retailers. Varejistas.
Aqueles que atuam no comércio. Veja *retail* (varejo).

Retained earnings. Lucros retidos.
Lucro líquido acumulado durante toda a vida da organização, menos os dividendos. Simplificadamente, corresponde ao patrimônio líquido deduzido do capital social.

Retained earnings statement. Demonstração dos lucros acumulados.
Conciliação dos saldos inicial e final da conta de lucros acumulados. É exigida pelos princípios contábeis geralmente aceitos (PCGA), sempre que a empresa apresentar balanços e demonstrações do resultado comparativos. Essa conciliação costuma aparecer em uma demonstração separada.

Retirement method of depreciation. Método da baixa.
Antigo método segundo o qual a empresa não contabiliza nenhuma despesa de depreciação, até que o ativo seja retirado de serviço. Na ocasião, ela debita despesa de depreciação e credita a conta de ativo por seu custo. Se o ativo então tiver algum valor residual (*salvage value*), a despesa de depreciação é diminuída desse valor e há um correspondente débito a caixa.

Retirement plan. Plano de aposentadoria.
Plano de pensão.

Return. Devolução.
O ato de um comprador devolver ao vendedor as mercadorias que havia adquirido.

Return and risk. Retorno e risco.
Entendimento fundamental presente na teoria de Finanças de que, sob circunstâncias realistas, se o investidor deseja obter uma maior taxa de retorno em um investimento, deverá arcar com maior risco. Inversamente, o investidor que arca com maior risco, espera obter um maior retorno do investimento.

Return on assets (ROA). Retorno sobre o ativo (RSA).
Indicador dado por lucro líquido do período dividido pelo ativo total. O ativo a considerar pode ser o valor inicial, médio ou final do período. É uma medida geral de lucratividade. Veja também *return on investment (ROI)* (retorno sobre o investimento).

Return on capital employed (ROCE). Retorno sobre o capital empregado.
Indicador dado por lucro operacional líquido após o imposto de renda dividido pelo capital empregado. Por capital empregado entendam-se as fontes de recursos representadas por patrimônio líquido e dívidas onerosas. A taxa obtida é uma medida da lucratividade operacional da empresa. Equivale a *return on invested capital* (ROIC).

Return on equity (ROE). Retorno sobre o patrimônio líquido.
Indicador dado por lucro líquido do período dividido pelo patrimônio líquido. Uma importante medida contábil da lucratividade dos acionistas.

Return on invested capital (ROIC). Retorno sobre o capital investido.
Indicador dado por lucro operacional líquido após o imposto de renda dividido pelo capital investido. Por capital investido entendam-se as aplicações de recursos representadas por caixa, necessidade

Return on investment (ROI).

líquida de capital de giro (isto é, clientes a receber + estoques − fornecedores) e ativo imobilizado líquido. A taxa obtida é uma medida da lucratividade operacional da empresa. Equivale a *return on capital employed* (ROCE).

Return on investment (ROI). Retorno sobre o investimento (RSI).

Indicador dado por lucro de um período dividido pelo investimento médio requerido para gerar aquele lucro. É uma medida geral de lucratividade. A fórmula pode ser modificada conforme o interesse ou rigor da análise. Por exemplo, uma das versões mais populares, embora simplista, é lucro líquido do período dividido pelo ativo total de final de período. Neste caso, é chamado de *return on assets* (ROA). Contraste com *return on equity* (ROE) e *return on capital employed* (ROCE).

Revenue. Receita.

Resultado obtido com a venda de produtos, de mercadorias e a prestação de serviços, sob a forma de dinheiro, se for a vista, ou de contas a receber, se for a prazo. Também são consideradas receitas os valores obtidos a título de juros, aluguéis, dividendos. Não confundir "receita" com "recebimento", pois este pode ocorrer antes, na ocasião ou depois que a receita é reconhecida. Compare com *gain* (ganho) e *income* (lucro).

Revenue center. Centro de receita.

Um centro de responsabilidade (*responsibility center*) que tem controle apenas sobre as receitas que gera. Opõe-se a centro de custos (*cost center*). Veja também *profit center* (centro de lucro) e *investment center* (centro de investimento).

Revenue received in advance. Receita recebida antecipadamente.

O mesmo que *advances from customers* (adiantamentos recebidos de clientes).

Revenue recognition. Reconhecimento de receita.

As entidades que elaboram as normas contábeis definem quando a empresa deve reconhecer a receita. O critério geral requer que a empresa tenha entregado o produto ou prestado o serviço ao cliente; tenha recebido dinheiro ou ativo financeiro passível de mensuração precisa; e seja capaz de medir com razoável precisão os custos remanescentes (tais como garantias, serviços técnicos, atualizações de software) a fim de concluir a transação.

Reversal entry. Estorno.

Lançamento no qual todos os débitos e créditos são créditos e débitos, respectivamente, de outro lançamento, nas mesmas quantias. Geralmente, é efetuado no primeiro dia de um período contábil, para reverter um *lançamento de ajuste* efetuado no período anterior, associado a um *accrual* (acréscimo).

Reverse split. Desdobramento reverso. Agrupamento.

É o oposto de um *stock split* (desmembramento de ações). Procedimento adotado por uma sociedade que reduz a quantidade de ações em circulação. O valor de mercado da quantidade total de ações será o mesmo, mas o valor de cada ação será maior.

Reversing entry. Estorno de lançamento contábil.

Operação pela qual se cancela um registro errado.

Revolving credit. Crédito rotativo.

Contrato entre banco e empresa, segundo o qual o banco concorda em conceder uma linha de empréstimo até um limite e por um período especificado.

Revolving fund. Fundo rotativo.

Fundo cujos valores a empresa gasta e repõe continuamente, tal como ocorre com o *petty cash* (caixa pequeno).

Royalty.

Revolving loan. Empréstimo rotativo.
Empréstimo que tomador e credor esperam renovar no vencimento.

Right. Direito.
O privilégio de subscrever novas ações ou de comprá-las.

Risk. Risco.
Uma medida da variabilidade do retorno de um investimento. Probabilidade de perda. Para um dado retorno esperado, a maioria das pessoas prefere menos risco a mais risco. Portanto, em mercados racionais, os investimentos que apresentam maior risco geralmente prometem, ou os investidores esperam obter, maior retorno do que os investimentos com menor risco. Muitos utilizam "risco" e "incerteza" como sinônimos. Tecnicamente, contudo, esses conceitos têm significados diferentes. Utilizamos "risco" quando conhecemos as probabilidades dos diversos resultados – por exemplo, as probabilidades de caras e coroas em lançamentos de uma moeda. "Incerteza", por sua vez, refere-se a um evento cuja probabilidade de ocorrência apenas podemos estimar, tal como ganhar ou perder uma causa na Justiça. Há vários tipos de risco, por exemplo: risco de crédito, risco de liquidez, risco financeiro, risco operacional, risco cambial, risco de inflação, risco político.

Risk-adjusted discount rate. Taxa de desconto ajustada ao risco.
Taxa utilizada para descontar fluxos de caixa que têm maior ou menor risco do que o risco médio da empresa. Em análise de investimentos (*capital budgeting*), o analista compara os valores presentes líquidos dos projetos alternativos, cujos fluxos são descontados por uma taxa de juros – geralmente o custo de capital da empresa. Quando o analista considera que o fluxo de caixa de determinado projeto apresenta risco diferente do risco médio da empresa, ele utiliza uma taxa de desconto maior (quando o risco é maior) ou menor (quando o risco é menor), daí a expressão "ajustada ao risco".

Risk-free rate. Taxa livre de risco.
Taxa de juros que reflete apenas a taxa de juros "pura" mais um componente relacionado à inflação esperada para o período de um empréstimo. Não contém componente relacionado com o risco de o tomador não pagar o empréstimo. Nos Estados Unidos, geralmente se considera que essa taxa é representada pelo rendimento de títulos do Tesouro norte-americano, tais como letras e notas.

Risk premium. Prêmio pelo risco.
A diferença entre o retorno sobre um investimento sem risco (*risk-free return*) e o retorno total (*total return*) de um investimento de risco. De acordo com o modelo de determinação de preço de ativos de capital, *capital asset pricing model* (CAPM), o prêmio de risco reflete o risco sistemático, mensurado pelo coeficiente beta. Em outras palavras, o prêmio pelo risco é o retorno adicional requerido para compensar os investidores por assumirem um dado nível de risco. Quanto maior o prêmio pelo risco, maior o risco do título e vice-versa.

ROA. *Sigla de* **return on assets.** Retorno sobre o ativo. (RSA).
Consulte o verbete por extenso.

ROI. *Sigla de* **return on investments.** Retorno sobre o investimento (RSI).
Geralmente se refere a um projeto específico e é apresentado sob a forma de índice, dado por lucro dividido pelo custo médio dos ativos utilizados no projeto.

Royalty. Royalty.
Pagamentos pelos direitos de comercialização, propriedade, exploração, de autor etc.

RRR. *Sigla de* **required rate of return.**

RRR. *Sigla de* **required rate of return.**
Taxa requerida de retorno.
Veja *cost of capital* (custo de capital).

Ruling and balancing an account.
Apurar o saldo de uma conta.
Processo de resumir uma série de lançamentos em uma conta mediante o cálculo de um novo saldo, abaixo do qual se escrevem dois traços, que indicam que o novo saldo resume toda a informação precedente. Consiste em somar todos os lançamentos a débito e todos os a crédito, incluindo os saldos de abertura, se houver. O saldo da conta será dado pelo confronto desses dois totais.

Safety stock. Estoque de segurança.
Itens adicionais que são mantidos em estoque, como garantia para que não faltem.

Salary. Salário.
Remuneração de gerentes, administradores e profissionais não baseada em taxas horárias. Geralmente se refere a empregados mensalistas. Contraste com *wage* (ordenado).

Sale. Venda.
Transação geradora de receita, na qual a empresa entrega bens ou serviços a um cliente e este, em troca, efetua o pagamento ou assume uma obrigação contratual de pagá-la dentro de determinado prazo.

Sale and leaseback. Venda e arrendamento.
Transação de financiamento na qual a empresa vende uma propriedade e simultaneamente a arrenda de volta, em um contrato de longo prazo. Muitas vezes apresenta vantagens tributárias, mas geralmente não tem efeito sobre o lucro contábil.

Sales. Vendas.
Pode ser expressa em valor monetário ou em volume.

Sales activity variance. Variação da atividade de vendas.
O mesmo que *sales volume variance* (variação do volume de vendas).

Sales allowance. Desconto comercial sobre vendas.
Redução no preço de fatura de uma mercadoria em função de o vendedor ter entregue mercadorias danificadas ou diferentes da que o cliente encomendou. Para efeito contábil, o vendedor muitas vezes acumula esses "ajustes" em uma contraconta com o mesmo título ou similar. Não confundir com desconto financeiro sobre vendas (*sales discount*).

Sales cost.

Sales cost. Custo das vendas.
Geralmente, custo das mercadorias vendidas (*cost of goods sold*).

Sales discount. Desconto financeiro sobre vendas.
Redução no preço de fatura, geralmente concedida por pronto pagamento. Veja *terms of sale* (termos ou condições de venda) e os termos 2/10, líquido/30.

Sales invoice. Fatura de vendas.
Documento em que são especificadas as condições e natureza da transação.

Sales return. Devolução de vendas.
O retorno físico de mercadorias. Para efeito contábil, o vendedor acumula as quantias referentes a tais devoluções em uma contraconta de receita.

Sales revenue. Receita de vendas.
Receita obtida com a venda de bens e serviços.

Sales tax. Imposto incidente sobre vendas.

Sales-type (capital) lease. Arrendamento mercantil financeiro tipo venda.
Modalidade de arrendamento mercantil. Veja *capital lease* (arrendamento mercantil financeiro). Quando um fabricante (ou outra empresa) que geralmente vende produtos entra em um arrendamento mercantil financeiro como arrendador, o arrendamento caracteriza-se como "tipo venda". Quando uma instituição financeira (um banco, uma seguradora, uma companhia de arrendamento mercantil) adquire o ativo de um fabricante e entra em um arrendamento mercantil como arrendador, aquele caracteriza-se como "arrendamento mercantil com financiamento direto".

Sales volume variance. Variação do volume de vendas.
Margem de contribuição unitária orçada, multiplicada pelo volume de vendas que realmente aconteceu menos o volume de vendas orçado.

Salvage value. Valor residual.
Preço de venda real ou estimado, deduzido dos custos de remoção de um ativo usado e que a empresa espera vender ou baixar. Veja também os verbetes *residual value* (valor residual) e *scrap value* (valor de sucata).

SAR. *Sigla de* **Summary Annual Report.** Relatório Anual Resumido.

Sarbanes-Oxley Act (SOX). Lei Sarbanes-Oxley.
Lei aprovada nos EUA em 2002 em consequência dos escândalos financeiros da Enron, WorldCom e outros, para endurecer as exigências referentes à governança corporativa, incluindo questões contábeis. Trata, entre outras coisas, da regulamentação da profissão de contador, dos padrões para comitês de auditoria de empresas públicas, das responsabilidades dos administradores e padrões dos controles internos a que se sujeitam as empresas.

Scatter diagram. Diagrama de dispersão.
Representação gráfica da relação entre duas ou mais variáveis.

Schedule. Quadro auxiliar.
Conjunto de cálculos que mostra, com explicações, como foram obtidos certos valores que constam de demonstrações financeiras (*financial statements*) ou de declarações do imposto de renda.

S Corporation. Sociedade do tipo S.
No regime tributário norte-americano, cabe distinguir a sociedade C, que se refere a qualquer sociedade tributada separadamente em relação aos proprietários. É o caso da maioria das grandes empresas. Opõe-se à Sociedade S (*S Corporation*), a qual geralmente é tributada em conjunto com o acionista.

Scrap. Sucata.
Refugo, resíduo.

Scrap value. Valor de sucata.
Sinônimo de *residual value* (valor residual).

SEC. *Sigla para* **Securities and Exchange Commission.**
Importante agência federal norte-americana criada pelo Congresso em 1934 com a função de proteger os investidores, preservar a integridade do mercado e facilitar a formação de capital. A SEC exige que as companhias abertas divulguem ao público dados financeiros relevantes e outras informações, de forma que os investidores possam avaliar, por si mesmos, se devem comprar, vender ou manter títulos. Para mais informações, consulte o verbete por extenso.

Secondary market. Mercado secundário.
Bolsas de valores e mercado de balcão em que se compram e se vendem valores mobiliários depois de sua emissão original no mercado primário (*primary market*).

Secret reserve. Reserva secreta.
Reserva oculta. Subavaliação do capital ou do patrimônio líquido e que pode estar relacionada à subavaliação de ativos. No futuro, isso acabará afetando o lucro líquido.

Securities analyst. Analista de valores mobiliários.
Profissional especializado, geralmente contratado por uma instituição, que realiza pesquisas de investimento e examina a condição econômico-financeira de empresas em um determinado segmento. Fazem recomendações para que os investidores comprem, vendam ou permaneçam com suas posições de carteira.

Securities and Exchange Commission (SEC).
Importante agência federal norte-americana criada pelo Congresso em 1934 com a função de proteger os investidores, preservar a integridade do mercado e facilitar a formação de capital. A SEC exige que as companhias abertas divulguem ao público dados financeiros relevantes e outras informações, de forma que os investidores possam avaliar, por si mesmos, se devem comprar, vender ou manter títulos. A Comissão também supervisiona os principais participantes do mercado de valores, tais como bolsas, corretoras, agentes, consultores de investimento e fundos mútuos, para promover a lisura nas negociações e evitar a ocorrência de fraudes. Mesmo sendo a principal entidade supervisora e reguladora do mercado de valores mobiliários dos EUA, a SEC trabalha colaborativamente com outras instituições, incluindo o Congresso, agências e departamentos federais, organizações autorreguladoras (como as bolsas de valores, por exemplo), entidades reguladoras estaduais e várias outras do setor privado. As responsabilidades funcionais da SEC estão organizadas em 5 Divisões e 18 Representações. Seus cerca de 3.500 funcionários localizam-se em Washington, DC, e em 11 Escritórios Regionais espalhados pelo país. Como exemplo de atribuições, a Division of Corporation Finance avalia os documentos enviados pelas companhias de capital aberto, incluindo: registros de títulos recém-emitidos; demonstrações financeiras trimestrais e anuais (10-Q e 10-K); materiais enviados aos acionistas antes das assembleias anuais; relatórios anuais aos acionistas; documentos referentes a fusões e aquisições.

Security. Título mobiliário; valor mobiliário.
1. Instrumento financeiro que confere ao titular a participação societária em uma companhia, como as ações (*stocks*); estabelece uma relação de credor-devedor com empresas e entidades de governo, como os títulos de dívida (*bonds, notes*); e direitos de propriedade aos portadores de opções (*options*). 2. O termo também designa garantia real ou pessoal concedida pelo devedor ao credor de um empréstimo, comumente conhecida como penhor ou caução.

Security holder. Detentor de valor mobiliário.
Investidor que possui aplicações diversas.

Security market line. Linha do mercado de títulos.
Relação entre a taxa de retorno exigida (*required rate of return*) sobre um investimento e o risco sistemático (*systematic risk*) desse investimento.

Security ratings. Classificação de risco de valores mobiliários.
Trabalho realizado por agências especializadas e com metodologia própria para oferecer uma classificação de risco de investimentos baseada em critérios diversos. As agências mais conhecidas são: Standard & Poor's, Moody's e Fitch.

Segment of a business. Segmento de negócio.
Componente de uma sociedade cujas atividades representam uma linha importante dos negócios ou de uma classe de clientes. Pode ser estabelecido na forma de uma subsidiária, de uma divisão ou de um departamento, desde que seus ativos, resultados das operações e atividades possam ser claramente distinguidos, física e operacionalmente, para fins de preparação e apresentação das demonstrações financeiras (*financial statements*), dos demais ativos, resultados das operações e atividades da empresa. Em suma, segmento é um componente de uma empresa, envolvido na promoção de um ou mais produtos e serviços relacionados, que se destina principalmente à comercialização.

Segment reporting. Relatórios por segmento.
Elaboração e apresentação de relatórios sobre vendas, lucro e ativos por segmento de negócio, geralmente classificados segundo algum critério: pela natureza dos produtos vendidos; por área geográfica em que a empresa produz ou vende; ou por tipo de cliente. Com o mesmo sentido, também se utiliza a denominação "relatórios por linha de negócio". Veja também a caracterização de *segment of a business* (segmento de negócios).

Self-balancing. Balanceado.
Conjunto de registros contábeis cujo total de débitos é igual ao total de créditos, tais como o razão (*ledger*) e o balanço patrimonial (*balance sheet*).

Self-checking digit. Dígito verificador.
Algarismo que faz parte do código de uma conta (o último, geralmente), que deriva matematicamente dos outros dígitos e que é utilizado para detectar erros na transcrição do código em questão.

Self-sustaining foreign operation. Operação estrangeira autossuficiente.
Operação estrangeira que é financeira e operacionalmente independente de sua controladora (matriz). Dessa forma, o risco cambial da controladora resulta apenas do investimento líquido na entidade estrangeira.

Selling expense. Despesa de venda.
Compreende gastos incorridos para vender, seja com publicidade e propaganda, comissão de vendedores ou distribuição de mercadorias. É uma despesa operacional de período.

Selling, general and administrative expenses. Despesas gerais e administrativas de vendas.
Importante grupo de despesas de período (*period expenses*), isto é, que não são especificamente identificáveis com a produção ou a ela atribuíveis. São registradas na demonstração do resultado (*income statement*) logo após o lucro bruto (*gross profit*). Exemplos: salários e comissões de vendas, gastos com promoção e publicidade, folha de pagamento da área administrativa, honorários da diretoria etc. Também referida pela sigla SG&A.

Service department.

Semi-finished product. Produto semiacabado.
A característica que distingue as empresas comerciais das empresas industriais é que nestas ocorre o processo de transformação de insumos em bens, produtos ou serviços. Ao longo desse processo há a formação de três tipos de estoques: materiais, produtos em processo (em andamento ou semiacabados) e produtos acabados. Na empresa comercial só há este último.

Semifixed costs. Custos semifixos.
Custos que se compõem de uma parcela fixa e de outra variável. Exemplos: gastos com energia elétrica e gastos com telefone.

Semivariable costs. Custos semivariáveis.
Custos que variam em relação à quantidade produzida ou vendida, mas não de forma direta ou proporcional. Exemplo: consumo de materiais auxiliares e indiretos à produção.

Senior debt. Dívida privilegiada.
Modalidade de empréstimos ou títulos de dívida com prioridade sobre outros tipos de recursos de uma sociedade, seja em relação ao reembolso em caso de liquidação, seja na precedência dos pagamentos.

Senior securities. Títulos privilegiados.
As obrigações (*bonds*) são privilegiadas em relação às ações preferenciais, assim como estas são privilegiadas em relação às ações ordinárias. A empresa tem que pagar os direitos de títulos privilegiados antes de pagar os direitos de títulos subordinados (*junior securities*).

Senior security. Título preferencial.
Valor mobiliário que concede prioridade ou privilégios aos detentores em relação a outros tipos de valores ditos subordinados ou *junior securities*. Por exemplo, os títulos de dívida (*bonds*) precedem as ações preferenciais (*preferred stocks*) e estas precedem as ações ordinárias (*common stocks*) no que concerne a ordem de distribuição de lucros e em caso de liquidação da companhia.

Sensitivity analysis. Análise de sensibilidade.
Estudo de como o resultado de uma decisão se altera quando uma ou mais premissas são alteradas. É uma forma de simulação que permite testar os efeitos de decisões alternativas usando a abordagem *what-if*. Por exemplo, como variações nas vendas impactam a rentabilidade do investimento dos acionistas.

Serial bonds. Obrigações seriais.
Modalidade de obrigação (*bond*) com vencimentos parcelados, em vez de em uma única data. Ou seja, uma parte vence em uma data, outra parte vence em outra data, e assim por diante. Os vários vencimentos geralmente ocorrem a intervalos uniformes até que toda emissão seja resgatada. Opõem-se aos *term bonds*, que são obrigações com vencimento único.

Service. Serviço.
Um bem intangível. Exemplo: serviços pessoais, aluguel, seguros.

Service bureau. Birô de serviços.
Centro de informática que presta serviços a vários clientes.

Service company. Empresa prestadora de serviços.
Negócio que se caracteriza pela prestação de serviços, como educação, transporte, atendimento médico, assessoria jurídica etc. As outras modalidades de negócio são a empresa comercial e a empresa industrial.

Service department. Departamento de serviços.
Departamento, como pessoal ou de informática, que presta serviço a outros departamentos, em oposição a trabalhar diretamente com os produtos que a empresa fabrica.

Service department cost allocation.

Contraste com *production department* (departamento de produção).

Service department cost allocation. Alocação de custos dos departamentos de serviços.
Procedimento pelo qual as empresas alocam os custos dos departamentos de serviços operacionais a outros departamentos.

Service life. Tempo de serviço.
Período de utilidade esperada de um ativo (*asset*).

Service potential. Potencial de serviços.
Os benefícios futuros que levam a que um item seja classificado como ativo (*asset*). Se não existir potencial de serviços, o item não poderá apresentar benefícios futuros e a Contabilidade não poderá considerá-lo um ativo. Entende-se que a característica principal do potencial de serviços é a capacidade de gerar fluxos de caixa líquidos futuros.

Service revenue. Receita de serviços.
Receita obtida com a prestação de serviços.

Services. Serviços.
Trabalho útil realizado por uma pessoa, uma máquina ou uma organização. Compare com mercadorias (*goods*).

Settlement date. Data de liquidação.

Setup. Preparação.
Tempo ou custo requerido para colocar os equipamentos de produção em condições de realizar uma tarefa.

Sfac. *Sigla de* **Statement of Financial Accounting Concepts.**
Documento sobre conceitos contábeis emitido pelo Financial Accounting Standards Board (Fasb).

Sfas. *Sigla de* **Statement of Financial Accounting Standards.**
Documento sobre padrões de Contabilidade Financeira. Veja Fasb.

SG&A Expenses. SG&A Expenses.
Sigla de despesas de venda (*selling*), geral (*general*) e administrativa (*administrative*), lançadas na demonstração do resultado do exercício.

Share. Ação.
Formalmente, trata-se de uma unidade de capital representativa de propriedade numa sociedade por ações. Compreende as classes de ações ordinárias e preferenciais. O termo *share* é sinônimo de *stock* e às vezes é utilizado com o sentido de quotas.

Shareholder. Acionista.
O mesmo que *stockholder*. Indivíduo ou pessoa jurídica que detém a propriedade de ações (*shares* ou *stocks*) representativas do capital de uma companhia. Qualifica-se como acionista ordinário, preferencial, controlador, majoritário, minoritário, conforme a classe da ação detida e o percentual de participação no total do capital. Seus rendimentos decorrem da forma de distribuição de lucros (*dividends*) e da valorização da ação na bolsa.

Shareholders' equity. Patrimônio líquido.
Grupo do balanço patrimonial (*balance sheet*) representativo do capital dos proprietários (*shareholders*), por isso também chamado de capital próprio. Veja também *owners'equity* (patrimônio líquido).

Share premium. Ágio sobre ação.
No Reino Unido, o mesmo que *additional paid-in capital* (ágio da subscrição de ações) ou *capital contributed in excess of par or state value* (capital excedente ao valor nominal ou declarado).

Society of Management Accountants of Canada (Smac).

Shares outstanding. Ações em circulação.

Short run; short term. Curto prazo.
Período de tempo longo o bastante para permitir mudança no nível de produção ou outra atividade, dentro das restrições da capacidade produtiva total. No balanço patrimonial (*balance sheet*), o termo significa circulante ou corrente e em geral tem a duração de até um ano.

Short-term borrowing. Empréstimo de curto prazo, em geral inferior a um ano.

Short-term liquidity risk. Risco de liquidez de curto prazo.
Risco de que uma entidade não disponha de dinheiro suficiente para pagar suas dívidas no curto prazo.

Short-term operating budget. Orçamento operacional de curto prazo.
Plano de ação dos administradores para o ano seguinte.

Short-term security. Título ou valor imobiliário de curto prazo.

Shrinkage. Diferença de estoque.
Divergência, para menos, entre o estoque constante dos livros contábeis e as quantidades físicas existentes, devido a furto, desgaste natural e outras causas. O termo não deve ser usado para indicar erro ou engano.

Shutdown cost. Custo de encerramento.
Custos fixos nos quais a empresa continua a incorrer após ter cessado suas atividades. São os custos de fechar uma fábrica ou uma instalação específica, por exemplo.

Sight deposit. Depósito à vista.

Sight draft. Saque à vista.

Single-entry accounting. Contabilidade por partidas simples.
Contabilidade que não é balanceada nem articulada, isto é, não se baseia na igualdade entre débitos e créditos. Nesse caso, a empresa não realiza lançamentos no livro diário (*journal*) e calcula o patrimônio líquido por diferença.

Single-step income statement. Demonstração do resultado com uma única seção.
Demonstração do resultado na qual receitas e ganhos usuais aparecem em primeiro lugar, pelo total, seguidos das despesas e perdas usuais, também pelo total. A diferença entre os dois totais, mais o efeito dos lucros obtidos em operações descontinuadas e itens extraordinários, resulta no resultado líquido. Opõe-se à demonstração do resultado com seções múltiplas (*multiple-step*).

Sinking fund. Fundo de amortização.
Ativos e respectivos rendimentos mantidos em separado para atender ao resgate de obrigações (*bonds*) e outros títulos de longo prazo. Os rendimentos do fundo de amortização são tributados na companhia.

Skeleton account. Conta esqueleto. Conta T (T-account).

Slide. Escorregão.
Nome "popular" do erro que um contador comete quando registra corretamente os dígitos de uma quantia, mas coloca a vírgula decimal no lugar errado – quando registra $ 123,40 como sendo $ 1.234,00 ou $ 12,34, por exemplo.

Society of Management Accountants of Canada (Smac).
Organização nacional de contadores cujas associações estaduais congregam profissionais que trabalham em Contabilidade industrial e governamental. A entidade realiza pesquisas e administra um programa

Solvent.

educacional e a aplicação de exames de suficiência; os que são aprovados nesses exames podem utilizar a designação CMA – Certified Management Accountant.

Solvent. Solvente.
Diz-se do indivíduo ou empresa que dispõe de recursos prontamente disponíveis e, portanto, é capaz de pagar suas obrigações no vencimento.

Sound value. Valor sólido.
Expressão utilizada na avaliação de ativos imobilizados (*fixed assets*) com o significado de valor de mercado justo (*fair value*) ou de custo de reposição na atual condição.

Source of funds. Fonte de fundos.
Qualquer transação que aumente o caixa e equivalentes de caixa da empresa.

Sources and uses statement. Demonstração de fontes e usos de fundos.

SOX. *Sigla de* **Sarbanes-Oxley.**
Veja o verbete.

SOYM. *Sigla de* **Sum-of-the-years' digits method.**
Método de cálculo da depreciação (*depreciation*) com base na soma dos algarismos dos anos. Para detalhes, consulte o verbete respectivo.

Special journal. Diário especial.
Livro contábil no qual se registram transações semelhantes que ocorrem frequentemente, tais como diário de vendas ou diário de pagamentos.

Specific identification method. Método de identificação específica.
Método de avaliação do estoque final e do custo das mercadorias vendidas em que as unidades vendidas e as remanescentes em estoque são identificadas especificamente. Geralmente é utilizado para itens de grande valor unitário, tais como joias, automóveis e casacos de pele.

Specific price changes. Alterações em preços específicos.
Alterações no preço de mercado de mercadorias e serviços específicos. Opõem-se a alterações no nível geral de preços (*general price-level changes*).

Specific price index. Índice de preços específicos.
Medida da variação do preço de um bem ou serviço específico, ou de um pequeno grupo de bens e serviços similares, em dado período. Compare com *general price index* (índice geral de preços).

Spin-off. Cisão.
Segregação parcial de uma sociedade. Especificamente, trata-se de uma modalidade de reorganização corporativa na qual a empresa original transfere parte de seus ativos (*assets*) a uma empresa recém-formada. Em troca dos ativos, a empresa original recebe todo o capital da nova empresa e os distribui a seus acionistas.

Split-off point. Ponto de separação.
No custeio de produtos conjuntos (*joint products*), esse é o ponto a partir do qual os custos não mais constituem custos conjuntos, pois o analista pode identificar os custos associados a produtos individuais, ou mesmo a um menor número de produtos conjuntos.

Spoilage. Desperdício.
Veja *abnormal spoilage* (desperdício, perda anormal) e *normal spoilage* (desperdício normal).

Spot. Mercadorias e moedas disponíveis para entrega imediata. Bens para pronta entrega; à vista; imediatamente.

Standard quantity allowed.

Spot price. Preço à vista.
Preço de uma mercadoria para entrega no mesmo dia em que o preço é cotado. Para contraste, veja *forward price* (preço a termo).

Spreadsheet. Planilha.
Por muitos anos, o termo se referia especificamente a uma folha de trabalho (*worksheet*) organizada sob a forma de matriz, em cujas linhas e colunas colocavam-se títulos de contas. Uma entrada em uma linha significava um débito; em uma coluna, um crédito. Assim, o registro de $ 100 na linha da conta "caixa" e na coluna da conta "contas a receber" significava o recebimento de uma conta a receber (*account receivable*).

Stabilized accounting. Contabilidade em moeda estável.
Contabilidade em moeda constante ou em moeda forte.

Stable monetary unit assumption. Suposição da unidade monetária estável.
Premissa subjacente à Contabilidade convencional que considera o custo histórico, expresso em valores nominais, como se não houvesse inflação. Nesse sistema, pressupõe-se que faz sentido somar valores monetários referentes a diferentes datas e que, consequentemente, as demonstrações financeiras (*financial* statements) não precisam contemplar alterações no poder de compra da moeda.

Staff Accounting Bulletin (SAB). Publicação Técnica.
Interpretação emitida pela equipe técnica da Securities and Exchange Commission (SEC), "sugerindo" como os contadores deveriam aplicar, na prática, vários *Accounting Series Releases*. As sugestões são consideradas parte dos princípios contábeis norte-americanos, *Gaap*.

Stakeholder. Partes interessadas.
Indivíduo ou grupo de empregados, fornecedores, clientes e acionistas, que têm "interesse" nas atividades e resultados de uma sociedade por ações.

Standard cost. Custo-padrão.
Custo previsto para fabricar uma unidade de um produto. Um custo predeterminado, atribuído aos produtos fabricados. O custo-padrão implica uma norma – o que o custo "deveria" ser. Já o custo orçado (*budgeted cost*) implica uma "previsão" – alguma coisa provável, mas não necessariamente o que "deveria ser", como em uma norma. As empresas utilizam o custo-padrão como um referencial para avaliar bom e mau desempenho. Embora um orçamento (*budget*) possa ser utilizado em conjunto com o custo-padrão, isso não é indispensável. O orçamento pode representar um documento de planejamento, sujeito a alterações, se os planos forem modificados. Já o custo-padrão varia anualmente ou quando ocorrem alterações significativas na tecnologia ou nos custos de mão de obra e de materiais.

Standard costing system. Sistema de custo-padrão.
Custeio de produtos com base em custo-padrão, em vez de com base em custos que realmente ocorreram. A empresa pode utilizar tanto o custeio por absorção (*absorption costing*) como o custeio variável (*variable costing*).

Standard manufacturing overhead. Custos indiretos de fabricação padrão.
Custos indiretos de fabricação a serem incorridos por unidade de tempo e por unidade produzida.

Standard price. Preço padrão.
Preço unitário estabelecido para materiais ou mão de obra em um sistema de custo-padrão (*standard cost*).

Standard quantity allowed. Quantidade padrão permitida.
Quantidade de material direto ou de mão de obra direta que deveria ter sido utilizada se a produção tivesse seguido

Standard rate.

o custo-padrão (*standard cost*) desses elementos.

Standard rate. Taxa padrão.
Preço unitário estabelecido para materiais ou mão de obra em um sistema de custo-padrão (*standard cost*).

Standby costs. Custos de capacidade não evitáveis.
Tipo de custo de capacidade (o imposto predial, por exemplo) em que a empresa incorre, mesmo que paralise suas operações. Ou seja, é um custo fixo. Opõe-se a custos de capacidade evitáveis (*enabling costs*).

Stated capital. Capital declarado.
Capital contribuído. A expressão também é utilizada no sentido de capital legal.

Statement of affairs. Balanço de liquidação.
Demonstrativo financeiro (*balance sheet*) que mostra valores de liquidação, e não custos históricos dos ativos (*assets*) e passivos (*liabilities*). Em geral é preparado quando a insolvência ou a falência da empresa é iminente. Essa demonstração, obviamente, não adota a suposição da continuidade das operações (*going concern assumption*).

Statement of cash flows. Demonstração dos fluxos de caixa.
Demonstração contábil que mostra as entradas e as saídas de caixa de uma entidade, classificadas em três grupos: i) atividades operacionais, ii) atividades de investimento e iii) atividades de financiamento. O fluxo de caixa decorrente das atividades operacionais pode ser apresentado de acordo com o método direto (que evidencia as entradas e saídas de caixa) ou com o método indireto (que parte do lucro líquido e a ele agrega alguns ajustes, associados a receitas e despesas que não afetam o caixa. Aliás, o termo "caixa" refere-se aqui a numerário e depósitos bancários e também a "equivalentes de caixa", isto é, aplicações financeiras de alta liquidez.

Statement of changes in financial position. Demonstração das variações na posição financeira.
Demonstração, exigida nos anos 1970 nos EUA e posteriormente descontinuada, que explica as alterações no saldo do capital de giro (*net working capital*) durante determinado período e mostra as alterações nos saldos das contas do próprio capital de giro. Foi substituída pela demonstração do fluxo de caixa (*statement of cash flows*). No Brasil ocorreu o mesmo a partir de 2010.

Statement of changes in stockholders equity. Demonstração das mutações no patrimônio líquido.
Demonstração financeira que apresenta a movimentação dos componentes do patrimônio líquido (*stockholders' equity*) durante o período.

Statement of Financial Accounting Concepts (Sfac).
Uma dentre uma série de publicações do Financial Accounting Standards Board (Fasb) sobre o arcabouço conceitual da Contabilidade Financeira. Estabelece objetivos e fundamentos basilares.

Statement of Financial Accounting Standards (Sfas) e FAS.
Veja Fasb.

Statement of financial position. Demonstração da posição financeira.
O mesmo que balanço patrimonial (*balance sheet*).

Statement of retained earnings. Demonstração de lucros acumulados.
Demonstração que concilia os saldos de início e de final de período da conta de lucros acumulados. Mostra os efeitos dos lucros, declarações de dividendos e ajustes de períodos anteriores.

Statement of significant accounting policies. Declaração das principais políticas contábeis.

Nos EUA, resumo das principais políticas contábeis utilizado na elaboração de um relatório anual. É exigido pela *APB Opinion nº 22*. Pode ser apresentado como um quadro separado ou como a primeira nota explicativa das respectivas demonstrações financeiras (*financial statements*).

Statement on standards for accounting and review services (SSARS).

Pronunciamentos emitidos pelo AICPA, nos EUA, sobre demonstrações financeiras e informações financeiras não auditadas de empresas fechadas.

State-owned company. Companhia estatal, companhia do governo.

Empresa pública.

Statutes. Estatutos.

Statutory tax rate. Alíquota oficial do imposto de renda.

Alíquota do imposto de renda aplicável a cada tipo de renda, de acordo com a correspondente legislação, por exemplo: renda corrente, ganho de capital etc.

Step allocation method. Método do rateio por etapas.

Método do rateio progressivo dos custos. Veja *step-down method* (método do rateio progressivo).

Step costs. Custos em degraus.

Custos semifixos, isto é, que permanecem fixos dentro de certa variação da produção e, então, sobem para novo patamar, repetindo o comportamento.

Step-down method. Método do rateio progressivo.

Sistema de alocação de custos dos departamentos de serviços, que inicia por ratear os gastos de um departamento de serviços a departamentos de produção e aos demais departamentos de serviços. Os custos de um segundo departamento de serviços, que agora incluem o rateio dos custos do primeiro departamento, são então rateados aos departamentos de produção e aos departamentos de serviços restantes, e assim sucessivamente.

Sterilized allocation. Rateio esterilizado.

Característica desejável dos métodos de rateio de custos. Decisões ótimas somente acontecem quando apenas os custos incrementais são considerados.

Stewardship. Intendência.

Princípio segundo o qual os administradores de uma empresa são como intendentes, isto é, responsáveis gerais pela guarda dos recursos da entidade, pela sua utilização eficiente e por protegê-los contra impactos adversos. Alguns teóricos defendem que o principal objetivo da Contabilidade é ajudar os usuários das demonstrações financeiras (*financial statements*) a avaliar quão bem a administração está realizando o seu trabalho.

Stock. Estoque.

1. Medida da quantidade de algo em mãos, em determinada data. Contrasta com a ideia de fluxo (*flow*), que se refere a um período. Por exemplo, o balanço patrimonial (*balance sheet*) é uma demonstração que mostra os saldos das contas em uma data, portanto é um "demonstrativo de estoque". A demonstração do resultado (*income statement*) mostra os valores de receitas e despesas acumulados em dado período, por isso é uma "demonstração de fluxo". 2. O termo em questão também é usado para referir-se a uma ação.

Stock call option. Opção de compra de ações.

Direito de comprar uma quantidade determinada de ações por determinado preço em (ou até) uma data determinada. Em algumas empresas, parte da remuneração dos

Stock dividend.

empregados é representada pelo direito em questão (*stock options*), que lhes é concedido pelo empregador, ou seja, o direito de comprar ações da empresa. Opções de compra de ações (e de venda) negociadas em bolsas ou no mercado de balcão representam derivativos. Compare com *warrant* (bônus de subscrição).

Stock dividend. Dividendo em ações.
Distribuição de dividendos sob a forma de ações adicionais da própria empresa, sem custo aos acionistas. Resulta em um débito em lucros acumulados, pelo valor de mercado das novas ações emitidas e um crédito na conta de capital da empresa. As companhias utilizam as bonificações para indicar que lucros anteriores foram reinvestidos no próprio negócio ou para preservar a liquidez. Contraste com *stock split* (desdobramento de ações), o qual não exige nenhum lançamento na conta de capital, a não ser a anotação de que o valor nominal ou o valor declarado das ações foi alterado. Contraste também com *cash dividend* (dividendo em dinheiro).

Stock exchanges. Bolsas de valores.
Organizações que oferecem local próprio, isto é, um mercado livre e aberto para a negociação de valores mobiliários de pessoas jurídicas, públicas e privadas. Sua principal finalidade é proporcionar liquidez aos títulos negociados. Destacam-se quatro formas básicas de negociação com ações: à vista; a termo, opções e futuros. No Brasil a única bolsa de valores é a Bolsa de Valores, Mercadorias e Futuros BM&F Bovespa.

Stockholder. (a) Acionista.
O mesmo que *shareholder*.

Stockholder. (b) Acionista.
Aquele que detém ações de empresas.

Stockholders' equity. Patrimônio líquido.
O mesmo que *net worth* e *shareholders' equity*. Consulte os respectivos verbetes.

Stock issue. Emissão de ações.

Stock market. Mercado de ações.

Stock option. Opção sobre ações.
1. Instrumento financeiro que confere ao seu adquirente (*option holder ou buyer*) o direito (mas não a obrigação!) de comprar ou vender uma quantidade de ações, a um dado preço, dentro de certo prazo. Distinguem-se a opção de compra (*call option*), e o seu contrário, opção de venda (*put option*). O direito em questão é adquirido mediante pagamento do prêmio da opção (*option premium*) e, se não for exercida, a opção expira. 2. O termo refere-se também a uma forma de incentivo e remuneração extra geralmente concedida a executivos da companhia, pela qual eles poderão adquirir ações da empresa a preço inferior ao de mercado.

Stock record. Registro de ações.

Stock split. (a) Desdobramento de ações.
Emissão de uma quantidade de ações adicionais para a reduzir o *par value* da ação de forma proporcional. O valor total permanece inalterado. Por exemplo, supondo-se uma empresa com 1.000 ações ordinárias de $ 40 cada, totalizando $ 40.000. Um *split* de 2 por 1 fará com que o preço caia para $ 20 e a quantidade de ações suba para 2.000, resultando no mesmo valor total, $ 40.000. A intenção dos administradores ao realizar esse tipo de operação é reduzir o preço de mercado da ação e estimular a sua demanda.

Stock split. (b) Desdobramento de ações.
Aumento na quantidade de ações em circulação resultante da emissão de ações adicionais para os acionistas atuais, sem nenhum custo exigido deles. Não aumenta o capital da empresa, porque o valor nominal (ou o valor declarado) das ações é proporcionalmente reduzido. Em um desdobramento três

para um, o valor nominal (ou o valor declarado) das ações é reduzido para um terço do valor nominal anterior. Um desdobramento geralmente faz com que a quantidade de ações em circulação aumente. Compare com *stock dividend* (dividendo em ações).

Stock subscription. Subscrição de ações.

Veja *subscription* (subscrição) e *subscribed stock* (ações subscritas).

Stocks. Ações.

O mesmo que *share*. Menor parcela em que se divide o capital social de uma companhia. Quanto à espécie, as ações podem ser ordinárias ou preferenciais. As ações ordinárias (*common stocks*) concedem direito a voto nas deliberações da assembleia geral, ao passo que as ações preferenciais (*preferred stocks*) garantem vantagens como a prioridade no recebimento dos dividendos ou no reembolso do capital em caso de liquidação.

Stockout. Falta de estoque.

Ocorre quando a empresa necessita de uma unidade de estoque, seja para utilização na produção, seja para venda a um cliente, mas o item não está disponível.

Stockout costs. Custos de falta de estoque.

Margem de contribuição (ou outra medida de lucro) não auferida porque a empresa não pode atender a um cliente, por não dispor de unidades em estoque. A empresa pode incorrer ainda em outros custos por causa da demora em atender ao cliente.

Stores. Materiais.

Referência genérica a matérias-primas, partes e suprimentos.

Straight-debt value. Valor sem conversão.

Estimativa do valor de mercado de uma obrigação conversível se ela não contivesse a opção de conversão.

Straight-line depreciation method. Método da depreciação linear.

Método bastante popular, segundo o qual a depreciação (*depreciation*) é reconhecida de maneira uniforme em cada período. Se a vida útil depreciável (*depreciable life*) do ativo é estimada em **n** períodos, a depreciação de cada período será igual a **1/n** do custo depreciável (*depreciable cost*). Também é denominada "depreciação linear com o tempo" e "método das quotas constantes". Por exemplo, um veículo comprado por $ 65.000, a ser utilizado por 5 anos e com um valor potencial de revenda de $ 15.000, terá uma quota anual de depreciação de 1/5, ou seja, 20% de ($ 65.000 − $ 15.000) = $ 10.000.

Straight-line rate. Taxa linear.

Subject to. Sujeito a.

Em um parecer dos auditores independentes, ressalvas geralmente causadas por incerteza material a respeito da avaliação de um item, por exemplo, o recebimento de um valor devido por um governo estrangeiro ou o resultado de uma ação judicial em andamento.

Subordinated. Subordinada.

Veja o verbete *subordinated debt* (dívida subordinada).

Subordinated debt. Dívida subordinada.

Dívida (ou outro título) cujo direito sobre o lucro ou sobre os ativos tem prioridade mais baixa do que outras dívidas (ou títulos).

Subscribed stocks. Ações subscritas.

Conta do patrimônio líquido que mostra o capital que a empresa irá receber dos acionistas subscritores. Trata-se de um contrato legal, portanto, assim que esteja assinado, a empresa pode fazer o lançamento contábil.

Subscription. (a)

Subscription. (a) Assinatura.
Contrato para comprar publicações periódicas ou outros bens e serviços.

Subscription. (b) Subscrição.
Contrato para comprar um título.

Subscription rights. Direitos de subscrição.

Subsequent events. Eventos subsequentes.
Eventos que têm impacto material e que ocorrem entre o final do período contábil e a publicação formal das demonstrações financeiras (*financial statements*). Apesar de ocorrerem após o encerramento do período, devem ser evidenciados em nota explicativa para que os auditores independentes possam emitir um parecer sem ressalvas (*unqualified opinion*).

Subsidiary. Subsidiária.
Companhia da qual outra possui mais do que 50% das ações com direito a voto.

Subsidiary (ledger) accounts. Contas subsidiárias.
As contas que aparecem em um livro-razão subsidiário.

Subsidiary company. Companhia subsidiária.
Veja *subsidiary* (subsidiária).

Subsidiary ledger. Razão subsidiário.
Livro contábil que contém os detalhes cujo total aparece em uma conta de controle do razão geral. Veja *control account* (conta de controle).

Summary annual report (SAR). Relatório anual resumido.
Demonstrações financeiras (*financial statements*) resumidas, distribuídas em lugar do relatório anual usual. Nos EUA, a Securities and Exchange Commission (SEC) permite que as empresas incluam tais demonstrações no relatório anual aos acionistas, contanto que as demonstrações completas sejam apresentadas a ela, SEC, e sejam anexadas a qualquer pedido de procuração que as empresas encaminhem aos acionistas.

Summary of significant accounting principles. Resumo dos principais princípios contábeis.
Veja *statement of significant accounting policies* (declaração das principais políticas contábeis).

Sum-of-the-years' digits method (SYD or SOYD). Método da soma dos algarismos dos anos.
O emprego deste método requer que se calcule a fração a ser aplicada sobre o valor depreciável do ativo. O denominador da fração é dado pela soma dos algarismos dos anos de vida útil do bem. Por exemplo: para um ativo com vida útil de cinco anos, o denominador será igual a 1 + 2 + 3 + 4 + 5 = 15. O numerador da fração será o número correspondente a cada ano, geralmente na ordem inversa. Assim, a fração do 1º ano será 5/15, a do 2º, 4/15, a do 3º, 3/15, a do 4º, 2/15 e a do 5º, 1/15. Logo, se o ativo em questão tiver um custo depreciável de $ 15.000, a depreciação do 1º ano será de 5/15 × $ 15.000 = $ 5.000; a do 2º ano será $ 4.000, a do 3º será de $ 3.000, a do 4º ano será de $ 2.000 e a do 5º ano, $ 1.000. Contraste este método com o das quotas constantes (*straight-line depreciation method*) e o do saldo decrescente (*declining-balance method*).

Sunk cost. Custo irrecuperável ou custo perdido.
Custos passados que decisões atuais e futuras não podem modificar. Consequentemente, são irrelevantes na tomada de decisões, exceto por seus efeitos sobre o imposto de renda. Compare com custo incremental (*incremental cost*) e *imput cost* (custo implícito). Por exemplo, o custo de aquisição de um equipamento é irrelevante na decisão de sucateá-lo. O valor de saída corrente do equipamento representa o custo de oportunidade de continuar com ele. O

Systematic risk.

custo, digamos, da eletricidade necessária para operá-lo representa o custo incremental de sua operação. Os custos irrecuperáveis tornam-se relevantes na tomada de decisões quando a análise exige que o imposto de renda seja levado em consideração (ganho ou perda na venda do ativo), uma vez que o valor do imposto de renda a pagar depende da base tributária do ativo.

Supplementary schedules. Quadros suplementares.

Quadros que apresentam informações adicionais às que constam das demonstrações financeiras básicas (balanço patrimonial, demonstração do resultado, demonstração do fluxo de caixa e demonstração dos lucros acumulados).

Supplementary statements. Demonstrações suplementares.

Demonstrações adicionais, em relação às quatro demonstrações financeiras básicas: balanço patrimonial (*balance sheet*), demonstração do resultado (*income statement*), demonstração do fluxo de caixa (*statement of cash flows*) e demonstração das mutações do patrimônio líquido (*statement of changes in stockholders' equity*).

Supplier. Fornecedor.

Suppliers payable. Fornecedores a pagar.

São contas a pagar resultantes de compras a prazo. Geralmente é um passivo circulante (*current liability*).

Sustainable income. Lucro sustentável.

Parcela do lucro distribuível (que é calculado com base em custos correntes) que a empresa espera continuar auferindo no próximo período contábil se as operações continuarem no mesmo nível em que se encontram no período corrente. O lucro de operações descontinuadas, por exemplo, pode ser distribuível, mas não é sustentável.

Swap. Swap.

Considere dois tipos: 1. o *swap* cambial é um instrumento financeiro no qual uma parte promete pagar (ou receber) à outra parte, a contraparte, a diferença entre o valor de uma dívida denominada em uma moeda (dólar norte-americano, por exemplo) e o valor da dívida em outra moeda (euros, por exemplo). 2. Em um *swap* de juros, parte e contraparte obrigam-se a trocar a diferença entre pagamentos calculados de acordo com a aplicação de uma taxa fixa e de uma taxa flutuante de juros sobre a mesma dívida.

S-X.

Veja *regulation S-X* (regulamento S-X).

SYD. *Sigla de* **sum-of-the-years' digits depreciation.**

Método de depreciação com base na soma dos algarismos dos anos. Para detalhes, consulte o verbete respectivo.

Systematic risk. Risco sistemático.

Parcela do risco de um valor mobiliário (ação, obrigação) que é comum a todos os demais da mesma classe e, portanto, não pode ser reduzida ou eliminada por meio da diversificação. É também chamado de risco de mercado. A medida do risco sistemático em ações é dada pelo coeficiente beta do modelo CAPM (*capital asset pricing model*).

T-account. Conta T. Razonete.
Conta apresentada graficamente sob a forma da letra T. O título da conta é colocado sobre a linha horizontal. Os débitos são registrados no lado esquerdo da linha vertical e os créditos, no lado direito. Trata-se de um mecanismo tradicional, muito conveniente para fazer lançamentos e apurar saldos das contas.

Take-home pay. Recebimento líquido.
Valor líquido de um contracheque. Valor dos salários menos deduções relativas a imposto de renda, contribuições previdenciárias, contribuições para planos de pensão, para o sindicato dos empregados etc.

Takeover. Aquisição de uma empresa por outra.

Taking a bath. Levar um banho.
Tomar um grande prejuízo em uma operação especulativa ou em um investimento. Veja *big bath* (grande limpeza).

Tangible. Tangível.
O que tem forma física. A Contabilidade ainda não conseguiu apresentar uma distinção satisfatória entre ativos tangíveis e intangíveis. Os ativos intangíveis geralmente são definidos mediante a apresentação de uma lista exaustiva de tais ativos. O que não consta dessa lista é considerado tangível. Veja *intangible asset* (ativo intangível).

Tangible assets. Ativos tangíveis.
Ativos físicos, tais como instalações, máquinas, equipamentos e veículos que constituem o ativo imobilizado (*fixed asset*) de uma empresa.

Target cost. Custo-alvo.
Custo padrão. Algumas vezes, é o preço-alvo menos a margem de lucro esperada.

Target price. Preço-alvo.
Preço de venda que se baseia no valor que o cliente atribui ao produto ou serviço,

Taxable income.

limitado pelos preços de produtos ou serviços semelhantes da concorrência.

Tax. Imposto, taxa, tributo, contribuição.

Pagamento compulsório que pessoas físicas e jurídicas têm que fazer ao governo com base na renda, consumo, riqueza ou outro parâmetro. O termo não inclui multas ou pagamentos específicos que afetam apenas alguns grupos, tais como licenças de funcionamento, taxas diversas, pedágios etc.

Tax burden. Carga tributária.

Tax credit. Crédito do imposto de renda. Crédito fiscal.

Redução no imposto de renda a pagar. Contraste com *tax deductions* (deduções do imposto de renda).

Tax deductions. Deduções do imposto de renda.

Subtração de receitas e ganhos para chegar ao lucro tributável. Tecnicamente, as deduções são diferentes das isenções, mas ambas reduzem o lucro tributável. Ambas são diferentes de créditos do imposto de renda, que são deduzidos do próprio lucro tributável.

Tax evasion. Evasão fiscal.

Não pagamento das obrigações fiscais devidas por meio de certos expedientes. Um exemplo é a subavaliação de receitas tributáveis ou superavaliação de deduções de despesas ou de ambos, visando recolher menos impostos. Configura ato fraudulento. Contraste com *tax shelter* (planejamento tributário) e *loophole* (brecha fiscal).

Tax-exempt bonds. Títulos de dívida (obrigações) isentos de imposto.

Para exemplo, os bônus municipais (*municipal bonds*) nos EUA.

Tax exemption. Isenção fiscal.

Situação em que, por razões específicas, determinados contribuintes são dispensados de parte ou de toda a tributação.

Tax haven. Paraíso fiscal.

Local onde são oferecidas condições tributárias especiais, em geral bem abaixo do que se pratica em outros lugares. Indivíduos e empresas podem se beneficiar dessas condições, como, por exemplo, por meio da criação de subsidiárias.

Tax liability. Passivo ou obrigação fiscal.

Tax loss. Prejuízo fiscal.

Tax rate. Alíquota de imposto.

Taxa a ser aplicada sobre o valor tributável.

Tax rebate. Devolução de imposto.

Tax refund. Reembolso de imposto.

Tax shelter. Planejamento tributário.

Procedimentos que permitem evitar ou reduzir, legalmente, o imposto de renda a pagar, com base em uma leitura cuidadosa da complexa legislação tributária e posterior rearranjo dos negócios financeiros da empresa, com o objetivo de tirar proveito da legislação. A expressão também é utilizada no sentido de investimento que permite evitar o imposto de renda. Veja *loophole* (brecha fiscal).

Tax shield. Economia de imposto.

Valor de uma despesa, como a depreciação, por exemplo, que reduz o lucro tributável mas não requer capital de giro. Às vezes a expressão também é utilizada no sentido de despesa que reduz o lucro tributável e utiliza capital de giro. Uma depreciação de $ 10.000 (ou de pesquisa e desenvolvimento, no sentido amplo) proporciona uma economia do imposto de renda de $ 3.700, quando a alíquota marginal do imposto de renda é 37%.

Taxable. Tributável.

Taxable income. Lucro tributável.

Lucro sujeito a imposto de renda, calculado de acordo com os regulamentos da

Taxation.

autoridade tributária. Não se confunde com o lucro antes do imposto de renda, apresentado na demonstração do resultado (*income statement*), nem com o lucro abrangente, que é um conceito da Contabilidade Financeira.

Taxation. Tributação.

Taxpayer. Contribuinte.

Technical Bulletin. Boletim técnico.
O Financial Accounting Standards Board (Fasb) autorizou sua equipe técnica a emitir boletins que fornecem orientação sobre problemas de Contabilidade Financeira. Embora o Fasb não aprove formalmente o conteúdo desses boletins, seu conteúdo constitui parte dos princípios contábeis, Gaap.

Technology. Tecnologia.
Como conta é a soma dos segredos do negócio e do *know-how* de uma empresa. Não se confunde com as patentes que têm sua própria conta.

Temporary account. Conta temporária.
Contas de resultado, isto é, de receitas e despesas, suas contracontas e contas adjuntas, contas de custos de produção, contas de distribuição de dividendos e contas relacionadas a compras (que são encerradas contra vários tipos de estoque). Também denominada "contas nominais" (*nominal accounts*). Contraste com *continuing account* (conta permanente) que se refere aos itens do balanço patrimonial (*balance sheet*).

Temporary investments. Investimentos temporários.
Investimentos em aplicações financeiras que o proprietário pretende resgatar no curto prazo – dentro de um ano, geralmente – e que, consequentemente, se classificam como ativo circulante (*current asset*).

Term. Prazos, condições do negócio.
Como em *terms of sale*: condições aplicáveis ao recebimento de uma venda.

Term bonds. Títulos de dívida com vencimento único.
Emissão de obrigações que tem vencimento único. Contraste com *serial bonds* (obrigações seriais).

Terminal cash flows. Fluxos de caixa terminais ou finais.
Fluxos de caixa que ocorrem no final de um projeto de investimento. Geralmente incluem recebimentos pelo valor residual do equipamento e imposto de renda sobre o ganho (ou perda) na remoção. Veja *terminal value* (valor terminal ou final).

Terminal value. Valor terminal ou final.
Nas projeções de fluxos de caixa que se estendem por muitos períodos, o analista frequentemente resume o futuro muito distante em um período de média distância. Por exemplo, o analista pode estimar uma entrada de caixa no ano 10 que represente o valor presente dos fluxos de caixa esperados para todos os anos posteriores ao ano 10. Esse valor é chamado de *terminal value* e é normalmente calculado usando-se o *perpetuity growth method* (modelo de crescimento de uma perpetuidade).

Term loan. Empréstimo a prazo.
Empréstimo com data definida de vencimento, em contraste com o *demand loan*, que é devido assim que o credor solicitar seu pagamento.

Terms of sale. Termos ou condições de venda.
Condições aplicáveis ao recebimento de uma venda. Por exemplo, os termos 2/10, líquido/30 significam que, se o comprador pagar dentro de 10 dias da data da fatura, ele terá direito a um desconto financeiro de 2% do preço de fatura; se não o fizer, terá que pagar o preço integral em 30 dias da data da fatura.

Term structure. Estrutura temporal.
Expressão com significados diferentes em Contabilidade e em Economia Financeira.

Trade credit.

Em Contabilidade, refere-se ao prazo necessário para que os ativos se convertam em dinheiro (ou que produzam dinheiro) e ao prazo até que os passivos exijam a saída de caixa. Em Economia Financeira, é a relação entre a taxa de juros e o prazo até o vencimento de empréstimos. Por exemplo, se um empréstimo de seis meses custa 6% ao ano e um de 10 anos custa 9% ao ano, tem-se uma estrutura temporal "normal", pois o prazo maior corresponde a uma taxa de juros maior. Na situação oposta, tem-se uma estrutura temporal "invertida".

Thin capitalization. Baixa capitalização.

Situação em que uma empresa apresenta alto índice de passivo sobre o patrimônio líquido.

Throughput contract. Contrato **throughput.**

Contrato firmado entre um contratante e um proprietário de um meio de transporte (um navio, por exemplo) ou de uma fábrica, segundo o qual o contratante se obriga a pagar certa quantia periodicamente, mesmo que não transporte ou processe as quantidades contratadas.

Throughput contribution. Contribuição **throughput.**

Valor monetário das vendas menos a soma de todos os custos variáveis de curto prazo.

Time-adjusted rate of return. Taxa de retorno ajustada ao tempo.

Taxa interna de retorno.

Time cost. Custo temporal.

Custo do período.

Time deposit. Depósito a prazo fixo.

Dinheiro em um banco, rendendo juros. Opõe-se a *demand deposit* (depósito à vista), o qual, em geral, não rende.

Time-series analysis. Análise de série temporal.

Veja *cross-section analysis* (análise de corte transversal) para definição e contraste.

Time value of money. Valor do dinheiro no tempo.

Refere-se ao fato de um real hoje valer mais do que um real amanhã.

Times-interest earned. Índice de cobertura dos juros.

Índice dado pela divisão do lucro antes do imposto de renda e antes das despesas financeiras. Veja *financial statement ratios* (índices financeiros).

Total assets turnover ratio. Índice de rotação do ativo total.

Indicador obtido dividindo-se as vendas do período pelo ativo total médio do mesmo período. Por ser um indicador de eficiência, quanto maior, melhor.

Total disclosure. Evidenciação total.

Política de elaboração e apresentação das demonstrações financeiras (*financial statements*) que exige que todas as informações significativas ou materiais sejam reveladas. Veja *adequate disclosure* (apresentação adequada).

Traceable cost. Custo identificável.

Custo que a empresa pode associar a um produto específico. Opõe-se a *joint cost* (custo conjunto).

Trade credit. Crédito mercantil.

Ocorre quando uma empresa concede crédito a outra empresa em troca da promessa de pagamento posterior. Na contabilidade do vendedor a transação dá origem a "contas a receber". Na do comprador, a "fornecedores a pagar". Opõe-se a *consumer credit* (crédito ao consumidor), o qual se refere à concessão de crédito pela empresa a cliente pessoa física.

Trade discount. Desconto geral.
Desconto sobre o preço de tabela, oferecido a todos os clientes da mesma categoria, em função de grande quantidade. Contrapõe-se ao *discount* (desconto financeiro).

Trade-in. Permuta.
Compra de um bem, como um ativo novo, dando o usado como parte de pagamento e o restante em dinheiro.

Trademark. Marca registrada.
Nomes, símbolos e outras identidades protegidas por registro formal em órgão competente.

Trademark rights. Direitos de marca.
Norma que impede os concorrentes e outras empresas de utilizarem palavras ou símbolos semelhantes às marcas registradas de uma dada empresa a fim extrair vantagens. De acordo com o Sfas nº 2, os direitos de marca desenvolvidos internamente devem ser considerados despesa, isto é, não são capitalizados. No Brasil não se deve reconhecer marca ou patente para a qual a empresa detentora do direito não tenha incorrido em custos.

Trademarks and patents. Marcas e patentes.
Uma categoria de ativo intangível. Quando desenvolvido internamente, o seu reconhecimento contábil como ativo amortizável é controverso em contraste com a aquisição.

Trade payables. Compras a pagar.
Fornecedores a pagar. Contas a pagar oriundas de transações no curso normal dos negócios.

Trade receivables. Vendas a receber.
Contas a receber. Contas a receber originárias de transações no curso normal dos negócios.

Trade secret. Segredo do negócio.
Informação técnica ou de negócios, tais como fórmulas, programas de computador, dados de marketing, não conhecida pelos concorrentes e que a empresa mantém como segredo. Teoricamente, é capaz de ter uma vida indefinida, infinita. Um exemplo famoso é a fórmula de preparação da Coca-Cola – marca registrada da empresa. Compare com *know-how*. Esse ativo intangível somente é capitalizado se for comprado. Se for desenvolvido internamente, os correspondentes custos são considerados despesa – isto é, não são capitalizados.

Trading on the equity. Trading on the equity.
Situação em que a organização utiliza preferencialmente títulos de dívida para aumentar o lucro dos acionistas comuns. É também referido como alavancagem financeira (*financial leverage*).

Trading securities. Títulos para negociação.
Aplicações financeiras que a empresa faz com a expectativa de resgatar em um prazo relativamente curto.

Transaction. Transação.
Uma transferência entre a entidade contábil e outra parte (ou partes). A transferência em questão deve envolver mais do que promessas. Veja *executory contract* (contrato executório).

Transfer price. Preço de transferência.
Em sentido geral, trata-se de encargo registrado quando uma divisão da empresa fornece bens e serviços a outra divisão da mesma empresa. Em sentido estrito, é um substituto do preço de mercado utilizado na contabilização de centros de lucro ou centros de responsabilidade de uma empresa, quando um centro "vende" a outro. A questão crítica é como desenvolver e implantar um sistema que minimize os conflitos de interesse entre gestores. Veja o verbete *transfer-pricing problem* (problema de preço de transferência).

Treasury stocks.

Transfer-pricing problem. Problema de preço de transferência.

Referência ao problema da fixação de preços de transferência entre unidades da mesma empresa que faça com que haja congruência de objetivos entre comprador e vendedor, de um lado, e a empresa em sua totalidade, do outro. Veja o verbete *transfer price* (preço de transferência).

Transitory account. Conta transitória.

Conta que contém quantia a ser transferida para uma outra antes do encerramento do período contábil. São exemplos: a conta resultado do período (cujo saldo é transferido para lucros acumulados) e as contas de compras (cujo saldo é transferido para estoques ou para custo das mercadorias vendidas).

Translation adjustment. Ajuste na conversão.

Efeito de alterações na taxa de câmbio, quando um investimento denominado em uma moeda estrangeira é convertido na moeda que uma entidade utiliza para preparar suas demonstrações financeiras (*financial statements*).

Translation gain or loss. Ganho ou perda na conversão.

Ganho ou perda cambial.

Translation. Conversão dos valores de uma moeda em outra.

Transportation-in. Transporte na aquisição.

Frete na aquisição.

Transposition error. Erro de transposição.

Erro de contabilização resultante da inversão da ordem dos dígitos em um número, por exemplo, contabilizar 32 em lugar de 23.

Treasurer. Tesoureiro.

O executivo responsável, entre outras, pela administração do caixa e pelo levantamento de fundos em uma organização.

Treasuries. Títulos do Tesouro.

Instrumentos de dívida, denominados letras, notas, obrigações, emitidos pelo governo de um país. Tem prazos de vencimento e valores mínimos diferenciados. Veja os verbetes sobre cada modalidade; são eles: *treasury bill* (letra do tesouro); *treasury notes* (notas do tesouro) e *treasury bond* (obrigação do tesouro).

Treasury bill. Letra do Tesouro.

Obrigação de curto prazo emitida pelo governo federal, também chamada de T-bill. Os prazos vão de três a seis meses. O rendimento é baixo, uma vez que esses títulos são praticamente isentos de risco.

Treasury bond. (a) Obrigação em tesouraria.

Títulos de dívida emitidos por uma empresa e posteriormente recomprados. São tratados como se tivessem sido liquidados. O ganho (ou perda) auferido na recompra é tratado como um item extraordinário. O mesmo verbete é usado para designar valores mobiliários emitidos pelo Tesouro de um país.

Treasury bond. (b) Obrigação do Tesouro.

Obrigação de longo prazo emitida pelo Tesouro de um país. Os prazos de vencimento são de dez anos ou mais.

Treasury notes. Notas do Tesouro.

Obrigação governamental com prazos de um a dez anos.

Treasury stocks. Ações em tesouraria.

Situação em que a empresa, por diversas razões e sujeita às restrições legais, adquire ações de sua própria emissão, podendo aliená-las posteriormente. Essas transações não fazem parte das operações normais. Por isso, a aquisição deve ser apresentada no balanço patrimonial (*balance sheet*) como contraconta do patrimônio líquido (*stockholders' equity*). Da mesma forma, a ocorrência de ganhos ou perdas na revenda

Trial balance.

será registrada no patrimônio líquido sem passar pelo resultado do período.

Trial balance. Balancete de verificação.
Listagem dos saldos de contas em duas colunas. A coluna da esquerda mostra todas as contas que têm saldos devedores e seu total; a da direita, as que têm saldos credores e seu total. Os dois totais devem ser iguais. Os balancetes são levantados como um instrumento de verificação parcial da correção de lançamentos anteriormente efetuados. Veja *adjusted, preclosing, post-closing, unadjusted trial balance* (balancete ajustado, balancete pré-encerramento, balancete encerrado, balancete não ajustado).

Turnover. Rotação. Giro.
O número de vezes que, na média, determinado item (ativo fixo, estoque, contas a receber) é renovado durante um período contábil, geralmente um ano. A rotação das contas a receber, por exemplo, é dada pela divisão das vendas a prazo realizadas no período pelo saldo médio de contas a receber no mesmo período. O termo também se aplica à rotatividade de pessoal na empresa. Veja *financial statement ratios* (índices financeiros). Curiosidade: no Reino Unido, o termo "turnover" significa volume anual de vendas.

Unadjusted trial balance. Balancete de verificação não ajustado.

Balancete levantado antes dos lançamentos de ajuste e dos lançamentos de encerramento, no final de um período. Veja o verbete *trial balance* (balancete de verificação). Contraste com *adjusted trial balance* (balancete de verificação ajustado).

Unappropriated retained earnings. Lucros acumulados não apropriados.

Lucros acumulados "disponíveis" contra os quais o Conselho pode, por exemplo, declarar dividendos se não houver restrições específicas.

Unavoidable cost. Custo não evitável.

Custo que não se caracteriza como *avoidable cost* (custo evitável).

Uncertainty. Incerteza.

Situação na qual as alternativas existem e apontam para um conjunto de resultados possíveis, mas as "probabilidades" de ocorrência são desconhecidas. Ao contrário de risco (*risk*), a incerteza não é mensurável. Na prática, é comum confundir os dois conceitos, mas em Finanças são distintos.

Uncollectible account. Conta incobrável.

Conta a receber que o devedor não pagará. Se a empresa utilizar o método da provisão, que deve ser preferido, o lançamento referente a uma conta específica que a empresa espera não receber envolve um débito na conta de provisão e um crédito na conta a receber em questão. Veja *bad debt expense* (despesa com devedores duvidosos) e *estimated uncollectibles* (estimativa de incobráveis).

Unconsolidated subsidiary. Subsidiária não consolidada.

Subsidiária cujas demonstrações financeiras (*financial statements*) não são consolidadas às da controladora e, portanto, não contabilizada sob o método da equivalência patrimonial (*equity method*).

Uncontrollable cost.

Uncontrollable cost. Custo não controlável.
O oposto de *controllable cost* (custo controlável).

Underapplied overhead. Custos indiretos de fabricação subaplicados.
Excedente dos custos indiretos de fabricação realmente efetuados sobre os custos indiretos de fabricação aplicados aos produtos fabricados em determinado período. Um saldo devedor que permanece em uma conta de custos indiretos de fabricação, após eles serem aplicados aos produtos.

Underlying document. Documento subjacente.
Memorando, *voucher* ou qualquer documento com substância suficiente para servir de base para um lançamento no livro diário (*journal*).

Underwrite. Subscrever.
Garantir a colocação de uma emissão de títulos mobiliários como ações e obrigações.

Underwriter. Subscritor.
Aquele que concorda em comprar toda uma emissão de títulos, por um preço predeterminado, geralmente para revenda a terceiros.

Underwriting. Subscrição de uma emissão de títulos mobiliários.

Undistributed earnings. Lucros não distribuídos.
Valor do lucro de determinado ano não distribuído.

Unearned income or revenue. Lucro ou receita não auferidos.
Adiantamentos de clientes, por exemplo. Rigorosamente falando, há aí uma contradição, pois, se é lucro ou receita, já foram auferidos.

Unexpired cost. Custo não expirado.
Um ativo (*asset*) em uso regular.

Unfavorable variance. Variação desfavorável.
No custeio-padrão (*standard cost*), excedente da receita esperada sobre a receita que realmente ocorreu ou um excedente do custo que realmente ocorreu sobre o custo-padrão.

Unissued capital stock. Capital não emitido.
Parcela do capital autorizado, mas cujas ações ainda não foram emitidas.

Unit contribution. Contribuição unitária.
Preço de venda unitário menos custos variáveis unitários.

Unit cost. Custo unitário.

Unlisted security. Ação não cotada em bolsa de valores.

Unpaid capital. Capital não integralizado.

Unqualified opinion. Parecer sem ressalvas.
Tipo de parecer de auditoria independente no qual o auditor não aponta nenhuma objeção, ou seja, declara que as demonstrações financeiras (*financial statements*) da empresa representam adequadamente a situação financeira, o resultado das operações e as mudanças nos fluxos de caixa, em conformidade com os princípios fundamentais da Contabilidade. É também chamado de *clean opinion* (parecer limpo). Veja outros tipos de pareceres, como *adverse opinion* (parecer contrário) e *qualified opinion* (parecer com ressalva).

Unrealized appreciation. Valorização não realizada.
Ganho de estocagem não realizado. Expressão frequentemente utilizada em conexão com aplicações financeiras.

Utility company.

Unrealized gain (or loss) on marketable securities. Ganho (ou perda) não realizado sobre aplicações financeiras.
> Título de uma conta da demonstração do resultado (*income statement*) que indica o valor do ganho (ou da perda) com a carteira de aplicações financeiras.

Unrealized gross profit. Margem de lucro não realizada.
> Margem bruta não realizada.

Unrealized holding gain. Ganho de estocagem não realizado.
> Veja *inventory profit* (lucro de estocagem), para definição e exemplo.

Unrealized profit. Lucro não realizado.

Unrecovered cost. Custo não recuperado.
> Valor contábil de um ativo (*asset*).

Unused capacity. Capacidade não utilizada.
> A diferença entre os recursos disponíveis a uma empresa e os recursos efetivamente utilizados.

Useful life. Vida útil.
> Duração estimada de um ativo imobilizado (*fixed asset*).

Usage variance. Variação de uso.
> Variação de eficiência.

Use of funds. Uso de fundos.
> Qualquer transação que reduz fundos, independentemente da definição de "fundos".

Utensils. Utensílios.
> Itens de uso corrente nas empresas e que se espera utilizar por mais de um ano. Em geral apresentam-se com o título de móveis e utensílios, aí incluídas as mesas, cadeiras, sofás etc.

Utility. Serviços públicos.
> Gás, energia elétrica, telecomunicações, água, esgoto etc.

Utility company. Empresa de serviços públicos.
> Exemplos de serviços como: água e esgoto, energia elétrica, gás, telecomunicações.

Valuation. Avaliação.

Determinação do valor da empresa para diversas finalidades, tais como em negócios de fusões e aquisições, abertura e fechamento de capital, avaliação econômico-financeira de unidades de negócios etc. As metodologias mais utilizadas para estimação do valor são método contábil, método do fluxo de caixa descontado, método dos múltiplos e método do EVA/MVA (*economic value added e market value added*).

Valuation allowance. Conta retificadora. Contraconta ou conta-adjunta.

Quando a empresa apresenta suas contas a receber (*accounts receivable*) pelo valor que realmente espera receber, ela credita as contas que espera não receber em provisão para devedores duvidosos (*allowance for uncollectibles*), uma "conta retificadora". Dessa forma, ela pode mostrar a quantia bruta das contas a receber e a quantia líquida, que realmente espera receber. A depreciação acumulada é outro exemplo de contraconta do ativo fixo (*fixed asset*).

Value. Valor.

Termo muito utilizado, mas de significado bastante amplo. Em geral, refere-se à importância monetária associada a um dado ativo, grupo de ativos, empreendimento ou serviços prestados. Não deveria ser utilizado sem um qualificativo, a menos que os interlocutores concordem com a quantia que está sendo apresentada. Não confundir com o termo custo (*cost*). Veja também verbetes associados, como: *fair market price or value* (*preço de mercado justo*), *entry value* (valor de entrada) e *exit value* (valor de saída).

Value added. Valor adicionado; valor agregado.

Custo de um produto acabado (ou de um produto em fabricação) deduzido do custo de todos os materiais nele aplicados.

Variance investigation.

Value chain. Cadeia de valor.
Agregado de funções que aumenta a utilidade de um produto ou serviço para o consumidor. Geralmente inclui pesquisa e desenvolvimento, desenho dos produtos e serviços, produção, marketing, distribuição e serviço ao cliente.

Value engineering. Engenharia do valor.
Avaliação das atividades que constam da cadeia de valor com a finalidade de reduzir custos.

Value variance. Variação do valor.
Como exemplo, veja *price variance* (variação do preço).

Value-added activity. Atividade que adiciona valor.
Qualquer atividade que aumenta a utilidade de um produto ou serviço para o cliente.

Variable annuity. Anuidade variável.
Anuidade cujos pagamentos periódicos dependem de algum acontecimento incerto, tais como preços no mercado acionário.

Variable budget. Orçamento variável.
Veja *flexible budget* (orçamento flexível).

Variable costing. Custeio variável.
Sistema de custeio no qual somente os custos de fabricação que se caracterizam como custos variáveis são atribuídos aos produtos. Os custos de fabricação que se caracterizam como custos fixos são considerados despesa do período. Contraste com *full absorption costing* (custeio por absorção).

Variable costs. Custos variáveis.
Custos que se alteram com o nível de atividades da empresa por unidade de tempo. Rigorosamente falando, os custos variáveis são nulos quando o nível de atividades é zero. Por exemplo, o valor do consumo dos materiais diretos (*direct material*) por mês depende diretamente do volume de produção. Quanto maior a quantidade fabricada, maior seu consumo. Logo, materiais diretos compõem os custos variáveis. Contraste com *fixed costs* (custos fixos).

Variable manufacturing overhead. Custos indiretos de fabricação variáveis.
Custos indiretos de fabricação que se caracterizam como custos variáveis. Veja *variable costs* (custos variáveis).

Variable overhead variance. Variação dos custos indiretos de fabricação variáveis.
Diferença entre os custos indiretos de fabricação variáveis que realmente aconteceram e o respectivo padrão.

Variable rate debt. Dívida com taxa variável.
Dívida cuja taxa de juros varia periodicamente de acordo com alguma fórmula.

Variance. Variação.
Na Contabilidade de Custos, a diferença entre custos que realmente aconteceram e o custo-padrão, ou entre gastos (ou despesas) orçados em comparação com os gastos que de fato ocorreram.

Variance analysis. Análise de variações.
Na Contabilidade de Custos, investigação de variações entre custos ocorridos e o custo-padrão; ou entre gastos orçados e gastos reais. Consulte *variance investigation* (investigação de variações).

Variance investigation. Investigação de variações.
Etapa relevante na atividade de Controle Gerencial. Os sistemas de custo-padrão geram variações de toda ordem que raramente são iguais a zero. Os gestores têm que decidir quão diferente de zero uma variação tem que ser para que justifique seu estudo. A investigação de variação

191

VAT. *Sigla de* **value-added tax.**

contempla esses dois aspectos: a decisão sobre quando estudar a causa e sobre realizar o estudo propriamente dito.

VAT. *Sigla de* **value-added tax.** Imposto sobre o valor adicionado (IVA).
Imposto sobre a diferença entre o valor de mercado de um produto e o valor de mercado dos correspondentes insumos.

Vendor. Fornecedor.
Fornecedor de mercadorias ou serviços, seja ele fabricante, importador ou distribuidor atacadista.

Venture capital. Capital de risco.
Modalidade de financiamento direcionado para o estágio inicial de novos empreendimentos (*start-up*) ou a outras empresas que exibem potencial de crescimento e lucros futuros superiores.

Verifiable. Verificável.
Um objetivo qualitativo da Contabilidade Financeira. Especifica que os contadores devem ser capazes de "recompor" informações que constam das demonstrações financeiras (*financial statements*), recorrendo aos correspondentes documentos subjacentes, sejam estes faturas, cheques cancelados e outras evidências.

Verification. Verificação.
Ato de um auditor conferir itens das demonstrações financeiras (*financial statements*) mediante comparação com os correspondentes documentos subjacentes (faturas, cheques e outros) ou mediante envio de confirmações de que solicita retorno. Comparar com *physical verification* (verificação física).

Vertical analysis. Análise vertical.
Análise das demonstrações financeiras (*financial statements*) de uma empresa ou de várias empresas em uma certa data. Opõe-se a *horizontal* ou *time-series*

analysis (análise horizontal ou análise de série temporal), em que se analisam as demonstrações financeiras de vários períodos da mesma empresa ou de várias empresas.

Vertical integration. Integração vertical.
A extensão das atividades de uma organização em negócios diretamente relacionados com a produção ou distribuição de seus produtos finais. Embora ela possa vender produtos em vários estágios, uma empresa verticalmente integrada dedica parte substancial de sua produção em cada estágio à produção do estágio seguinte, ou aos produtos finais. Contraste com *horizontal integration* (integração horizontal).

Visual curve fitting method. Método do ajuste visual.
Forma simplista de estimar custos. Quando a empresa necessita ter uma ideia aproximada dos valores de seus custos fixos e custos variáveis, os gestores não precisam recorrer a uma análise de regressão estatística formal. Eles podem colocar os dados em um diagrama cartesiano e traçar uma linha que se ajuste mais ou menos aos dados. Poderão, então, usar os parâmetros daí extraídos como uma aproximação.

Volume discount. Desconto concedido em função do volume.
Vantagem obtida pelo comprador ao efetuar uma compra de volume considerável. O vendedor poderá estimular esse tipo de situação ao oferecer descontos sobre os preços de tabela para certas quantidades. Esse desconto não se confunde com abatimentos e descontos financeiros que se originam de outras razões.

Volume variance. Variação do volume.
Variação do volume de produção. Termo também utilizado, mas menos frequentemente, no sentido de variação do volume de vendas.

Voucher system.

Voting right. Direito a voto.
Refere-se à posse de ações ordinárias (*common shares*) as quais conferem aos detentores o direito de voto nas assembleias.

Voucher. *Voucher.*
Documento utilizado num sistema de controle interno que permite verificar as informações relevantes sobre contas a serem processadas ou pagas.

Voucher system. Sistema de **vouchers**.
Método interno de controle de caixa que exige que alguém na empresa autorize cada cheque emitido com um *voucher*. Sob esse sistema, a empresa não realiza nenhum pagamento com moedas ou papel-moeda, exceto os desembolsos associados ao caixa pequeno (*petty cash*).

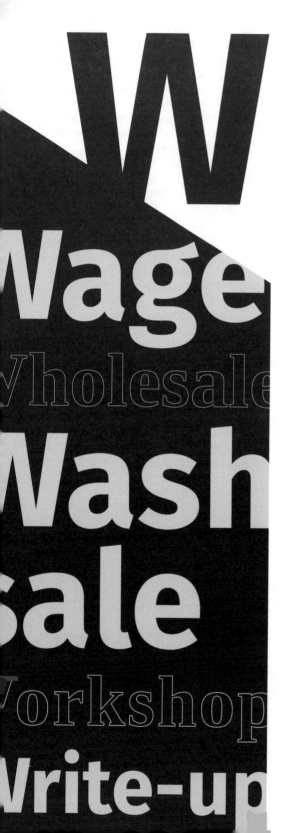

Wage. Ordenado.

Remuneração de empregados de uma empresa baseada no tempo trabalhado ou em unidades de produção para o trabalho manual. Em inglês, *"wage"* é utilizado quando se trata de salário-hora, em contraste com *"salary"*, que se aplica à remuneração mensal.

Wages and salaries payable. Ordenados e salários a pagar.

Título de uma conta de passivo (*liability*), representando a obrigação da empresa de pagar os trabalhadores.

Warehousing. Armazenagem; depósito, galpão.

Warrant. Bonus de subscrição.

Mais propriamente denominado *subscription warrant*, é um valor mobiliário em geral vinculado a uma obrigação (*bond*) ou ação preferencial (*preferred stock*). Confere ao titular o direito de comprar certa quantidade de ações ordinárias (*ordinary stock*), por um período de vários anos, a um preço especificado e superior ao preço de mercado na ocasião da emissão.

Warranty. Garantia.

Promessa do vendedor de corrigir deficiências em produtos por ele vendidos. Quando isso acontece, a prática contábil exige que, na ocasião da venda, o vendedor reconheça uma despesa e um passivo estimado com base na expectativa de gastos que terá com o cumprimento da promessa feita.

Wash sale. Wash sale.

A venda e a compra do mesmo ativo (ações, por exemplo), em curto espaço de tempo, visando estimular o mercado. Prática sujeita a normas e pode ser vedada ou controlada em certos mercados.

Waste. Resíduo.

Material que sobra após a fabricação e que não tem valor de revenda. Na realidade, na

Work sheet.

maioria das vezes tem valor negativo, pois a empresa terá que arcar com gastos adicionais para descartá-lo.

Wasting asset. Ativo exaurível.
Recurso natural que tem vida útil econômica limitada e, portanto, está sujeito à exaustão (*depletion*). Exemplos: florestas, poços de petróleo e gás, depósitos minerais. Aplica-se também a ativos fixos (*fixed assets*) e por isso sujeitos à depreciação.

Wear and tear. Deterioração pelo uso. Desgaste.

Weekday. Dia útil.
Dia de semana.

Weighted average. Média ponderada.

Weighted-average cost of capital (Wacc). Custo de capital médio ponderado.
Custo de capital de uma empresa medido com base na média ponderada das dívidas de longo prazo após o imposto de renda e do capital próprio. Trata-se de indicador extremamente importante para vários usos, tais como na análise de investimentos de capital e na própria gestão da estrutura de capital.

Weighted-average inventory method. Método da média ponderada aplicado a estoques.
Procedimento de valoração de cada retirada de estoque, ou do estoque final, com base na média ponderada dos preços de compra de todas as unidades em mãos, por ocasião da retirada ou quando do levantamento do estoque final. É um dos métodos mais utilizados. Há outros.

Wholesale. Atacado

Wholesale market. Mercado atacadista.

Wholesale price. Preço de atacado.

Wholesaler. Atacadista. Distribuidor.

Window dressing. Maquiagem.
Tentativa de fazer com que as demonstrações financeiras (*financial statements*) mostrem um resultado operacional ou uma posição financeira mais favorável do que a que seria apresentada sem "retoques".

Wind-up. Terminar.
Levar ao final, encerrar uma sociedade por ações. Os estatutos da sociedade e a legislação aplicável (sobre falências, se for o caso) fixam os correspondentes procedimentos.

Withdrawal. Retirada.
Saque de dinheiro de uma conta.

Withholding. Retenções na fonte.
Deduções de parcelas dos salários dos empregados, tais como imposto de renda, seguro-saúde, previdência social etc. que o empregador posteriormente repassará à autoridade cabível, em nome dos empregados.

Withholding tax. Imposto na fonte.
Imposto de renda retido na fonte.

Working day. Dia útil. Dia normal de trabalho.

Work sheet. Folha de trabalho.
Expressão muito utilizada na Contabilidade. A rigor, trata-se de uma simples tabela que facilita a apresentação resumida de lançamentos de ajuste e lançamentos de encerramento. Começa-se com um balancete não ajustado (*unadjusted trial balance*). Em seguida, vêm os lançamentos de ajuste, em duas colunas – uma, para os débitos, outra, para os créditos. A soma das quantias em cada linha representa um item do balanço patrimonial (*balance sheet*) ou da demonstração do resultado (*income statement*). A expressão "folha de trabalho" também se aplica a quadros associados a outros itens das demonstrações financeiras que requeriram ajustes ou cálculos prévios.

Work-in-process (WIP).

Work-in-process (WIP). Produtos em fabricação ou em processo.
Unidades de produtos parcialmente completados, existentes ao final do período contábil. Diferenciam-se dos materiais e dos produtos acabados. São todos registrados no balanço patrimonial (*balance sheet*) no subgrupo dos estoques (*inventories*).

Working capital. Capital de giro.
Pode se referir tanto ao valor monetário do ativo circulante (*current asset*) quanto à diferença entre esse e o valor do passivo circulante (*current liability*). Para evitar mal entendido, é recomendável utilizar as expressões: "capital de giro líquido" (*net working capital*) ou "capital circulante líquido" (*net current asset*) para indicar que se trata da diferença entre os dois grupos de contas.

Working hours. Horas de trabalho; horas de expediente.

Working papers. Papéis de trabalho.
Compõem os quadros e análises preparados por um auditor, relacionados às investigações que ele realiza, antes de emitir seu parecer (*opinion*) sobre as demonstrações financeiras (*financial statements*).

Workshop. Oficina. Chão de fábrica.

Write-down. Baixa parcial.
Redução de parte do valor contábil de um ativo (*asset*), por um lançamento de despesa (*expense*) ou perda (*loss*). Exemplo: vencimento da validade de certas mercadorias. Geralmente é utilizado em situações não recorrentes.

Write-off. Baixa integral.
Lançamento de todo o valor contábil de um ativo (*asset*) em despesa (*expense*) ou perda (*loss*). O registro consiste em debitar despesa ou perda e creditar o ativo. Significa que o ativo em questão perdeu todo seu valor por alguma razão. Exemplo: equipamento destruído por um curto-circuito.

Write-off method. Método da baixa.
Método de tratamento das contas incobráveis (*uncollectible accounts*), de acordo com o qual a empresa debita despesa com devedores duvidosos (*bad debt expense*) e credita contas a receber (*accounts receivable*) de clientes específicos, à medida que constata que tais contas não serão recebidas. Veja os verbetes *bad debt expense* (despesa com devedores duvidosos), *estimated uncollectibles* (estimativa de incobráveis) e *allowance method* (método da provisão).

Write-up. Reavaliação.
Aumento do valor contábil de um ativo sem que haja desembolso de fundos. Isto é, debitar o ativo e creditar receita (*revenue*) ou, mesmo o patrimônio líquido (*stockholders' equity*). Esse lançamento é raro, pois os princípios contábeis exigem que o aumento em questão esteja fundamentado em uma transação com terceiros. Esta prática já foi permitida no Brasil.

Yield. Rendimento ou rentabilidade.

A taxa de retorno ao investidor ou o custo efetivo ao emitente de valores mobiliários, em um dado período. No caso de uma obrigação (*bond*), é dada pela taxa de juros (*coupon*) dividida pelo preço de compra, denominada rendimento corrente (*current yield*). Nos investimentos em ações, é o retorno em dividendos sobre o valor das ações ordinárias ou preferenciais, chamado rendimento de dividendos (*dividend yield*).

Yield curve. Curva de rendimento ou de rentabilidade.

Gráfico que mostra a relação entre taxas de juros e o prazo de vencimento de obrigações (*bonds*) de mesma qualidade. Em geral, títulos com prazos mais longos estão associados a taxas de juros mais altas, configurando uma curva de rentabilidade positiva.

Yield to maturity (YTM). Retorno ou rentabilidade até a data de vencimento.

Em uma data específica, é a taxa interna de retorno (*internal rate of return*) de uma série de fluxos de caixa. Veja *yield* (rendimento). De forma mais específica, refere-se à taxa de retorno que o investidor obterá se o investimento de longo prazo com rendimento de juros, como uma obrigação (*bond*), for detido até a sua data de vencimento (*maturity date*).

Zero-Base Budgeting (ZBB). Orçamento Base Zero (OBZ).

Sistema orçamentário desenvolvido nos EUA, considerado mais adequado para empresas que enfrentam rápidas mudanças. Durante certo tempo o ZBB foi bastante popular. Para comparação, considere o processo de planejamento convencional. Este parte do orçamento do ano corrente e acrescentam-se os ajustes necessários para fazer face às novas circunstâncias. O comitê que aprova o orçamento pressupõe que os gestores realizarão as operações da mesma forma como vêm fazendo, isto é, próximo do nível corrente, o que o leva a focalizar apenas os incrementos. Diferentemente, no orçamento base zero, todas as linhas do orçamento partem do zero e são avaliadas de acordo com o mérito, evitando-se a repetição automática do passado.

Zero-coupon bond. Obrigação com cupom zero.

Título de dívida emitido sob a promessa de pagar o principal e os juros acumulados somente na data de vencimento (*maturity date*). Isto é, não há pagamento de juros periódicos (*coupon*). É vendido com um forte desconto. Veja *zero-coupon security*.

Zero-coupon security. Valor mobiliário com cupon zero.

Valor mobiliário como uma obrigação (*bond*), por exemplo, que não paga juros periódicos (*coupon*), mas é vendido a taxas de desconto bastante atraentes em relação ao seu valor de face (*face value*). O investidor recebe uma taxa de retorno que acompanha a valorização do título e que será resgatado em uma data futura determinada.

Português – Inglês

A pagar.

A pagar. Payable.

A prazo. A crédito. On account.

A vista. At sight.

AAA. *Sigla de* American Accounting Association.

Abaixo da linha. Below the line.

Abaixo do valor nominal. Below par.

Abatimento. Abatement.

ABC. *Sigla de* Activity-based costing.

Abordagem da margem de contribuição. Contribution approach.

Abrir o capital. Going public.

Absorção de custo. Cost absorption.

Ação. Share.

Ação não cotada em bolsa de valores. Unlisted security.

Ação ordinária. Ordinary stock.

Ação ou título não registrado. Letter stock.

Ação perdida. Forfeited share.

Ação preferencial conversível. Convertible preferred stock.

Ação preferencial de participação. Participating preferred stock.

Ação preferencial. Preferred capital stock.

Ação recomprada. Reacquired stock.

Aceite. Acceptance.

Administração de empresas.

Acima da linha. Above the line.

Acima do par. Above par.

Acionista. (a) Stockholder.

Acionista. (b) Shareholder.

Acionista minoritário. Minority stockholder.

Acionistas ordinários. Common shareholders, common stockholders.

Acionistas preferenciais. Preferred shareholders, preferred stockholders.

Ações. Stocks.

Ações. Participações em ações. Títulos patrimoniais. Equities.

Ações em circulação. (a) Outstanding capital stock.

Ações em circulação. (b) Shares outstanding.

Ações em tesouraria. Treasury stocks.

Ações emitidas. Issued shares.

Ações existentes. Outstanding stocks.

Ações listadas em bolsa de valores. Listed shares.

Ações ordinárias. Common shares, common stocks.

Ações preferenciais. Preferred shares (stocks).

Ações preferenciais cumulativas. Cumulative preferred shares.

Ações preferenciais resgatáveis. Callable preferred shares.

Ações subscritas. Subscribed stocks.

Acordo para financiamento de projeto. Project financing arrangement.

Acréscimo, aumento, valorização. Accretion.

ACRS. *Sigla de* Accelerated Cost Recovery System.

Acumulação de custos. Cost accumulation.

Acumular, advir, provir. Accrue.

Ad valorem. Ad valorem (sem tradução).

Adequação. Fairness.

Adiantamento. Advance.

Adiantamento a empregados. Advancement to employees.

Adiantamentos a afiliadas. Advances to affiliates.

Adiantamentos a fornecedores. Advances to suppliers.

Adiantamentos de clientes. Advances from (by) customers.

Administração baseada em atividades. Activity-based management, ABM.

Administração; direção; alta gerência. Management.

Administração de empresas. Business administration.

201

Administração por exceção.

Administração por exceção. Management by exception.

Administração por objetivos (APO). Management by objectives (MBO).

ADR. *Sigla de* American Depositary Receipt

Agência, representação. Agency.

Agente, representante. Agent.

Agente de registro e pagamento. Registrar.

Ágio. Premium.

Ágio de obrigação. Bond premium.

Ágio na aquisição de empresas. Goodwill.

Ágio na subscrição de ações. (a) Additional paid-in capital.

Ágio na subscrição de ações. (b) Contributed capital in excess of par.

Ágio sobre ação. Share premium.

AICPA. *Sigla de* American Institute of Certified Public Accountants.

Ajuste de períodos anteriores. Prior-period adjustment.

Ajuste na conversão. Translation adjustment.

Ajuste pela variação do nível de preços; pela inflação. Price-level adjustment.

Ajuste por alavancagem. Gearing adjustment.

Ajuste; retificação; correção. Adjustment.

Ajustes contábeis. Accounting adjustments.

Alavancagem. Leverage.

Alavancagem financeira. (a) Financial leverage.

Alavancagem financeira. (b) Gearing.

Alavancagem operacional. Operating leverage.

Alíquota de imposto. Tax rate.

Alíquota efetiva do imposto de renda. Effective income tax rate.

Alíquota marginal do imposto de renda. Marginal tax rate.

Alíquota média do imposto de renda. Average tax rate.

Alíquota oficial do imposto de renda. Statutory tax rate.

Alocação de custos. Cost allocation.

Alocação de custos conjuntos. Joint cost allocation.

Alocação de custos dos departamentos de serviços. Service department cost allocation.

Alterações em preços específicos. Specific price changes.

Alterações no nível geral de preços. General price-level changes.

Aluguel. Locação. Rent.

Amex. *Sigla de* American Stock Exchange.

Amortização. Amortization.

Aplicações financeiras em ações.

Análise com base em índices, quocientes ou razões. Ratio analysis.

Análise custo-benefício. Cost-benefit analysis.

Análise Custo-Volume-Lucro (CVL). Cost-Volume-Profit Analysis (CVP).

Análise da variação do lucro. Profit variance analysis.

Análise de corte transversal. Cross-section analysis.

Análise de crédito. Credit analysis.

Análise de custo *versus* benefício. Cost benefit analysis.

Análise de sensibilidade. Sensitivity analysis.

Análise de série temporal. Time-series analysis.

Análise de variações. Variance analysis.

Análise do ponto de equilíbrio. Break-even analysis.

Análise horizontal. Horizontal analysis.

Análise lucro-volume. Profit-volume analysis.

Análise marginal. Marginal analysis.

Análise vertical. Vertical analysis.

Analista de valores mobiliários. Securities analyst.

Analista financeiro. Financial analyst.

Analista Financeiro Certificado. Chartered Financial Analyst (CFA).

Ano-calendário; ano civil. Calendar year.

Ano contábil. Accounting year.

Ano fiscal. Fiscal year.

Ano natural do negócio. Natural business year.

Ano ou exercício financeiro. Financial year.

Anuidade. Annuity.

Anuidade antecipada. (a) Annuity due.

Anuidade antecipada. (b) Annuity in advance.

Anuidade certa. Annuity certain.

Anuidade convencional. Anuidade postecipada. Ordinary annuity.

Anuidade diferida ou postecipada. Deferred annuity.

Anuidade postecipada. Annuity in arrears.

Anuidade variável. Variable annuity.

Anunciante. Advertiser.

Anunciar em público. Advertise.

Ao par. At par.

APB. *Sigla de* Accounting Principles Board (sem tradução.)

Apenas para fazer constar; pró-forma. Pro forma

Aplicações financeiras em ações. Marketable equity securities.

Aplicações financeiras em obrigações; em títulos de dívida.

Aplicações financeiras em obrigações; em títulos de dívida. Marketable debt securities.

Apólice. Policy.

Apólice de seguro. Insurance policy.

Após impostos; após tributação. After tax.

Apresentação fiel, justa, adequada. Fair presentation (fairness).

Apresentação precisa. Precise presentation.

Apropriação de custos. Allocation of costs.

Apuração do resultado do período. Income summary.

Apurar o saldo de uma conta. Ruling and balancing an account.

Aquisição alavancada. Leveraged buyout (LBO).

Aquisição de uma empresa por outra. Takeover.

Aquisição por um valor global. Lump-sum acquisition.

Arbitragem. Arbitrage.

Arbitrário. Arbitrary.

Arcabouço conceitual. Conceptual framework.

Arrecadar, recolher, cobrar dívidas, contas. Collect.

Arrendador. Lessor.

Arrendamento. Lease.

Arrendamento mercantil. Lease or Leasing.

Arrendamento mercantil alavancado. Leveraged lease.

Arrendamento mercantil cancelável. Cancelable lease.

Arrendamento mercantil financeiro tipo venda. Sales-type (capital) lease.

Arrendamento mercantil financeiro. Capital lease; financial lease.

Arrendamento mercantil ou *leasing* operacional. Operating lease.

Arrendatário. (a) Lessee.

Arrendatário. (b) Leaseholder.

Articular. Articulate.

As N maiores. Big N.

As 8 maiores. Big 8.

ASB. *Sigla de* Auditing Standards Board.

ASR. *Sigla de* Accounting Series Releases.

Assembleia geral ordinária. Ordinary general meeting.

Assembleia geral anual de acionistas. Annual general meeting.

Assinatura. Subscription.

Atacadista; distribuidor. Wholesaler.

Atacado. Wholesale.

Atestador. Attestor.

Auditoria interna.

Atestar. Attest.

Atividade bancária. Banking.

Atividade-base. Activity basis.

Atividade que adiciona valor. Value-added activity.

Atividade que não agrega valor. Nonvalue-added activity.

Atividades da linha de frente da empresa. Front office.

Atividades de financiamento. Financing activities.

Atividades de investimento. Investing activities.

Atividades de retaguarda, de apoio. Back office.

Atividades operacionais. Operating activities.

Atividades realizadas no exterior, como em paraísos fiscais. Offshore.

Ativo. Asset.

Ativo circulante. Current asset.

Ativo contingente. Contingent asset.

Ativo de longo prazo. (a) Long-lived asset.

Ativo de longo prazo. (b) Long-term asset.

Ativo depreciável. Depreciable asset.

Ativo diferido. Deferred asset.

Ativo exaurível. Wasting asset.

Ativo fixo, ativo imobilizado. Fixed asset.

Ativo intangível. Intangible asset.

Ativo líquido. Net assets.

Ativo não circulante. Noncurrent asset.

Ativos imobilizados. Plant assets.

Ativos líquidos. Liquid assets.

Ativos monetários. Monetary assets.

Ativos rápidos. Quick assets.

Ativos tangíveis. Tangible assets.

Ato de registrar. Livro. Book.

Atrasado, vencido, inadimplente, mau pagador. Delinquent.

Atributo medido. Attribute measured.

***Auditing Standards Board* (ASB).** Auditing Standards Board (ASB) (sem tradução).

Auditor. Auditor.

Auditor independente. Independent accountant.

Auditor Interno Certificado. Certified Internal Auditor (CIA).

Auditoria. Audit.

Auditoria administrativa. Management audit.

Auditoria de conformidade. Compliance auditing.

Auditoria interna. Internal audit.

Auditoria legal.

Auditoria legal. Due diligence.

Avaliação. (a) Appraisal.

Avaliação. (b) Assessment.

Avaliação. (C) Valuation.

Avaliação contábil. Accounting valuation.

Avaliação de estoques. Inventory valuation.

Aviso de crédito. Credit memorandum.

Aviso de débito. Debit memorandum.

À vista. At sight

Baixa capitalização. Thin capitalization.

Baixa integral. Write-off.

Baixa parcial. Write-down.

Balance scorecard (BSC). Balance scorecard (BSC) (sem tradução).

Balanceado. Self-balancing.

Balancete de verificação. Trial balance.

Balancete de verificação ajustado. Adjusted trial balance.

Balancete de verificação encerrado. Closing trial balance.

Balancete de verificação não ajustado. Unadjusted trial balance.

Balancete encerrado. Post-closing trial balance.

Balancete pré-encerramento. Preclosing trial balance.

Balanço de liquidação. Statement of affairs.

Balanço patrimonial. Balance sheet.

Balanço Patrimonial Consolidado. Consolidated balance sheet.

Caixa e equivalentes de caixa.

Balão. Balloon.

Boletim Técnico. Technical Bulletin.

Base. Basis.

Base ajustada. Adjusted basis.

Base contábil. Book basis.

Base de rateio. Allocation base.

Bem de capital. Capital asset.

Benchmarking. *Sigla de* Basic earnings pershare. Benchmarking (sem tradução).

Benefícios adicionais. Fringe benefits.

Benfeitoria em bem arrendado. Leasehold improvement.

Benfeitoria, melhoramento. Improvement.

Benfeitorias realizadas em terrenos. Land improvment.

Bens. Goods.

Bens de capital. Capital goods.

Bens de consumo. Consumer goods.

Bens disponíveis para venda. Goods Available for Sales (GAS).

Bens imóveis. Real estate.

Bens ou serviços produzidos. Product.

Bens, produtos ou mercadorias em trânsito. Goods in transit.

Beps. *Sigla de* Basic earnings per share.

Beta. Beta.

Birô de serviços. Service bureau.

Bitributação. Double taxation.

Blue chip. Blue chip (sem tradução).

Boletim técnico. Technical Bulletin.

Bolsa. Exchange.

Bolsas de valores. Stock exchanges.

Bônus. Bonus.

Bônus de subscrição. Warrant.

Brecha fiscal. Loophole.

Bruto. Gross.

BSC. *Sigla de* Balanced scorecard.

Burlar; contornar. Bypass.

CA. *Sigla de* Chartered accountant.

Cadeia de valor. Value chain.

Caixa. Cash.

Caixa e bancos. Cash and bank.

Caixa e equivalentes de caixa. Cash and cash equivalents.

Caixa gerado pelas operações.

Caixa gerado pelas operações. Cash provided by operations.

Caixa pequeno. (a) Imprest fund, change fund, petty cash fund.

Caixa pequeno. (b) Petty cash.

Câmara de compensação. Clearing house.

Câmbio. Exchange.

Cancelamento de *markdown*. Markdown cancellation.

Cancelamento de *markup*. Markup cancellation.

Canto, beco, esquina. Corner.

Capacidade. Capacity.

Capacidade de endividamento. Borrowing capacity.

Capacidade de gerar lucro. Earning capacity.

Capacidade instalada. Installed capacity.

Capacidade não utilizada. Unused capacity.

Capacidade ociosa. Idle capacity.

Capacidade operacional. Operating capacity.

Capacidade prática. Practical capacity.

Capacidade produtiva. Productive capacity.

Capital. Capital.

Capital acionário. (a) Equity capital.

Capital acionário. (b) Capital stock.

Capital autorizado. Authorized capital stock.

Capital circulante. Circulating capital.

Capital circulante líquido. Net current assets.

Capital de giro. Working capital.

Capital de giro líquido. Net working capital.

Capital de giro líquido por ação. Net current asset value (per share).

Capital de risco. Venture capital.

Capital de terceiros de longo prazo. Debt capital.

Capital declarado. Stated capital.

Capital doado. Donated capital.

Capital emitido. Issued capital.

Capital empregado. Capital employed.

Capital estrangeiro. Foreign capital.

Capital excedente ao valor nominal ou declarado. Capital contributed in excess of par or stated value.

Capital integralizado. (a) Contributed capital.

Capital integralizado. (b) Paid-in capital.

Capital intensivo. Capital intensive.

Capital investido. Invested capital.

Capital não emitido. Unissued capital stock.

Cica.

Capital não integralizado. Unpaid capital.

Capital social. Capital stock.

Capital totalmente integralizado. Fully paid capital stock.

Capitalização contínua. Continuous compounding.

Capitalização de lucros. Capitalization of earnings.

Capitalização de mercado. Market capitalization.

Capitalização de uma sociedade por ações. Capitalization of a Corporation.

Capitalizar. Capitalize.

Capítulo 7. Chapter 7.

Capítulo 11. Chapter 11.

CAPM. *Sigla de* Capital Asset Pricing Model.

Captação de recursos financeiros. Financial funding.

Carga tributária. Tax burden.

Caucionamento de contas a receber. Pledging of receivables.

Caucionar. Pledge.

Central de crédito. Credit bureau.

Centro de atividade. Activity center.

Centro de custos. Cost center.

Centro de custos discricionários. Discretionary cost center.

Centro de custos técnicos. Engineered cost center.

Centro de investimentos. Investment center.

Centro de lucro. Profit center.

Centro de receita. Revenue center.

Centro de responsabilidade. Responsibility center.

CEO. *Sigla de* Chief Executive Officer.

Certificado. Certificate.

Certificado de depósito. Certificate of deposit.

Certificado de incorporação. Certificate of incorporation.

Cessão de contas a receber. Assignment of accounts receivable.

CFA. *Sigla de* Chartered Financial Analyst.

CFO. *Sigla de* Chief Financial Officer.

CGA. *Sigla de* Certified General Accountant.

Chão de fábrica. Workshop. Oficina.

Chefe, diretor. Head.

Cheque. Check.

Cheque administrativo. Cashier's check.

Cheque visado. Certified check.

CIA. *Sigla de* Certified Internal Auditor.

Cica. *Sigla de* Canadian Institute of Chartered Accountants.

209

Ciclo contábil.

Ciclo contábil. Accounting cycle.

Ciclo de caixa. Cash cycle.

Ciclo de conversão de caixa. Cash conversion cycle.

Ciclo de lucro. Earnings cycle.

Ciclo de negócios. Business cycle.

Ciclo de vida do produto. Product life cycle.

Ciclo operacional. Operating cycle.

CIF. *Sigla de* Cost, insurance, and freight.

CIMA. *Sigla de* Chartered Institute of Management Accountant's.

Cisão. Spin-off.

Classificação. Rating.

Classificação de crédito. Credit rating.

Classificação de crédito de obrigações. Bond ratings.

Classificação de risco de valores mobiliários. Security ratings.

Classificação do ativo. Classification of assets.

Classificação do passivo. Classification of liabilities.

Classificação do patrimônio líquido. Classification of stockholders' equity.

Classificação funcional. Functional classification.

Classificação natural. Natural classification.

Cláusula restritiva. Covenant.

Cliente, consumidor. Customer.

CMA. *Sigla de* Certified Management Accountant.

Cobrança, faturamento, faturar. Billing.

Cobrar. Receber. Collect.

Cobrável. Recebível. Collectible.

Codificação de contas. Coding of accounts.

COGS. *Sigla de* Cost of goods sold.

Colateral, garantia. Collateral.

Com direitos. Cum rights.

Com dividendos. Ação cheia. Cum dividends.

Com exceção, ressalvado. Qualified.

Combinação. Combination.

Combinação de empresas. Fusões, incorporações. Business combination.

Combinação de interesses, de participação. Pooling of interests.

Comércio exterior. Foreign trade.

Comissão. Commission.

Comitê de Auditoria. Audit committee.

Commodity. Commodity (sem tradução).

Companhia afiliada. Affiliated company.

Consistência.

Companhia controlada. Controlled company.

Companhia controladora. Holding company.

Companhia controladora; matriz. Parent company.

Companhia estatal, companhia do governo. State-owned company.

Companhia estrangeira. Foreign corporation.

Companhia seguradora. Insurance company.

Companhia subsidiária. Subsidiary company.

Compensação diferida. Carryforward.

Compensação; liquidação. Clearing.

Compensação retroativa. Carryback

Compensação retroativa ou diferida. Carryover.

Compensar, descontar um cheque. Clear a check.

Comportamento dos custos. Cost behavior.

Compra; aquisição, inclusive de empresa. Acquisition.

Compra de uma cesta de ativos. Basket purchase.

Compras a pagar. Trade payables.

Compras líquidas. Net purchase.

Comprovante de caixa, recibo. Cash voucher.

Conceito de desempenho operacional corrente. Current operating performance concept.

Conceito de entidade. Entity concept.

Conceito de lucro abrangente. All-inclusive income concept.

Concessão de crédito. Extension of credit.

Conciliação. Reconciliation.

Concorrência pública. Licitação. Leilão. Bidding.

Condição financeira. Financial condition.

Condições do crédito. Credit terms.

Confiabilidade. Reliability.

Confiança na valorização dos valores mobiliários, do mercado acionário (*bull market*). Bullish.

Conformidade. Compliance.

Congruência de objetivos. Goal congruence.

Conluio. Collusion.

Conselho de Administração. Diretoria. Board of directors.

Conselho, junta. Board.

Conserto, reparo. Repair.

Conservadorismo. Conservatism.

Consignação. Consignment.

Consignatário. Consignee.

Consistência. Consistency.

 Consol.

Consol. Consol (sem tradução).

Consolidação em uma única linha. One-line consolidation.

Constituir uma pessoa jurídica. Incorporar. Incorporate.

Consumo de material. Material usage.

Conta. Account.

Conta a pagar. (a) Account payable.

Conta a pagar. (b) Accrued payable.

Conta a receber. Account receivable.

Conta a receber resultante da passagem do tempo. Accrued receivable.

Conta aberta. Open account.

Conta bancária. Conta corrente. Current account.

Conta conjunta. Joint account.

Conta de controle. Control account, controlling account.

Conta de custo de produção. Production cost account.

Conta de depósito à vista em bancos. Demand deposit account.

Conta de despesa. Expense account.

Conta de diferenças. Over-and-short.

Conta de distribuição do lucro. Income distribution account.

Conta de lucros e perdas. Profit and loss account.

Conta de retiradas. Drawing account.

Conta depósito. Deposit on account.

Conta encerrada. Closed account.

Conta esqueleto. Conta T (*T-account*). Skeleton account.

Conta incobrável. Uncollectible account.

Conta-movimento. Conta bancária. Checking account.

Conta-movimento. Conta caixa. Cash account.

Conta-movimento; conta bancária. Checking account.

Conta NOW. NOW, *sigla de* Negotiable Order of Withdrawal Account.

Conta patrimonial. Balance sheet account.

Conta permanente. (a) Permanent account.

Conta permanente. (b) Continuing account.

Conta remunerada. Interest-bearing account.

Conta retificadora, contraconta ou conta-adjunta. Valuation allowance.

Conta T. Razonete. T-account.

Conta temporária. Temporary account.

Conta transitória. Transitory account.

Contabilidade. (a) Accountancy.

Contabilidade. (b) Accounting.

Contabilidade administrativa ou gerencial. Administrative accounting.

Contador Credenciado ou Certificado.

Contabilidade ajustada à inflação. Inflation accounting.

Contabilidade a preços correntes. Current value accounting.

Contabilidade com base no índice geral de preços. General price-level accounting.

Contabilidade criativa. Creative accounting.

Contabilidade de Custos. Cost accounting.

Contabilidade de recursos humanos. Human resources accounting.

Contabilidade em moeda constante. Constant-dollar accounting.

Contabilidade em moeda estável. Stabilized accounting.

Contabilidade Financeira. Financial accounting.

Contabilidade Gerencial. (a) Management Accounting.

Contabilidade Gerencial. (b) Managerial Accounting.

Contabilidade governamental. Contabilidade pública. Governmental accounting.

Contabilidade histórica em moeda constante. Histórical cost/constant-dollar accounting.

Contabilidade para o meio ambiente. Environmental accounting.

Contabilidade pelo custo corrente. Current cost accounting.

Contabilidade pelo custo corrente ou em moeda nominal. Current cost/nominal-dollar accounting.

Contabilidade pelo método *push-down*. Push-down accounting.

Contabilidade pelo poder de compra geral. General purchasing-power accounting.

Contabilidade pelo regime de caixa. Cash basis of accounting.

Contabilidade pelo regime de competência de exercícios. Accrual accounting.

Contabilidade por atividade ou contabilidade por responsabilidade. Activity accounting.

Contabilidade por partidas simples. Single-entry accounting.

Contabilidade por responsabilidade ou contabilidade por atividade. Responsibility accounting.

Contabilista ou contador. Accountant.

Contabilização de erros. Error accounting.

Contabilização por filiais. Branch accounting.

Contador Certificado. (a) Certified Public Accountant (CPA).

Contador Certificado. (b) Chartered accountant.

Contador Certificado. (c) Public Accountant.

Contador Credenciado ou Certificado. Certified accountant (CA).

213

Contador Geral Certificado. Certified General Accountant (CGA).

Contagem dos itens em estoque. Inventory count.

Contas a receber duvidosas. Doubtful accounts receivable.

Contas a receber ou a pagar. Outstanding receivables or payables.

Contas de cobrança duvidosa. Doubtful accounts.

Contas de resultado. Income accounts.

Contas nominais. Nominal accounts.

Contas operacionais. Operating accounts.

Contas reais. Real accounts.

Contas subsidiárias. Subsidiary (ledger) accounts.

Continuidade das operações, permanência. Continuity of operations, going concern.

Contraconta. Contra account.

Contraparte. Counterparty.

Contrato futuro. Future contract.

Contrato a termo. Contrato para entrega futura. Forward contract.

Contrato de câmbio a termo. Forward-exchange contract.

Contrato executório. Executory contract.

Contrato social. Charter.

Contrato *throughput*. Throughput contract.

Contribuição excedente. Excess contribution.

Contribuição *throughput*. Throughput contribution.

Contribuição unitária. (a) Contribution per unit.

Contribuição unitária. (b) Unit contribution.

Contribuinte. Taxpayer.

Contribuinte pessoa física. Individual taxpayer.

Contribuinte pessoa jurídica. Corporate taxpayer.

Controladora. Parent.

Controle de cheques emitidos. Check register.

Controle de estoques. Inventory control.

Controle divisional. Divisional control.

Controle operacional. Operational control.

Controler. (a) Comptroller.

Controler. (b) Controller.

Controles da sociedade. Corporate controls.

Controles internos. Internal controls.

Convenção da confrontação. Matching convention.

Custeio marginal.

Convenção da metade do ano. Half-year convention.

Convenção da realização. Realization convention.

Convenções contábeis. Accounting conventions.

Convenções de débito e crédito. Debit and credit convention.

Conversão. Conversion.

Conversão de demonstrações financeiras. Financial statements translation.

Conversão de moeda estrangeira. Foreign currency translation.

Conversão de obrigações. Bond conversion.

Conversão dos valores de uma moeda em outra. Translation.

Cooperativa. Cooperative.

Coproduto. Coproduct.

Correção de erros. (a) Correction of errors.

Correção de erros. (b) Errors correction.

Corrente ou circulante. Current.

CPA. *Sigla de* Certified Public Accountant.

CPI. *Sigla de* Consumer Price Index.

Crédito. Credit (Cr).

Crédito ampliado. Crédito concedido. Extended credit.

Crédito diferido. Deferred credit.

Crédito do imposto de renda. Crédito fiscal. Tax credit.

Crédito do imposto para investimento. Investment tax credit.

Crédito mercantil. Trade credit.

Crédito para investimento. Investment credit.

Crédito rotativo. Revolving credit.

Créditos em liquidação. Delinquent accounts receivables.

Credor. Lender.

Credor, financiador. Creditor.

Critério do custo-benefício. Cost-benefit criterion.

Cronograma das contas a receber. Aging of accounts receivable.

Cupom. Coupon.

Curto prazo. Short run; short term.

Curva de aprendizagem. Learning curve.

Curva de rendimento ou de rentabilidade. Yield curve.

Custeio. Costing.

Custeio baseado em atividades. Activity-based costing, ABC.

Custeio direto. Direct costing.

Custeio Kaizen. Kaizen costing.

Custeio marginal. Marginal costing.

Custeio normal.

Custeio normal. Normal costing.

Custeio por absorção. (a) Full absorption costing.

Custeio por absorção. (b) Absorption costing.

Custeio por encomenda. Job order costing.

Custeio por processo. Process costing.

Custeio variável. Variable costing.

Custo. Cost.

Custo aplicado. Applied cost.

Custo como base. Cost basis.

Custo comum. Common cost.

Custo conjunto. Joint cost.

Custo contábil. Accounting cost.

Custo controlável. Controllable cost.

Custo corrente. Current cost.

Custo corrente de reposição. Current replacement cost.

Custo curvilíneo ou variável. Curvilinear or variable cost.

Custo da mão de obra direta. Direct labor cost.

Custo das mercadorias adquiridas. Cost of goods purchased.

Custo das mercadorias vendidas. Cost of Goods Sold (Cogs).

Custo das vendas. (a) Cost of sales.

Custo das vendas. (b) Sales cost.

Custo de agência. Agency cost.

Custo (histórico) de aquisição. Acquisition (historical) cost.

Custo de aquisição (ou histórico) ajustado. Adjusted acquisition (historical) cost.

Custo de capacidade. Capacity cost.

Custo de capital composto. Composite cost of capital.

Custo de capital. Cost of capital.

Custo de capital médio ponderado. Weighted-average cost of capital (WACC).

Custo de carregamento. Carrying cost.

Custo de conversão. Conversion cost.

Custo de distribuição; de comercialização. Distribution cost.

Custo de encerramento. Shutdown cost.

Custo de lançamento. Floatation cost.

Custo de mão de obra. Labor cost.

Custo de mão de obra indireta ou de material indireto. Indirect labor or material cost.

Custo de oportunidade. Opportunity cost.

Custo de oportunidade do capital. Custo de capital. Opportunity cost of capital.

Custo de paralisações na produção. Cost of stoppages.

Custo ou mercado, o que for menor.

Custo de pessoal. Personnel cost.

Custo de processamento adicional. Additional processing cost.

Custo de produção. Production cost.

Custo de reposição. Replacement cost.

Custo de reprodução. Reproduction cost.

Custo de vida. Cost of living.

Custo depreciável. Depreciable cost.

Custo diferido. Deferred cost.

Custo direto. Direct cost.

Custo do material direto. Direct material cost.

Custo do período, custo do exercício. Period cost.

Custo do produto. Product cost.

Custo dos produtos fabricados. Cost of goods manufactured.

Custo dos serviços prestados. Cost of services rendered.

Custo e frete. Cost and freight.

Custo evitável. Avoidable cost.

Custo evitável. Escapable cost.

Custo expirado. Expired cost.

Custo fixo. Fixed cost.

Custo fixo orçado. Budgeted fixed cost.

Custo histórico. Historical cost.

Custo histórico ajustado. Adjusted historical cost.

Custo identificável. Traceable cost.

Custo implícito. Imputed cost.

Custo incorrido, devido. Incurred cost.

Custo incremental, marginal, adicional. Incremental cost.

Custo inevitável. Inescapable cost.

Custo irrecuperável ou custo perdido. Sunk cost.

Custo marginal. Marginal cost.

Custo médio. Average cost.

Custo misto. Mixed cost.

Custo não controlável. (a) Noncontrollable cost.

Custo não controlável. (b) Uncontrollable cost.

Custo não evitável. Unavoidable cost.

Custo não expirado. Unexpired cost.

Custo não recuperado. Unrecovered cost.

Custo operacional. Operating cost.

Custo orçado. Budgeted cost.

Custo original. Original cost.

Custo ou mercado, o que for menor. Cost or market, whichever is lower.

Custo ou mercado, o que for menor. Lower of cost or market (Locom).

Custo pleno.

Custo pleno. Full costing ou full costs.

Custo posterior. After cost.

Custo programado. Programmed cost.

Custo real. Actual cost.

Custo relevante. Relevant cost.

Custo temporal. Time cost.

Custo unitário. Unit cost.

Custo variável orçado. Budgeted variable cost.

Custo, seguro e frete. Cost, insurance and freight (CIF).

Custo-alvo. Target cost.

Custo-efetivo. Cost-effective.

Custo-padrão. Standard cost.

Custo-padrão atingível. Attainable standard cost.

Custo-padrão ideal. Ideal standard cost.

Custo-padrão normal. Normal standard cost.

Custos (despesas) administrativos. Administrative costs (expenses).

Custos da fábrica. Factory costs.

Custos de capacidade evitáveis. Enabling costs.

Custos de capacidade não evitáveis. Standby costs.

Custos de fabricação. Manufacturing costs.

Custos de falta de estoque. Stockout costs.

Custos de marketing. Marketing costs.

Custos de *merchandise*. Merchandise costs.

Custos de organização. Organization costs.

Custos de realocação. Rearrangement costs.

Custos discricionários. Discretionary costs.

Custos em degraus. Step costs.

Custos estocáveis. Inventoriable costs.

Custos indiretos absorvidos. Absorbed overhead.

Custos indiretos aplicados. Applied overhead.

Custos indiretos da fábrica. Factory overhead.

Custos indiretos de fabricação fixos. Fixed manufacturing overhead applied.

Custos indiretos de fabricação padrão. Standard manufacturing overhead.

Custos indiretos de fabricação subaplicados. Underapplied overhead.

Custos indiretos de fabricação superaplicados. Overapplied overhead.

Custos indiretos de fabricação variáveis. Variable manufacturing overhead.

Decisão de investimento.

Custos indiretos. (a) Indirect costs.

Custos indiretos. (b) Overhead costs.

Custos indiretos de fabricação. Manufacturing overhead.

Custos não fabris. Nonmanufacturing costs.

Custos semifixos. Semifixed costs.

Custos semivariáveis. Semivariable costs.

Custos variáveis. Variable costs.

CVP. *Sigla de* Cost-volume-profit.

Dar baixa; cancelar. Charge off.

Data de declaração. Declaration date.

Data de emissão. Date of issue.

Data de encerramento dos lançamentos contábeis. Closing date.

Data de liquidação. Settlement date.

Data de registro. (a) Record date.

Data de registro. (b) Date of record.

Data de vencimento. (a) Due date.

Data de vencimento. (b) Maturity date.

Data limite. Deadline.

DCF. *Sigla de* Discounted cash flow.

De balcão. Over-the-counter (OTC).

Debênture. Debenture.

Debitar. Charge.

Débito. Debit (Dr).

Decisão de fazer ou comprar. Make-or-buy decision.

Decisão de investimento. Investment decision.

Decisão descentralizada.

Decisão descentralizada. Decentralized decision-making.

Declaração das principais políticas contábeis. Statement of significant accounting policies.

Declaração do imposto de renda. Income tax return.

Deduções do imposto de renda. Tax deductions.

Deflação. Deflation.

Deflator do PIB. GDP Deflator.

Demand loan. Veja term loan (empréstimo convencional) para definição e contraste.

Demonstração da posição financeira. Statement of financial position.

Demonstração das mutações no patrimônio líquido. Statement of changes in stockholders' equity.

Demonstração das variações na posição financeira. Statement of changes in financial position.

Demonstração de fontes e usos de fundos. Sources and uses statement.

Demonstração de fundos. (a) Funds statement.

Demonstração de fundos. (b) Flow statement.

Demonstração de lucros acumulados. Statement of retained earnings.

Demonstração de lucros e perdas. Profit and loss statement (P&L).

Demonstração de lucros e perdas; demonstração do resultado (*income statement*). P&L. Profit-and-Loss statement.

Demonstração do fluxo de caixa. Cash flow statement.

Demonstração do resultado com seções múltiplas. Multiple-step income statement.

Demonstração do resultado com uma única seção. Single-step income statement.

Demonstração do resultado. Income statement.

Demonstração dos fluxos de caixa. Statement of cash flows.

Demonstração dos lucros acumulados. Retained earnings statement.

Demonstração financeira atestada. Certified financial statement.

Demonstração financeira auditada. Audited financial statement.

Demonstração ou lista de valores classificados por antiguidade. Aging.

Demonstração percentual. Percentage statement.

Demonstrações de tamanho padrão. Common-size statements.

Demonstrações financeiras ajustadas pelo nível geral de preços. Price level-adjusted statements.

Demonstrações financeiras comparadas. Comparative financial statements.

Desconto comercial sobre vendas.

Demonstrações financeiras consolidadas. Consolidated financial statements.

Demonstrações financeiras fraudulentas. Fraudulent financial statements.

Demonstrações financeiras ou demonstrações contábeis. Financial statements.

Demonstrações financeiras projetadas. Projected financial statements.

Demonstrações financeiras reformuladas, refeitas, reapresentadas. Restated financial statements.

Demonstrações intermediárias. Interim statements.

Demonstrações orçadas. Budgeted statements.

Demonstrações pró-forma ou projetadas. Pro forma statements.

Demonstrações suplementares. Supplementary statements.

Denominação, razão social de empresa. Firma. Corporate name.

Departamento de produção. Production department.

Departamento de serviços. Service department.

Depósito a prazo fixo. Time deposit.

Depósito à vista. (a) Demand deposit.

Depósito à vista. (b) Sight deposit.

Depósitos efetuados por clientes. Deposits by clients.

Depósitos em trânsito. Deposits in transit.

Depreciação. Depreciation.

Depreciação acelerada. Accelerated depreciation.

Depreciação acumulada. Accumulated depreciation.

Depreciação baseada em atividades. Activity-based depreciation.

Depreciação composta. Composite depreciation.

Depreciação econômica. Economic depreciation.

Depreciação pelo método dos saldos decrescentes. Declining balance method of depreciation.

Depreciação pelo saldo decrescente com taxa dupla. Double declining-balance depreciation (DDB).

Depreciação por grupos. Group depreciation.

Depreciável. Depreciable.

Derivativos. Derivatives.

Deságio de obrigação. Bond discount.

Descontar cheque. Cash in.

Descontar um título. Discounting a note.

Desconto comercial sobre compras. Purchase allowance.

Desconto comercial sobre vendas. Sales allowance.

Desconto concedido em função do volume.

Desconto concedido em função do volume. Volume discount.

Desconto. Deságio. Abatimento. Discount.

Desconto financeiro. Cash discount.

Desconto financeiro sobre compras. Purchase discount.

Desconto financeiro sobre vendas. Sales discount.

Desconto geral. Trade discount.

Desconto perdido. Discount lost.

Desconto por quantidade. Quantity discount.

Descontos perdidos. Discounts lapsed (lost).

Desdobramento de ações. Stock split.

Desdobramento reverso. Agrupamento. Reverse split.

Desembolso. (a) Disbursement.

Desembolso. (b) Out-of-pocket expenses.

Desembolso. (c) Out-of-pocket.

Desinvestimento. Divestiture.

Desfalque. Defalcation.

Desperdício. Spoilage.

Desperdício normal. Normal spoilage.

Despesa. Expense.

Despesa com devedores duvidosos. Bad debt expense.

Despesa com publicidade e propaganda. Advertising expense.

Despesa da fábrica. Factory expense.

Despesa de depreciação. Depreciation expense.

Despesa de fabricação. Manufacturing expense.

Despesa de juros. Interest expense.

Despesa de venda. Selling expense.

Despesa diferida. Deferred expense.

Despesa do imposto de renda. Income tax expense.

Despesa do período. Period expense.

Despesa financeira; despesa de juros. Financial expense.

Despesa fixa. Fixed expense.

Despesas de distribuição. Distribution expenses.

Despesas de escritório. Office expenses.

Despesas do corporativo. Central corporate expenses.

Despesas estimadas. Estimated expenses.

Despesas gerais e administrativas de vendas. Selling, general and administrative expenses.

Despesas gerais indiretas. General overhead.

Despesas operacionais. Operating expenses.

Direitos de marca.

Despesas pagas antecipadamente. Prepaid expenses.

Desvio de contas a receber. Lapping.

Desvio, desfalque, apropriação indébita. Embezzlement.

Detentor. Titular. Holder.

Detentor de valor mobiliário. Security holder.

Deterioração pelo uso; desgaste. Wear and tear.

Devedor. Debtor.

Devolução. Return.

Devolução de imposto. Tax rebate.

Devolução de vendas. Sales return.

Dia de folga. Day off.

Dia útil. (a) Business day.

Dia útil. (b) Weekday.

Dia útil. (c) Working day.

Diagrama de dispersão. Scatter diagram.

Diário. (a) Journal.

Diário. (b) Original entry book.

Diário de pagamentos. Cash disbursement journal.

Diário de recebimentos. Cash receipts journal.

Diário especial. Special journal.

Diário geral. General journal.

Diário, registro. Anotar, registrar. Log.

Dias da graça. Carência. Days of grace.

Dias de vendas a receber. Days' sales uncollected.

Diferença de estoque. Shrinkage.

Diferimento. Adiamento. Suspensão. Deferral.

Diferir, adiar, postergar. Defer.

Dígito de controle. Check digit.

Dígito verificador. Self-checking digit.

Diluição. Dilution.

Diluidor. Dilutive.

Dinheiro. Money.

Dinheiro ocioso. Idle money.

Direcionador. Driver.

Direcionador de custo. Cost driver.

Direito. Right.

Direito a voto. Voting right.

Direito autoral. Copyright.

Direito de retenção. Lien.

Direito de subscrição. Preemptive right.

Direito societário. Corporate law.

Direitos de marca. Trademark rights.

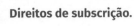
Direitos de subscrição.

Direitos de subscrição. Subscription rights.

Diretor externo. Outside director.

Diretor financeiro. Finance director.

Discriminação, abertura de contas. Breakdown of accounts.

Discussion memorandum. Discussion memorandum (sem tradução).

Dispendioso; caro. Costly.

Disponível para venda (mercadorias ou produtos). Available for sale (merchandise or products).

Dívida. Debt.

Dívida de longo prazo. Long-term debt.

Dívida com taxa variável. Variable rate debt.

Dívida de liquidação duvidosa. Doubtful debt.

Dívida incobrável. Bad debt.

Dívida privilegiada. Senior debt.

Dívida subordinada. Subordinated debt.

Dividendo a pagar. Dividend payable.

Dividendo de participação. Participating dividend.

Dividendo em ações. Stock dividend.

Dividendo em dinheiro. Cash dividend.

Dividendos. Dividends.

Dividendos cumulativos. Cumulative dividends.

Dividendos em atraso. Dividends in arrears.

Dividendos em bens. Property dividend.

Dividendos em espécie. Dividends in kind.

Divisão. Division.

Documento subjacente. Underlying document.

Dólares nominais. Nominal dollars.

Dualidade. Duality.

Dumping. Dumping (sem tradução).

Em circulação. Em aberto.

Ebit. *Sigla de* Earnings before interest and tax.

Ebtida. *Sigla de* Earnings before interest, tax, depreciation and amortization.

Economia de imposto. Tax shield.

Edgar. *Sigla de* Electronic Data Gathering, Analysis, and Retrieval System.

Edificações. Bens imóveis. Obras civis. Buildings.

Edificações e benfeitorias. Buildings and improvements.

Edital de concorrência; licitação. Call for bid.

EITF. *Sigla de* Emerging Issues Task Force.

Elaboração e apresentação de relatórios externos. Financial reporting process.

Elaboração e apresentação de relatórios internos. Internal reporting.

Elaboração e divulgação externa. External reporting.

Elementos do balanço patrimonial. Elements of balance sheet.

Eliminação intercompanhias. Intercompany elimination.

Eliminações. Eliminations.

Em atraso. In arrears.

Em bases correntes. Pay-as-you-go.

Em circulação. Em aberto. Outstanding.

 Em consignação.

Em consignação. On consignment.

Em espécie. In kind.

Em exercício; interino. Acting.

Em processo, em fabricação. In process.

Embalagem. Packing.

Emissão. Issue.

Emissão de ações. Stock issue.

Emitente. Maker of note or of a check.

Empreendimento conjunto. Joint venture.

Empresa. Empreendimento. Enterprise.

Empresa aberta ou com ações negociadas em bolsa de valores. (a) Quoted company.

Empresa aberta; empresa com ações negociadas em bolsa de valores. (b) Publicly held company.

Empresa comercial. Merchandise firm.

Empresa controladora. Controlling company.

Empresa de capital fechado. (a) Closed corporation.

Empresa de capital fechado. (b) Closely-held corporation.

Empresa de serviços públicos. Utility company.

Empresa em funcionamento. Going concern.

Empresa, firma, sociedade. Firm.

Empresa incorporada. (a) Merged company.

Empresa incorporada. (b) Merging company.

Empresa individual. Individual proprietorship.

Empresa industrial. Manufacturing firm.

Empresa listada. Listed company.

Empresa prestadora de serviços. Service company.

Empresa sem fins lucrativos. Nonprofit corporation.

Emprestador. Lender.

Empréstimo. Loan.

Empréstimo de curto prazo, em geral inferior a um ano. Short term borrowing.

Empréstimo de longo prazo, em geral superior a um ano. Long-term loan.

Empréstimo a prazo. Term loan.

Empréstimo à vista. Demand loan.

Empréstimo a prestações. Installment loan.

Empréstimo bancário. Bank loan.

Empréstimo estrangeiro. Foreign loan.

Empréstimo por um dia. Day loan.

Empréstimo rotativo. Revolving loan.

Equação do ponto de equilíbrio.

Empréstimos com parcelas vencidas; em atraso. Delinquent loans.

Empréstimos em aberto. Outstanding loans.

Empréstimos ou financiamentos. Borrowings.

Encargo diferido. Deferred charge.

Encargo, ônus. Burden.

Encargos de cobrança. Collection charges.

Encargos financeiros. Financial charges.

Encargos sociais. Payroll taxes.

Encargos sociais do empregado. Employee payroll taxes.

Encargos sociais do empregador. Employer payroll taxes.

Encerrar. Dose.

Encomendas. Jobs.

Endividamento. Indebtness.

Endossável. Endorsable.

Endossante. Endorser.

Endossar. Endorse.

Endossatário. Endorsee.

Endosso. Endorsement.

Engenharia do valor. Value engineering.

Entidade contábil. Accounting entity.

Entidade econômica. Economic entity.

Entidade legal. Pessoa jurídica. Legal entity.

Entidade; empresa; organização. Business entity.

Entidade, empresa, sociedade. Entity.

Entrada. Input.

Entrada, influxo. Inflow.

Entrada. Pagamento inicial. Sinal. Down payment.

Entradas de caixa. Cash inflows.

Entrega direta ao cliente. Drop shipment.

EOQ. *Sigla de* Economic order quantity

EPS. *Sigla de* Earning per share.

Equação básica do fluxo de custos. Basic cost-flow equation.

Equação contábil. Accounting equation.

Equação contábil básica. Basic accounting equation.

Equação da variação do saldo de caixa. Cash change equation.

Equação do balanço patrimonial. Balance sheet equation.

Equação do fluxo de custos. Cost flow equation.

Equação do lucro-volume. Profit--volume equation.

Equação do ponto de equilíbrio. Break-even equation.

227

Equação dos estoques.

Equação dos estoques. Inventory equation.

Equilíbrio. Empate. Break-even.

Equity ratio. Equity ratio (sem tradução).

Equivalente à ação ordinária. Common-stock equivalent.

Equivalentes de caixa. Cash equivalents.

Erro de transposição. Transposition error.

Erros contábeis. Accounting errors.

Escorregão. Slide.

Escritório central; matriz; sede da empresa. Headquarter.

Escritura. Deed.

Escritura. Contrato, documento. Indenture.

Escritura de constituição de empresa. Deed of incorporation.

Escritura de obrigação. Bond indenture.

Escritura de venda. Deed of sale.

Escrituração. Booking.

Escrituração contábil. Bookkeeping.

Escriturador contábil. Bookkeeper.

Especificação dos materiais. Materials specification.

Estatuto social. Corporate charter.

Estatutos. Statutes.

Estimativa de custos. Cost estimation.

Estimativas, alterações em. Estimates, changes in.

Estoque. Stock.

Estoque conforme os livros contábeis. Book inventory.

Estoque contábil. Accounting inventory.

Estoque de segurança. Safety stock.

Estoque em consignação. Consignment inventory.

Estoque final. (a) Closing inventory.

Estoque final. (b) Ending inventory.

Estoque inicial. (a) Initial inventory.

Estoque inicial. (b) Beginning inventory.

Estoque, inventário. Inventory.

Estorno. Reversal entry.

Estorno de lançamento contábil. Reversing entry.

Estrutura de capital. Capital structure.

Estrutura de custos. Cost structure.

Estrutura financeira. Financial structure.

Estrutura temporal. Term structure.

Eurodólar. Eurodollar.

Euro-obrigação. Eurobond.

EVA. *Sigla de* Economic Value added.

Fatura de vendas.

Evasão fiscal. Tax evasion.

Evento contábil. Accounting event.

Eventos pós-demonstrações. Post-statements events.

Eventos subsequentes. Subsequent events.

Evidenciação adequada. Adequate disclosure.

Evidenciação de informações. Liberação. Revelação. Disclosure.

Evidenciação plena. Full disclosure.

Evidenciação total. Total disclosure.

Exame, auditoria, perícia, verificação. Examination.

Exaustão. (a) Cost depletion.

Exaustão. (b) Depletion.

Exceto por. Except for.

Ex-cupom. Ex-coupon.

Ex-direitos. Sem direitos. Ex-rights.

Ex-dividendos. Ex-dividends.

Executar uma hipoteca. Foreclose.

Executivo financeiro de uma empresa. Chief Financial Officer (CFO).

Exercício. Exercer. Fazer uso de um direito. Exercise.

Exigências do serviço da dívida. Debt service requirements.

Expirar. Lapse.

Exposição fiel. Fair disclosure.

Extrato bancário. Bank statement.

Extrato de conta. Account statement.

Fábrica, instalações fabris. Plant.

Fabricação. Produção. Manufacturing.

Fabricante. Manufacturer.

Fabricar. Manufaturar. Manufacture.

Falência, insolvência. Bankrupty

Fasb. *Sigla de* Financial Accounting Standards Board.

Fator de desconto. Discount factor.

Fator de juros. Interest factor.

Fatura. Invoice.

Fatura de vendas. Sales invoice.

Faturamento.

Faturamento. Invoicing.

Faturas ou contas devidas (vencidas). Due bills.

FCF. *Sigla de* Free cash flow.

Fechamento. Encerramento. Closing.

Fechar o capital. Going private.

FEI. *Sigla de* Financial Executives Institute.

Ficha de razão. Ledger card.

Fiduciário. Depositário. Fiduciary.

Filial de empresa, agência bancária, sucursal. Branch.

Financiado por. Funded by.

Financial Reporting Release. Financial Reporting Release (sem tradução).

Financiamento de longo prazo. Long-term financing.

Financiamento com capital de terceiros. Debt financing.

Financiamento com capital próprio. Equity financing.

Financiamento fora do balanço. Off-balance-sheet financing.

Financiar. Financing.

Fixo. Fixed.

Flexibilidade financeira. Financial flexibility.

Flutuação. (a) Float.

Flutuação. (b) Floatation.

Fluxo. Flow.

Fluxo de caixa. Cash flow.

Fluxo de caixa das atividades de financiamento. Cash flow from financing activities.

Fluxo de caixa das atividades de investimento. Cash flow from investing activities.

Fluxo de caixa das operações. Cash flow from operations.

Fluxo de caixa descontado (FCD). Discounted cash flow (DCF).

Fluxo de caixa livre. Free cash flow (FCF).

Fluxo de caixa operacional. Operating cash flow.

Fluxo dos custos. Flow of costs.

Fluxos de caixa iniciais. Initial cash flows.

Fluxos de caixa terminais ou finais. Terminal cash flows.

FOB. *Sigla de* Free On Board.

Folha de pagamento. Payroll.

Folha de trabalho. Work sheet.

Fólio. Número de referência. Indicação numérica de página. Folio.

Fonte de fundos. Source of funds.

Força de trabalho. Labor force.

Formato de conta. Account form.

Formato de relatório. Report form.

Ganho de câmbio ou na conversão de moedas

Formato do balanço patrimonial. Form of balance sheet.

Fórmula Du Pont. Du Pont Formula.

Formulário 10-K. Form 10-K.

Formulário 10-Q. Form 10-Q.

Formulário 20-F. Form 20-F.

Fornecedor. (a) Supplier.

Fornecedor. (b) Vendor.

Fornecedores a pagar. Suppliers payable.

Franqueado. Franchisee.

Franqueador. Franchiser.

Franquia. Franchise.

Frete na aquisição (no recebimento). Freight-in.

Frete na venda (no despacho). Freight-out.

Função de custo. Cost function.

Funcionário de alto escalão, diretor, executivo. Officer.

Fundo. Fund.

Fundo de amortização. Sinking fund.

Fundo de amortização de obrigações. Bond sinking fund.

Fundo de pensão. Pension fund.

Fundo mútuo. Mutual fund.

Fundo rotativo. Revolving fund.

Fundos. Funds.

Fundos correntes. Current funds.

Fundos gerados pelas operações. Funds provided by operations.

Fusão. Merger.

Gaap. *Sigla de* Generally Accepted Accounting Principles.

Gaas. *Sigla de* Generally Accepted Auditing Standards.

Ganhar, fazer jus a, auferir. Earn.

Ganho. Gain.

Ganho contingencial. Gain contingency.

Ganho de câmbio ou na conversão de moedas. Exchange gain.

Ganho de capital. Capital gain.

Ganho de estocagem não realizado. Unrealized holding gain.

Ganho de estocagem realizado. Realized holding gain.

Ganho inflacionário. Inflation gain.

Ganho ou perda cambial. Foreign exchange gain or loss.

Ganho ou perda de carregamento. Holding gain or loss.

Ganho ou perda em poder de compra. Purchase power gain or loss.

Ganho ou perda monetária. Monetary gain or loss.

Ganho ou perda na conversão. Translation gain or loss.

Ganho (ou perda) não realizado sobre aplicações financeiras. Unrealized gain (or loss) on marketable securities.

Ganho ou perda real de carregamento. Holding gain or loss net of inflation.

Ganho (ou perda) realizado sobre investimentos em ações. Realized gain (or loss) on marketable equity securities.

Garantia. (a) Guarantee.

Garantia. (b) Warranty.

Garantia de dívida. Debt guarantee.

GAS. *Sigla de* Goods Available for Sale.

Gasb. *Sigla de* Governmental Accounting Standards Board.

Gasto ou investimento de capital. Capital expenditure (outlay).

Gasto, desembolso, dispêndio. Expenditure.

Gastos gerais. (a) General expenses.

Gastos gerais. (b) Overhead.

GDP. *Sigla de* Gross Domestic product.

Gerente financeiro. Finance manager.

Gerentes, administradores, gestores. Managers.

Giro do ativo total. Asset turnover.

GNP. *Sigla de* Gross National Product.

Governança corporativa. Corportate governance.

GPI. *Sigla de* General Price Index.

Gráfico do lucro-volume. Profit--volume graph.

Gráfico do custo-volume-lucro. Cost-volume-profit graph.

Gráfico do ponto de equilíbrio. Break-even chart.

Grande limpeza. Faxina geral. Big bath.

Imposto aplicável a empresas.

Hipoteca. Mortgage.

Hipotecar. Hypothecation.

Hipótese de mercado eficiente. Efficient market hypothesis.

Honorários advocatícios. Legal fee.

Honorários da administração. Pró-labore. Management fees.

Honrar. Honor.

Horário comercial. Business hours.

Horas de trabalho; horas de expediente. Working hours.

Horas extras. Overtime.

Iasb. *Sigla de* International Accounting Standards Board.

Iasc. *Sigla de* International Accounting Standards Committee.

Idade das contas. Aging of accounts.

Idade média do estoque. Average age of inventory.

Idade, vencimento. Age.

IFRS. *Sigla de* International Financial Reporting Standards.

Ilíquido. Iliquid.

Imposto, taxa, tributo, contribuição. Tax.

Imposto aplicável a empresas. Corporate tax.

Imposto de renda.

Imposto de renda. Income tax.

Imposto de renda de pessoa jurídica. Corporate income tax.

Imposto de renda diferido. Deferred income tax.

Imposto de renda diferido a pagar. Deferred income tax liability.

Imposto de renda federal. Federal income tax.

Imposto diferido. Deferred tax.

Imposto incidente sobre vendas. Sales tax.

Imposto na fonte. Withholding tax.

Imposto progressivo. Progressive tax.

Imposto regressivo. Regressive tax.

Imposto sobre mercadorias. Excise tax.

Imposto sobre o valor adicionado (IVA). Value-added tax (VAT).

Inadimplemento, não pagamento, falha, quebra de contrato, calote. Default.

Incerteza. Uncertainty.

Incorrer. Incur.

Incremental. Incremental.

Indenização. Indemnity.

Independência. Independence.

Indexação. Indexation.

Índice capital de terceiros-capital próprio. Debt-equity ratio.

Índice de cobertura de encargos fixos. Fixed charges coverage ratio.

Índice de cobertura dos juros. Times-interest earned.

Índice de conversão. Conversion ratio.

Índice de endividamento de longo prazo. Long-term debt ratio.

Índice de giro ou rotação das contas a pagar. Accounts payable turnover ratio.

Índice de giro ou rotação das contas a receber. Accounts receivable turnover ratio.

Índice de liquidez corrente. Current liquidity ratio.

Índice de liquidez seco. Quick ratio.

Índice de lucro líquido. Net-profit ratio.

Índice de margem bruta. Gross margin ratio.

Índice de margem líquida. Net margin ratio.

Índice de preço. Price index.

Índice de preços ao consumidor (IPC). Consumer price index (CPI).

Índice de preços específicos. Specific price index.

Índice de rotação (ou giro) do ativo fixo. Fixed assets turnover ratio.

Índice de rotação do ativo total. Total assets turnover ratio.

Investimentos temporários.

Índice dívida-patrimônio líquido. Debt to net worth ratio.

Índice do valor presente excedente. Excess present value index.

Índice geral de preços (IGP). General price index (GPI).

Índice P/L. Índice preço/lucro. P/E ratio.

Índice preço/lucro, P/L. Price-earnings ratio, P/E.

Índices financeiros. Financial statement ratios.

Inflação. Inflation.

Informação financeira trimestral. Quarterly financial information.

Insolvência. Insolvency.

Insolvente. Insolvent.

Instalações, dependências, infraestrutura. Facilities.

Instalações e equipamentos. Fixture and equipment.

Instalações industriais ou fabris. Industrial facilities.

Instalações ociosas, sem uso. Idle facilities.

Instrumento de constituição de sociedade. Articles of incorporation.

Instrumento de dívida. Debt instrument.

Instrumento financeiro. Financial instrument.

Integração horizontal. Horizontal integration.

Integração vertical. Vertical integration.

Intendência. Stewardship.

Interesses, direito de propriedade sobre ações de empresas. Equity interest.

Intermediário, operador de bolsa, negociante, revendedor, agente. Dealer.

Interpretations. Interpretations (sem tradução).

Intervalo relevante. Relevant range.

Inventariar. Inventory.

Inventário *just-in-time*. Just-in-time inventory (JIT).

Investida. Investee.

Investigação com intenção de compra. Purchase investigation.

Investigação de variações. Variance investigation.

Investimento. Investment.

Investimento entre sociedades por ações. Intercorporate investment.

Investimento estrangeiro. Foreign investment.

Investimento minoritário. Minority investment.

Investimentos. Investments.

Investimentos temporários. Temporary investments.

235

Investimentos, posses. Holdings.

IOU. *Sigla de* I owe you.

IRR. *Sigla de* Internal Rate of Return.

IRS. *Sigla de* Internal Revenue Service.

Isenção. Dispensa. Exemption.

Isenção fiscal. Tax exemption.

Item extraordinário. Extraordinary item.

Itens monetários. Monetary items.

Itens não monetários. Nonmonetary items.

JIT. *Sigla de* Just In time.

Journal of Accountancy. *Journal of Accountancy* (sem tradução).

Journal of Accounting Research. *Journal of Accounting Research* (sem tradução).

Juros. Interest.

Juros compostos. Compound interest.

Juros de mora. (a) Arrears interest.

Juros de mora. (b) Penalty interest.

Juros de mora. Juros em atraso. Interest on arrears.

Juros e encargos. Interest fee and charges.

Justo, fidedigno, adequado, fiel. Fair.

Legislação societária.

Lançador de opções. Option writer.

Lançamento. Entry.

Lançamento composto. Compound entry.

Lançamento contábil. (a) Accounting entry.

Lançamento contábil. (b) Book entry.

Lançamento de ajuste. (a) Adjusting entry.

Lançamento de ajuste. (b) Correcting entry.

Lançamento direto. Direct posting.

Lançamento inicial ou de abertura. Opening entry.

Lançamento no diário. Journal entry.

Lançamento original. Original entry.

Lançamentos de encerramento. Closing entries.

Lançar à despesa. Expensing.

Lançar no diário. Journalize.

Lance. Oferta de compra. Bid.

Laudo de avaliação. Appraisal report.

LBO. *Sigla de* Leveraged buyout.

Leaseback. Leaseback (sem tradução).

Leasing **financeiro.** Financing lease.

Legislação societária. Corporation law.

Lei.

Lei. Act.

Lei Sarbanes-Oxley. Sarbanes-Oxley Act (SOX).

Letra do Tesouro. Treasury bill.

Levar um banho. Taking a bath.

Licitação. Convite para participar de reunião. Invitation to bid.

Licitação pública. Competitive bidding.

Linha de crédito. (a) Credit line.

Linha de crédito. (b) Line of credit.

Linha do mercado de títulos. Security market line.

Líquida. Liquid.

Liquidação. Liquidation.

Liquidação de dívida. Debt retirement.

Liquidação de obrigação. Bond redemption.

Liquidez. Liquidity.

Líquido. Net.

Lista de materiais. Bill of materials.

Litígio ou disputa trabalhista. Labor dispute.

Livre a bordo. Embarcado. Free on bord (FOB).

Livro de atas. Minutes book.

Livro de registro. Register.

Livro-razão de clientes. Customers' ledger.

Livros ou registros contábeis. Accounting books.

Local para armazenagem; depósito; galpão. Warehousing.

Locom. *Sigla de* Lower off cost or market.

Loja de departamentos. Department store.

Longo prazo. Long term.

Lote Econômico de Compra (LEC). Economic Order Quantity (EOQ).

Lucratividade. Profitability.

Lucrativo, rentável. Profitable.

Lucro. (a) Income.

Lucro. (b) Profit.

Lucro antes do imposto de renda. (a) Income before taxes.

Lucro antes do imposto de renda. (b) Pretax income.

Lucro antes dos juros e do imposto de renda (Lajir). Earnings before interest and tax (Ebit).

Lucro antes dos juros, do imposto de renda, da depreciação e da amortização (Lajida). Earnings before interest, tax, depreciation and amortization (Ebitda).

Lucro bruto. (a) Gross income.

Lucro bruto. (b) Gross profit.

Lucro contábil. Accounting income.

Lucro de estocagem. Inventory profit.

Lucros retidos.

Lucro distribuível. Distributable income.

Lucro escritural. Paper profit.

Lucro intercompanhias. Intercompany profit.

Lucro líquido. (a) Net income.

Lucro líquido. (b) Net profit.

Lucro líquido. Ganhos líquidos. Net earnings.

Lucro marginal. Marginal income.

Lucro não realizado. Unrealized profit.

Lucro operacional líquido. Net operating profit.

Lucro oriundo de operações descontinuadas. Income from discontinued operations.

Lucro ou receita não auferidos. Unearned income or revenue.

Lucro ou resultado operacional. Operating income.

Lucro por ação (LPA). Earning per share (EPS).

Lucro por ação básico. Basic earnings per share (Beps).

Lucro por ação diluído. Diluted earnings per share.

Lucro por ação ordinária. Earnings per common share.

Lucro por ação preferencial. Earnings per preferred share.

Lucro proveniente das operações. Income from operations.

Lucro proveniente das operações usuais. Income from continuing operations.

Lucro residual. Residual income.

Lucro sustentável. Sustainable income.

Lucro tributável. Taxable income.

Lucros. Earnings.

Lucros acumulados não apropriados. Unappropriated retained earnings.

Lucros acumulados. Lucros retidos. Earned surplus.

Lucros acumulados restritos. Restricted retained earnings.

Lucros não distribuídos. Undistributed earnings.

Lucros retidos. Retained earnings.

M

MACRS.

MACRS. *Sigla de* Modified Accelerated Cost Recovery System.

Management's discussion and analysis (MD&A). Management's discussion and analysis (MD&A) (sem tradução).

Manipular a contabilidade. Cook the books.

Manuseio de material. Materials handling.

Manutenção. Maintenance.

Mão de obra. Labor.

Mão de obra. Recursos humanos. Manpower.

Mão de obra direta. Direct labor.

Maquiagem. Window dressing.

Marca ou nome de marca. Brand or brand name.

Marca registrada. Trademark.

Marcar a mercado. Mark to market.

Marcas e patentes. Trademarks and patents.

Margem. Margin.

Margem. Markup.

Margem bruta. Gross margin.

Margem bruta corrente. Current gross margin.

Margem bruta diferida. Deferred gross margin.

Margem de contribuição. (a) Contribution margin.

Mercado financeiro.

Margem de contribuição. (b) Margin of contribution.

Margem de lucro. Profit margin.

Margem de lucro bruta. Gross profit margin.

Margem de lucro líquido. Net profit margin.

Margem de lucro não realizada. Unrealized gross profit.

Margem de lucro percentual. Profit margin percentage.

Margem de segurança. Margin of safety.

Margem Lajir. Ebit margin.

Margem líquida. Net margin.

Margem operacional. Operating margin.

Margem operacional baseada em custos correntes. Operating margin based on current costs.

Material. Material.

Material de embalagem. Packing material.

Material direto. Direct material.

Materiais. Stores.

Materiais de escritório. Office supplies.

Materiais indiretos. Indirect material.

Materialidade. Materiality.

Matérias-primas. Raw material.

Maximização do lucro. Profit maximization.

MBO. *Sigla de* Managment by Objectives.

MD&A. *Sigla de* Management's Discussion and Analysis.

Média móvel. Moving average.

Média ponderada. Weighted average.

Medida quantitativa de desempenho. Quantitative performance measure.

Melhoria. Betterment.

Melhoria contínua. Continuous improvement.

Mercado. Market.

Mercado atacadista. Wholesale market.

Mercado a termo (a prazo). Forward market.

Mercado de ações. Stock market.

Mercado de balcão. Over-the-counter (OTC) market.

Mercado de câmbio, de divisas. Exchange market.

Mercado de capitais. Capital market.

Mercado de capitais eficiente. Efficient capital market.

Mercado de trabalho. Labor market.

Mercado externo. Foreign market.

Mercado financeiro. Financial market.

Mercado financeiro de futuros. Financial futures.

Mercado monetário. Money market.

Mercado negro. Black market.

Mercado secundário. Secondary market.

Mercadoria. Merchandise.

Mercadorias e moedas disponíveis para entrega imediata. Bens para pronta entrega; à vista; imediatamente. Spot.

Método da baixa direta. Direct write-off method.

Método da baixa. (a) Retirement method of depreciation.

Método da baixa. (b) Write-off method.

Método da combinação de interesses. Pooling-of-interests method.

Método da compra. Purchase method.

Método da depreciação linear. Straight-line depreciation method.

Método da equivalência patrimonial. Equity method.

Método de identificação específica. Specific identification method.

Método da margem bruta. Gross profit method.

Método da média móvel. Moving average method.

Método da média ponderada aplicado a estoques. Weighted-average inventory method.

Método da provisão. Allowance method.

Método da soma dos algarismos dos anos. Sum-of-the-years' digits method (SYD or Soyd).

Método da taxa corrente. Current rate method.

Método de análise das contas. Account analysis method.

Método direto. Direct method.

Método do ajuste visual. Visual curve fitting method.

Método do contrato concluído. Completed contract method.

Método do custo de reposição para a depreciação. Replacement cost method of depreciation.

Método do custo para a contabilização de ações em tesouraria. Cost method for treasury stock.

Método do custo para a contabilização de investimentos em outras sociedades. Cost method for investments.

Método do inventário contínuo. Continuous inventory method.

Método do inventário periódico. Periodic inventory method.

Método do inventário perpétuo. Perpetual inventory method.

Método do percentual completado. Percentage-of-completion method.

Método do preço líquido. Net price method.

Negócio ou atividade principal de uma empresa.

Método do rateio por etapas. Step allocation method.

Método do rateio progressivo. Step-down method.

Método do saldo decrescente, com taxa dupla. Double declining balance method.

Método dos itens monetários e não monetários. Monetary-nonmonetary method.

Método dos juros. Interest method.

Método indireto. Indirect method.

Métodos contábeis. Accounting methods.

Minuta para discussão. Exposure Draft (ED).

MIS. *Sigla de* Management Information System.

Modelo de negócio. Business model.

Moeda bloqueada. Blocked currency.

Moeda constante. Constant dollars.

Moeda estrangeira; divisa. Foreign currency.

Moeda funcional. Functional currency.

Monitoração interdepartamental. Interdepartment monitoring.

Móveis e utensílios. Furniture and fixtures.

Mudanças contábeis. Accounting changes.

MVA. *Sigla de* Marketing value added.

Naars. *Sigla de* National Automated Accounting Research System.

Não cancelável. Noncancelable.

Não operacional. Nonoperating.

Não recorrente. Nonrecurring.

Nasdaq. *Sigla de* National Association of Securities Dealers Automated Quotations.

Negociabilidade. Marketability.

Negociável. Negotiable.

Negócio ou atividade principal de uma empresa. Core business.

Negócio ou empresa.

Negócio ou empresa. Business.

Nível de preços. Price level.

No azul. In the black.

No vermelho. In the red.

Normalização do lucro. Income smoothing.

Nota. Note.

Nota promissória. Promissory note.

Nota promissória a pagar. Note payable.

Nota promissória a receber. Note receivable.

Nota promissória comercial. Commercial paper.

Nota promissória descontada. Note receivable discounted.

Nota promissória sem juros. Noninterest-bearing note.

Notas de rodapé. Notas explicativas. Footnotes.

Notas do Tesouro. Treasury notes.

Notas explicativas. Notes.

NOW. *Sigla de* Negotiable Order of Withdrawal Account.

Número de dias de venda em contas a receber. Number of days sales in receivables.

Número de dias de venda em estoque. Number of days sales in inventory.

Número de funcionários. Head count.

Nyse. *Sigla de* New York Stock Exchange.

O mesmo que *post***. Postar; registrar.** Posting.

Objetividade. Objectivity.

Objetivos da Contabilidade Financeira. Financial accounting objectives.

Objetivos (políticas) das demonstrações financeiras. Reporting objectives (policies).

Objetivos organizacionais. Organization goals.

Objeto do custo. Cost object.

Obrigação a pagar. Bond payable.

Obrigação ao portador. Bearer bond.

Orçamento-mestre.

Obrigação com alto deságio. Deep discount bond.

Obrigação com cupom. Coupon bond.

Obrigação com cupom zero. Zero--coupon bond.

Obrigação com opção de resgate antecipado. Callable bond.

Obrigação conversível. Convertible bond.

Obrigação do Tesouro. Treasury bond.

Obrigação em tesouraria. Treasury bond.

Obrigação municipal. Municipal bond.

Obrigação que paga (ou rende) juros. Interest-bearing bond.

Obrigação (título) reajustável com base em algum índice de inflação. Indexed bond.

Obrigação, título de dívida, bônus. Bond.

Obrigações de alto risco. Junk bond.

Obrigações seriais. Serial bonds.

Obsolescência. Obsolescence.

Obsolescência parcial. Partial obsolescence.

Obtenção, aquisição. Procurement.

Oferta privada de títulos. Private offering.

Oferta pública inicial de ações. Initial public offering (IPO).

Oficina. Chão de fábrica. Workshop.

Opção. Option.

Opção de compra. Call option.

Opção de compra de ações. Stock call option.

Opção de compra de ações por empregado. Employee stock option.

Opção de venda. Put option.

Opção sobre ações. Stock option.

Operação estrangeira autossuficiente. Self-sustaining foreign operation.

Operacional. Operating.

Operações. Operations.

Operações descontinuadas. Discontinued operations.

Operações usuais, rotineiras. Continuing operations.

Orçamento. Budget.

Orçamento amplo. Comprehensive budget.

Orçamento Base Zero (OBZ). Zero--Base Budgeting (ZBB).

Orçamento contínuo. Continuous budget.

Orçamento de caixa. Cash budget.

Orçamento de capital. Capital budget.

Orçamento fixo. Fixed budget.

Orçamento flexível. Flexible budget.

Orçamento-mestre. Master budget.

Orçamento operacional.

Orçamento operacional. Operating budget.

Orçamento operacional de curto prazo. Short-term operating budget.

Orçamento-programa. Program budgeting (PPB).

Orçamento variável. Variable budget.

Ordem de pagamento. Money order.

Ordem de produção, ordem de serviço. Job order.

Ordenado. Wage.

Ordenados e salários a pagar. Wages and salaries payable.

OTC. *Sigla de* Over-the-counter.

Output. Output (sem tradução).

Outros itens do lucro compreensivo. Other comprehensive income.

P&D. *Sigla de* Pesquisa e Desenvolvimento.

PGL. *Sigla de* Profit-and-loss.

Padrão contábil. Accounting standard.

Padrões de auditoria. Auditing standards.

Padrões de Auditoria Geralmente Aceitos (Paga). Generally Accepted Auditing Standards (Gaas).

Padrões setoriais. Industry standards.

Pagamento adiantado. Advance payment.

Pagamento antecipado. Payment in advance.

Pagamento contra entrega. Cash on delivery (COD).

Pagamento de serviço da dívida. Debt service payment.

Pagamento em espécie. Payment in kind.

Passivo não circulante.

Pagamento na fonte. Paye, pay-as-you-earn.

Pagamentos antecipados. Prepayments.

Pagamentos devidos; contas em atraso; dívida vencida. Arrears.

Pago. Paid in.

"Papagaio". Emissão de cheque sem fundos. Kiting.

Papel, título, valor mobiliário. Instrument.

Papéis de trabalho. Working papers.

Par. Par.

Para constar; pró-forma. Pro forma.

Parágrafo do parecer. Opinion paragraph.

Paraíso fiscal. Tax haven.

Parecer. Opinion.

Parecer com ressalva. Qualified opinion.

Parecer contrário. Adverse opinion.

Parecer de auditor. Accountant's opinion.

Parecer de auditor com abstenção de opinião. Disclaimer of opinion.

Parecer de auditor independente. Public accountant's opinion.

Parecer de auditores. Auditor's opinion.

Parecer de auditoria. Audit opinion.

Parecer limpo; parecer sem ressalva. Clean opinion.

Parecer sem ressalvas. Unqualified opinion.

Partes beneficiárias. Founders' shares.

Partes interessadas. Stakeholder.

Partes relacionadas. Related parties.

Participação de mercado. Market share.

Participação do proprietário no capital da empresa. Ownership interest.

Participação dos minoritários. Minority interest.

Participação majoritária. Controlling interest.

Participação majoritária em uma sociedade. Majority interest.

Participações societárias recíprocas. Reciprocal holdings.

Partidas dobradas. Double entries.

Passível de prestação de contas; responsável. Accountable.

Passivo. Liability.

Passivo circulante. Current liability.

Passivo contingente. Contingent liability.

Passivo estimado. Estimated liability.

Passivo fixo. Fixed liability.

Passivo não circulante. Noncurrent liability.

Passivo não circulante. Passivo de longo prazo.

Passivo não circulante. Passivo de longo prazo. Long-term liability (debt).

Passivo oculto. Hidden liability.

Passivo ou obrigação fiscal. Tax liability.

Passivos monetários. Monetary liabilities.

Patente. Patent.

Patrimônio líquido. (a) Equity.

Patrimônio líquido. (b) Net equity.

Patrimônio líquido. (c) Net worth, shareholders' equity, stockholders' equity.

Patrimônio líquido. (d) Owners' equity, shareholders' equity, stockholders' equity.

Patrimônio líquido. (e) Shareholders' equity.

Patrimônio líquido. (f) Stockholders' equity.

Pedido de compra. Purchase order.

Pedido de registro. Registration statement.

Pedido pendente. Back order.

Pedidos acumulados à espera de atendimento. Backlog of unfilled orders.

Pedidos em carteira. Backlog.

Pelos livros. Per books.

Percentual de exaustão. Percentage depletion.

Percentual de *markup*. Markup percentage.

Perda anormal, desperdício. Abnormal spoilage.

Perda contingencial. Loss contingency.

Perda de câmbio ou na conversão de moedas. Exchange loss.

Perda de capital. Capital loss.

Perda econômica, deterioração. Impairment.

Perda inflacionária. Inflation loss.

Perda ou prejuízo. Loss.

Período. Period.

Período contábil. Exercício social. Accounting period.

Período de *bailout* descontado. Discounted bailout period.

Período de capitalização. Compounding period.

Período de carência. Grace period.

Período de espera. Lead time.

Período de *payback* descontado. Discounted payback period.

Período de recuperação do investimento. Reembolso. Payback period.

Período médio de cobrança. Days receivables outstanding.

Período médio de estocagem. Days of average inventory on hand.

Preço de conversão.

Período social ou exercício social. Fiscal period.

Permuta. Trade-in.

Perpetuidade. Perpetuity.

Pesquisa & Desenvolvimento (P&D). Research & Development (R&D).

Planejamento tributário. Tax shelter.

Planilha. Spreadsheet.

Plano de aposentadoria. Retirement plan.

Plano de contas. Chart of accounts.

Plano de pensão. Pension plan.

Plug. Plug (sem tradução).

Poder de compra geral. General purchasing power.

Política, diretriz. Policy.

Política financeira. Financial policy.

Política monetária. Monetary policy.

Políticas contábeis. Accounting policies.

Ponto da venda. Point of sale.

Ponto de equilíbrio. Break-even point.

Ponto de separação. Split-off point.

Pontos-base. Basis point (bp).

Pool **de custos indiretos.** Indirect cost pool.

Porcentagem de lucro líquido. Net profit percentage.

Portador ou titular. Bearer.

Portador ou titular de uma obrigação (*bond*). Bondholder.

Posição bancária líquida. Net bank position.

Posição ou condição financeira. Financial position or condition.

Postar; registrar. Post.

Postecipado. In arrears.

Postulado contábil. Accounting postulate.

Potencial de serviços. Service potential.

PPE. *Sigla de* Property, plant, and equipment.

Prática contábil. Accounting practice.

Prazo de conversão. Conversion period.

Prazo de recebimento ou de cobrança. Collection period.

Prazo médio. Average term.

Prazo médio de recebimento de clientes. Average collection period of receivables.

Prazos, condições do negócio. Term.

Preço-alvo. Target price.

Preço a termo. Forward price.

Preço à vista. Spot price.

Preço de atacado. Wholdesale price.

Preço de conversão. Conversion price.

 Preço de emissão.

Preço de emissão. Issue price.

Preço de exercício, no caso de uma opção, por exemplo. Exercise price, strike price.

Preço de fatura. Invoice price.

Preço de lista. Preço de tabela. List price.

Preço de mercado. Market price.

Preço de mercado justo. Fair market price.

Preço de resgate. Call price.

Preço de resgate antecipado. Redemption value.

Preço de transferência. Transfer price.

Preço de transferência baseado no custo. Cost-based transfer price.

Preço de transferência baseado no mercado. Market-based transfer price.

Preço de transferência negociado. Negotiated transfer price.

Preço de venda corrente. Current selling price.

Preço futuro. Future price.

Preço justo. Fair price.

Preço padrão. Standard price.

Preços predatórios. Predatory prices.

Preferência sobre os ativos. Preference as to assets.

Prejuízo de crédito. Credit loss.

Prejuízo fiscal. Tax loss.

Prejuízo líquido. Net loss.

Prejuízo operacional. Operating loss.

Prêmio de recompra. Redemption premium.

Prêmio de seguro. Insurance premium.

Prêmio pela opção de resgate antecipado. Call premium.

Prêmio pelo risco. Risk premium.

Premissa da continuidade das operações. Going concern assumption.

Preparação. Setup.

Presidente (de conselho, de assembleia, de comissão). Chairman.

Presidente do Conselho de Administração. Chairman of the board.

Pressuposto de fluxo. Flow assumption.

Prestação. Installment.

Previsão. Forecast.

Previsões financeiras. Financial forecast.

Primeiro a entrar, primeiro a sair (Peps). First-in, first-out (Fifo).

Principal. Principal.

Princípio. Principle.

Princípio do custo. Cost principle.

Princípios Contábeis Geralmente Aceitos (PCGA). Generally Accepted Accounting Principles (Gaap).

Proteção; cobertura de risco.

Princípios contábeis. Accounting principles.

Problema de preço de transferência. Transfer-pricing problem.

Procedimento de auditoria. Auditing procedure.

Procedimento de conformidade. Compliance procedure.

Procedimentos contábeis. Accounting procedures.

Procedimentos periódicos. Periodic procedures.

Processo conjunto. Joint process.

Processo de auditoria. Auditing process.

Processo de convergência. Convergence (process).

Processo de elaboração de orçamento de capital. Capital budgeting.

Processo de planejamento e controle. Planning and control process.

Procuração. Proxy.

Produto conjunto. Joint product.

Produto final. End product.

Produto Interno Bruto (PIB). Gross Domestic Product (GDP).

Produto Nacional Bruto (PNB). Gross national product (GNP).

Produto semiacabado. Semi-finished product.

Produtos acabados (conta de estoque). Finished goods (inventory account).

Produtos em fabricação ou em processo. Work-in-process (WIP).

Produtos em processo. Goods-in-process.

Profissão de contador. Accountancy Profession.

Programa de auditoria. Auditing program.

Projeção. Projection.

Projeções financeiras. Financial projection.

Projetos mutuamente excludentes. Mutually exclusive projects.

Pronunciamentos do APB. APB Opinion.

Proponente. Bidder.

Propriedades, fábricas e equipamentos. Property, plant, and equipment (PPE).

Proprietário ou locador. Landlord.

Pro-rata. Prorate.

Pró-rateamento de variações. Prorating variances.

Prorrogação, extensão, concessão. Extension.

Prospecto. Prospectus.

Proteção; cobertura de risco. Hedge, hedging.

Provimento de fundos.

Provimento de fundos. Funding.

Provisão. Provision.

Provisão do orçamento flexível. Flexible budget allowance.

Provisão para contas duvidosas. Allowance for doubtful accounts.

Provisão para devedores duvidosos. Allowance for bad debts.

Provisão para incobráveis ou provisão para créditos de liquidação duvidosa. Allowance for uncollectibles (accounts receivable).

Provisão para perdas com empréstimos. Allowance for possible loan losses.

Provisões. Allowances.

Próximo a entrar, primeiro a sair (Peps). Next-in, first-out, Nifo.

Public accountant. Public accountant (sem tradução).

Publicação Técnica. Staff Accounting Bulletin (SAB).

Publicidade. Advertising.

Push-down accounting. Sem tradução.

Quadro auxiliar. Schedule.

Quadro de conciliação bancária. Bank reconciliation schedule.

Quadro de custos. Job cost sheet.

Quadros suplementares. Supplementary schedules.

Qualidade da posição financeira. Quality of financial position.

Qualidade do lucro. Quality of earnings.

Quantia ou valor real. Real amount (value).

Quantidade padrão permitida. Standard quantity allowed.

Quase reorganização. Quasi-reorganization.

Quociente de liquidez seco. Acid test ratio.

Receita bruta. (a)

R&D. *Sigla de* Research and Development.

Racionamento de capital. Capital rationing.

Relatório Anual Resumido (RAR). Summary Annual Report (RAR).

Ratear. Rateio. Allocate, allocation.

Rateio esterilizado. Sterilized allocation.

Razão. Ratio.

Razão geral. General ledger.

Razão lucro-volume. Profit-volume ratio.

Razão subsidiário. Subsidiary ledger.

Razão, razonete. Ledger.

Realização. Realization.

Realizar. Realize.

Reavaliação. Write-up.

Recapitalização. Recapitalization.

Recaptura. Recapture.

Recebedor. Payee.

Recebimento líquido. Take-home pay.

Recebimento ou recibo. Receipt.

Recebimentos. Proceeds.

Recebível. Receivable.

Receita. Revenue.

Receita bruta. (a) Gross revenue.

Receita bruta. (b)

Receita bruta. (b) Gross sales.

Receita de juros ou receita financeira. Interest revenue.

Receita de serviços. Service revenue.

Receita de vendas. Sales revenue.

Receita diferida. Deferred revenue.

Receita financeira. Receita de juros. Financial income.

Receita marginal. Marginal revenue.

Receita recebida antecipadamente. Revenue received in advance.

Recibo de depósito de ações. American depositary receipt (ADR).

Recomendações do APB. APB Statement.

Reconhecer. Recognize.

Reconhecimento de receita. Revenue recognition.

Recorrente. Recurring.

Recuperação de incobráveis. Bad debt recovery.

Recuperação de perdas não realizadas sobre títulos para negociação. Recovery of unrealized loss on trading securities.

Recurso. Recourse.

Recursos do caixa pequeno. Petty cash fund.

Recursos naturais. Natural resources.

Recursos supridos. Resources supplied.

Recursos utilizados. Resources used.

Recusa de parecer. Denial of opinion.

Redução. Markdown.

Reduzir, perder, deteriorar. Impair.

Reembolso de imposto. Tax refund.

Reescalonamento de dívida. Dedt rescheduling.

Reestruturação financeira. Refinancing.

Referência de auditoria. Audit trail.

Refinanciamento. Refunding.

Refinanciamento de obrigações. Bond refunding.

Regime de caixa modificado. Modified cash basis.

Regimento interno. (a) Corporate bylaws.

Regimento interno. (b) Bylaws.

Registro de ações. Stock record.

Registros contábeis. Escrituração. Accounting records.

Regra do cifrão. Dollar sign rule.

Regra do menos possível, o mais tarde possível. Least and latest rule.

Regulamento S-K. Regulation S-K.

Regulamento S-T. Regulation S-T.

Regulamento S-X. Regulation S-X.

Reintegração de posse. Execução de hipoteca. Foreclosure.

Reinvestir. Plow back.

Reivindicação. Claim.

Relação custo-volume-lucro. Cost-volume-profit relationship.

Relações trabalhistas. Labor relations.

Relativo à auditoria. Auditing.

Relatório. Report.

Relatório anual. Annual report.

Relatório anual resumido. Summary annual report (SAR).

Relatório com ressalva. Qualified report.

Relatório contábil. Accountant's report.

Relatório de auditores. Auditor's report.

Relatório de auditoria. Audit report.

Relatório financeiro. Financial report.

Relatórios gerenciais. Management reports.

Relatórios por linha de negócio. Line-of-business reporting.

Relatórios por segmento. Segment reporting.

Relevância, relevante. Relevance; relevant.

Renda corrente. Ordinary income.

Renda diferida. Diferred income.

Render juros. Bear interest.

Rendimento corrente. Current yield.

Rendimento em dividendos. Dividend yield.

Rendimento líquido. Net yield.

Rendimento ou rentabilidade. Yield.

Reorganização. Reorganization.

Reserva. Reserve.

Reserva legal. Legal capital.

Reserva oculta. Hidden reserve.

Reserva para contingências. Contingent reserve.

Reserva secreta. Secret reserve.

Resgatável. Redeemable.

Resgate. Redemption.

Resíduo. Waste.

Responsabilidade. Accountability.

Responsabilidade limitada. Limited liability.

Restituição do imposto de renda. Income tax refund.

Resultado. Output.

Resultado abrangente. Comprehensive income.

Resultados líquidos. Net proceeds.

Resumo dos principais princípios contábeis. Summary of significant accounting principles.

Resumo histórico. Historical summary.

255

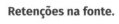
Retenções na fonte.

Retenções na fonte. Withholding.

Retífica. Rehabilitation.

Retirada. Withdrawal.

Retirada de sócio. Partner's drawing.

Retiradas. Drawings.

Retorno e risco. Return and risk.

Retorno ou rentabilidade até a data de vencimento. Yield to maturity (YTM).

Retorno sobre o ativo (RSA). Return on assets (ROA).

Retorno sobre o capital empregado. Return on capital employed (ROCE).

Retorno sobre o capital investido. Return on invested capital (ROIC).

Retorno sobre o investimento (RSI). Return on investment (ROI).

Retorno sobre o patrimônio líquido. Return on equity (ROE).

Risco. Risk.

Risco cambial. Exchange risk.

Risco de auditoria. Audit risk.

Risco de crédito. Credit risk.

Risco de liquidez de curto prazo. Short-term liquidity risk.

Risco de liquidez de longo prazo. Long-term liquidity risk.

Risco de mercado. Market risk.

Risco fora do balanço. Off-balance-sheet risk.

Risco operacional. Operational risk.

Risco sistemático. Systematic risk.

ROA. *Sigla de* Return on Assets.

ROCE. *Sigla de* Rate of return on common equity.

ROE. *Sigla de* Return on equity.

ROI. *Sigla de* Return on investment.

ROIC. *Sigla de* Return on capital invested.

RRR. *Sigla de* Required rate of return.

Rotação. Giro. Turnover.

Rotação das mercadorias. Merchandise turnover.

Rotação do investimento. Investment turnover ratio.

Rotação ou giro de estoques. Inventory turnover.

Rotação ou giro do ativo imobilizado. Plant asset turnover.

Rotação ou giro dos recebíveis. Receivable turnover.

Rotatividade de pessoal, da mão de obra. Labor turnover.

Royalt. Royalt (sem tradução).

RSA. *Sigla de* Retorno sobre o ativo.

RSI. *Sigla de* Retorno sobre o investimento.

Rubrica. Rubricar. Initial.

Saque a descoberto.

Saber fazer. Saber como. Know-how.

Sacado. Drawee.

Sacador. Drawer.

Saída. Outlay.

Saídas de caixa. Cash outflows.

Salário. Salary.

Saldo. Balance.

Saldo bancário. Bank balance.

Saldo bancário ajustado. Adjusted bank balance of cash.

Saldo credor. Credit balance.

Saldo de abertura; saldo inicial do período. Opening balance.

Saldo de caixa. Cash balance.

Saldo de caixa contábil ajustado. Adjusted book balance of cash.

Saldo de encerramento; saldo final. Closing balance.

Saldo de estoques existente no final do período. Inventory ending balance.

Saldo devedor. Debit balance.

Saldo médio. (a) Average balance.

Saldo médio. (b) Compensating balance.

Saldo negativo. Negative balance.

Saque. Draft.

Saque a descoberto. Overdraft.

SEC. *Sigla de* Securities and Exchange Commission.

Segmento de negócio. Segment of a business.

Segmento geográfico. Geographic segment.

Segredo do negócio. Trade secret.

Seguro. Insurance.

Sem valor nominal. No par.

Serviço. Service.

Serviço da dívida. Debt service.

Serviços. Services.

Serviços públicos. Utility.

Setor, área de atividade, segmento econômico, ramo de negócio. Industry.

Setor bancário. Banking industry.

Setor de mão de obra intensiva. Labor intensive industry.

Sfac. *Sigla de* Statement of Financial Accounting Concepts.

Sfas. *Sigla de* Statement of Financial Accounting Standards.

SG&A. *Sigla de* Selling, general and administrative.

SG&A Expenses. SG&A Expenses (sem tradução).

SIG. *Sigla de* Sistema de informações gerenciais.

Sindicado dos empregados, dos trabalhadores. Labor union.

Sistema ABC de estoques. ABC Inventory system.

Sistema contábil. Accounting system.

Sistema de custeio normal. Normal costing system.

Sistema de custo real. Actual costing system.

Sistema de custo-padrão. Standard costing system.

Sistema de informações. Information system.

Sistema de informações gerenciais (SIG). Management information system (MIS).

Sistema de Recuperação Acelerada de Custo. Accelerated Cost Recovery System (ACRS).

Sistema de *vouchers*. Voucher system.

Sistema Modificado de Recuperação Acelerada de Custo. Modified Accelerated Cost Recovery System (MACRS).

Smac. *Sigla de* Society of Management Accountants of Canada.

Sociedade anônima. Sociedade por ações. Pessoa jurídica. Companhia. Empresa. Corporation.

Sociedade do tipo S. S Corporation.

Sociedade limitada. (a) Limited partnership.

Sociedade limitada. (b) Limited. Ltd.

Sociedade por quotas. Partnership.

Sociedade tipo C. C Corporation.

Sócio com responsabilidade limitada. Limited partner.

Sócio geral. Sócio solidário. General partner.

Sócio oculto. Hidden partner.

Solvente. Solvent.

Soma da coluna de números. Foot or footing.

SOX. *Sigla de* Sarbanes-Oxley.

SOYM. *Sigla de* Sum-of-the-Years'-digits Method.

SSARS. *Sigla de* Statement on standards for accounting and review services.

Statement of Financial Accounting Standards (Sfas or FAS) (sem tradução).

Subordinada. Subordinated.

Subproduto. By-product.

Subscrever. Underwrite.

Subscrição. Subscription.

Subscrição de ações. Stock subscription.

Subscrição de uma emissão de títulos mobiliários. Underwriting.

Subscritor. Underwriter.

Subsidiária. Subsidiary.

Subsidiária não consolidada. (a) Nonconsolidated subsidiary.

Subsidiária não consolidada. (b) Unconsolidated subsidiary.

Sucata. Scrap.

Sujeito a. Subject to.

Suposição da unidade monetária estável. Stable monetary unit assumption.

Suposição do custo médio. Average-cost flow assumption.

Suposição do fluxo de custos. Cost flow assumption.

Swap. Swap (sem tradução).

***Swap* de juros.** Interest rate swap.

S-X. S-X (sem tradução).

SYD. *Sigla de* sum-of-the-years' digits depreciation.

Tabela de amortização.

Tabela de amortização. Amortization schedule.

Tabela de vencimento das contas. Aging schedule.

Tangível. Tangible.

Taxa, alíquota. Rate.

Taxa de câmbio. (a) Exchange rate.

Taxa de câmbio. (b) Foreign exchange rate.

Taxa de câmbio. (c) Rate of exchange.

Taxa de câmbio corrente. Current exchange rate.

Taxa de câmbio histórica. Historical exchange rate.

Taxa de capitalização. Capitalization rate.

Taxa de corte. Hurdle rate.

Taxa de corte. Taxa de retorno mínima aceitável. Cutoff rate.

Taxa de cupom. Coupon rate.

Taxa de custos indiretos. Overhead rate.

Taxa de depreciação. Depreciation rate.

Taxa de desconto. Discount rate.

Taxa de desconto ajustada ao risco. Risk-adjusted discount rate.

Taxa de distribuição. Payout rate.

Taxa de distribuição de dividendos. Dividend payout rates.

Taxa de inflação. (a) Inflation rate.

Taxa de inflação. (b) Rate of inflation.

Taxa de juros. (a) Interest rate.

Taxa de juros. (b) Rate of interest.

Taxa de juros de mercado. Market interest rate.

Taxa de juros efetiva. (a) Effective interest rate.

Taxa de juros efetiva. (b) Effective rate of interest.

Taxa de juros inerente. Inherent interest rate.

Taxa de juros nominal. Nominal interest rate.

Taxa de juros real. Real interest rate.

Taxa de juros real ou efetiva. Real rate of interest.

Taxa de protesto. Protest fee.

Taxa de reinvestimento. Reinvestment rate.

Taxa de retorno. Taxa de rentabilidade. Rate of return.

Taxa de retorno ajustada ao tempo. Time-adjusted rate of return.

Taxa de retorno contábil. Accounting rate of return.

Taxa de retorno real ou efetiva. Real rate of return.

Taxa de retorno requerida. Required rate of return (RRR).

Taxa de retorno sobre o ativo. Rate of return on assets (ROA).

Taxa de retorno sobre o capital investido. Rate of return on invested capital (ROIC).

Taxa de retorno sobre o capital próprio. Rate of return on common equity (ROCE).

Taxa de retorno sobre o patrimônio líquido. Rate of return on shareholders' equity (ROE).

Taxa Interna de Retorno (TIR). Internal Rate of Return (IRR).

Taxa linear. Straight-line rate.

Taxa livre de risco. Risk-free rate.

Taxa padrão. Standard rate.

Taxa predeterminada de custos indiretos de fabricação. Predetermined factory overhead rate.

Taxa preferencial bancária. Bank prime rate.

Taxa preferencial de juros. Prime rate.

Taxa de retorno requerida. Required rate of return.

Taxação. Levy.

Técnicas de fluxo de caixa descontado. Discounted cash flow techniques.

Tecnologia. Technology.

Tempo de recuperação. Break-even time.

Tempo de serviço. Service life.

Tempo ocioso, inativo.

Tempo ocioso, inativo. Idle time.

Teoria da entidade. Entity theory.

Teoria da propriedade. Proprietary theory.

Teoria de agência. Agency theory.

Terminar. Wind-up.

Termos ou condições de venda. Terms of sale.

Terrenos. Land.

Tesoureiro. Treasurer.

Teste de conformidade. Compliance test.

Teste de recuperabilidade do custo de um ativo. Impairment test.

Titular da opção. Option holder.

Título conversível. Convertible security.

Título da conta; rubrica. Account heading.

Título de dívida. Debt security.

Título de dívida com cupom reajustável. Reset Bond.

Título de dívida mantido até o vencimento. Debt security held to maturity.

Título de dívida ou obrigação garantida por hipoteca. Mortgage bond.

Título de renda fixa. Fixed-income security.

Título governamental. Government bond.

Título híbrido. Hybrid security.

Título mobiliário; valor mobiliário. Security.

Título preferencial. Senior security.

Título ou valor imobiliário de curto prazo. Short term security.

Títulos de dívida com vencimento único. Term bonds.

Títulos de dívida (obrigações) isentos de imposto. Tax-exempt bonds.

Títulos do Tesouro. Treasuries.

Títulos e contas a pagar. Accounts payable.

Títulos e contas a receber. Accounts receivable.

Títulos mantidos até o vencimento. Held-to-maturity securities.

Títulos para negociação. Trading securities.

Títulos privilegiados. Senior securities.

Tomada hostil de controle de uma empresa. Hostile takeover.

Tomador de empréstimo. Mutuário. Borrower.

Tomar empréstimo. Captar dinheiro. Borrow.

Touro ou búfalo. Bull.

Trabalhador. Laborer.

Transação. Transaction.

Utensílios, instalação, acessório fixo.

Transação de financiamento. Financing transaction.

Transação intercompanhias. Intercompany transaction.

Transação livre de interesses. Arm's-length transaction.

Transação, negociação, acordo. Deal.

Transação no dia. Day trade.

Transações entre partes relacionadas. Related party transactions.

Transporte na aquisição. Transportation-in.

Tributação. Taxation.

Tributar. Levy a tax.

Tributável. Taxable.

Troca. Exchange.

U.S. Gaap. *Sigla de* United States Generally Accepted Accounting Principles.

Ueps. *Sigla de* Último a entrar, primeiro a sair. Last-in, first-out (Lifo).

Última linha. Bottom line.

Unidade de medida. Measuring unit.

Unidades equivalentes. Equivalent units.

Urso. Bear.

Uso de fundos. Use of funds.

Utensílios. Utensils.

Utensílios, instalação, acessório fixo. Fixtures.

Vaca leiteira. Cash cow.

Valor. Value.

Valor adicionado; valor agregado. Value added.

Valor ao par. Par, nominal or stated value.

Valor contábil bruto. Gross book value.

Valor contábil líquido. Net book value.

Valor contábil ou valor de livro. Book value.

Valor de entrada. Entry value.

Valor de face. Face value.

Valor de liquidação por ação. Liquidation value per share.

Valor de mercado justo. Fair market value.

Valor de mercado. Market value.

Valor de revenda. Resale value.

Valor de saída. Exit value.

Valor de saída corrente. Current exit value.

Valor de sucata. Scrap value.

Valor de vendas realizável líquido. Net realizable sales value.

Valor do dinheiro no tempo. Time value of money.

Valor econômico adicionado. Economic value added (EVA).

Variação desfavorável.

Valor em caixa equivalente. Cash-equivalent value.

Valor justo. Fair value.

Valor mobiliário com cupom zero. Zero-coupon security.

Valor no vencimento. Maturity value.

Valor nominal. Nominal amount.

Valor nominal ou valor de face. Face amount.

Valor patrimonial da ação ordinária. Book value per share of common stock.

Valor perdido. Impaired value.

Valor presente. Present value.

Valor presente excedente. Excess present value.

Valor presente líquido. Net present value.

Valor realizável. Realizable value.

Valor realizável corrente. Current realizable value.

Valor residual. (a) Salvage value.

Valor residual. (b) Residual value.

Valor residual estimado. Estimated salvage value.

Valor sem conversão. Straight-debt value.

Valor sólido. Sound value.

Valor terminal ou final. Terminal value.

Valor venal. Assessed value.

Valores mobiliários. Títulos negociáveis. Marketable securities.

Valores mobiliários registrados em bolsa. Listed securities.

Valorização. Appreciation.

Valorização não realizada. Unrealized appreciation.

Varejistas. Retailers.

Varejo. Retail.

Variação. Variance.

Variação da atividade. Activity variance.

Variação da atividade de vendas. Sales activity variance.

Variação da mão de obra direta. Direct labor variance.

Variação da quantidade. Quantity variance.

Variação de capacidade. Capacity variance.

Variação de combinação. Mix variance.

Variação de custo fixo. Fixed cost variance.

Variação de eficiência. Efficiency variance.

Variação de preço. Price variance.

Variação de uso. Usage variance.

Variação desfavorável. Unfavorable variance.

V

Variação do valor.

Variação do valor. Value variance.

Variação do volume. Volume variance.

Variação do volume de produção. Production volume variance.

Variação do volume de vendas. Sales volume variance.

Variação dos custos indiretos de fabricação fixos. Fixed overhead variance.

Variação dos custos indiretos de fabricação variáveis. Variable overhead variance.

Variação dos materiais. Materials variance.

Variação favorável. Favorable variance.

Variações da mão de obra. Labor variances.

Variações na posição financeira. Changes in financial position.

Vencido. Overdue.

Vencido. Prazo esgotado. Past due.

Venda. Sale.

Venda e arrendamento. Sale and leaseback.

Vendas. Sales.

Vendas a prestação. Installment sales.

Vendas a receber. Trade receivables.

Vendas líquidas. Net sales.

Verificação. Verification.

Verificação física. Physical verification.

Verificável. Verifiable.

Vice-presidente de finanças. Financial vice president.

Vida depreciável. Depreciable life.

Vida econômica ou vida útil. Economic life.

Vida útil. Useful life.

Voucher. Voucher (sem tradução).

Voucher **de diário.** Journal voucher.

Wash sale. Wash sale (sem tradução).

WACC. *Sigla de* Weighted-average cost of capital.

WIP. *Sigla de* Work-in-process.

ZBB.

YTM. *Sigla de* Yeld to Maturity.

ZBB. *Sigla de* Zero-base Budgeting.

Bibliografia

DICTIONARY of accounting. 5. ed. Oxford: Oxford University Press, 2016.

DICTIONARY of finance and banking. 4. ed. Oxford: Oxford University Press, 2008.

GIBSON, Charles H. *Financial reporting & analysis*: using financial accounting information. 11. ed. Boston: Cengage Learning, 2009.

IUDÍCIBUS, Sérgio de; MARION, José Carlos. *Contabilidade comercial*. 8. ed. São Paulo: Atlas, 2009.

MARION, José Carlos. *Contabilidade empresarial*. 15. ed. São Paulo: Atlas, 2009.

MARTINS, Eliseu. *Contabilidade de custos*. 10. ed. São Paulo: Atlas, 2010.

_____et al. *Manual de contabilidade societária*. 2. ed. – São Paulo: Atlas, 2013.

STICKNEY, Clyde P.; WEIL, Roman L. *Contabilidade financeira:* uma introdução aos conceitos, métodos e usos. 9. ed. São Paulo: Atlas, 2001.

Este livro foi impresso na
LIS GRÁFICA E EDITORA LTDA.
Rua Felício Antônio Alves, 370 – Bonsucesso
CEP 07175-450 – Guarulhos – SP
Fone: (11) 3382-0777 – Fax: (11) 3382-0778
lisgrafica@lisgrafica.com.br – www.lisgrafica.com.br